同济教育研究

汪道涵

一九八七年五月

同济教育研究（第二辑）

人才培养与"双一流"建设

同济大学高等教育研究所 编

同濟大學出版社
TONGJI UNIVERSITY PRESS

内 容 提 要

本书收录了26篇关于教育理论和实践的研究论文。在建设世界一流大学和一流学科过程中，人才培养始终是核心问题，书中多篇论文对如何实施人才培养战略，以及如何做好服务于人才培养战略的方方面面的工作，如学校管理、教学管理、教学研究、思政建设等，开展了广泛和深入的研究。本辑图书中特设的"同济教育管理硕士论坛"，作者来源于不同层次的教育领域，研究的课题大大拓展了本书通常的涵盖范围。本书内容涵盖面广，理论性和实践性并重，不仅适合从事各级教育研究和管理的人士阅读，对关心我国教育事业发展的其他各界人士也有一定可读性。

图书在版编目(CIP)数据

人才培养与"双一流"建设 / 同济大学高等教育研究所编. —上海：同济大学出版社，2020.11
(同济教育研究；2)
ISBN 978-7-5608-9581-9

Ⅰ. ①人… Ⅱ. ①同… Ⅲ. ①高等学校—人才培养—研究—中国 Ⅳ. ①G649.2

中国版本图书馆CIP数据核字(2020)第220350号

人才培养与"双一流"建设

同济大学高等教育研究所 **编**

责任编辑 翁 晗 **责任校对** 徐春莲 **封面设计** 陈益平

出版发行 同济大学出版社 www.tongjipress.com.cn
(地址：上海市四平路1239号 邮编：200092 电话：021-65985622)
经 销 全国各地新华书店
排 版 南京文脉图文设计制作有限公司
印 刷 启东市人民印刷有限公司
开 本 787 mm×1092 mm 1/16
印 张 13.25
字 数 331 000
版 次 2020年11月第1版 2020年11月第1次印刷
书 号 ISBN 978-7-5608-9581-9

定 价 68.00元

CONTENTS

目录

人才培养与管理

教育改革与发展

思想政治教育

教学理论与实践

高校管理

同济教育管理硕士论坛

研究生教育

人才培养与管理

精英的历程:高层次学术人才流动与发展研究综述*

◎ 薛琪薪

摘　要　学术精英的成长过程是一个流动和发展交织的过程。通过对高层次学术人才的流动、发展及其互动关系的研究,发现当前研究中存在着对人文社科领域的人才重视不够,微观数据缺乏导致的对人才流动与人才发展互动关系的论证不足,以及缺少对人才的流动—不流动和国内流动—国外流动两对因素作用于人才发展的不同机制的研究等三大问题。最后对高层次学术人才流动与发展研究的进一步拓展提出了建议。

关键词　学术精英　学术人才　高层次人才　人才流动　发展规律

一、问题提出

改革开放以来,我国高等教育取得了快速发展,培养了大量学术人才。随着"长江学者奖励计划"、《国家中长期人才发展规划纲要(2010—2020年)》和《国家中长期教育改革和发展规划纲要(2010—2020年)》等人才规划的颁布与实施,高层次学术人才的培养日益成为我国人才发展的核心议题之一。一系列人才计划的实施效果明显,高层次学术人才不断增多,但与学术科研事业发展的需求相比,人才的短缺现象依然十分突出。2018年开始的中美贸易战,以及随后美国对中兴、华为等科技公司的制裁,凸显出我国在高层次人才占有和使用方面还存在短板,"钱学森之问"对培养我国杰出学术人才的疑惑依然回响在神州大地上。高层次学术人才的短缺现象,就要求学界加强对这一群体的研究,分析人才发展的各个阶段,总结在人才培养和选拔中可能存在的障碍与问题,这样才能精准把握并改进和提高人才培养与发展的路径,打造有利于人才成长、发展的生态环境。

---

* 教育部人文社科重点研究基地重大项目"大城市人口增长与公共服务资源配置协同研究"(11JJD840016)。

作者简介　薛琪薪,华东师范大学中国现代城市研究中心暨社会发展学院博士研究生,研究方向为人口社会学。

二、有关高层次人才流动的研究

对高层次人才的划分,目前学界还没有形成统一的标准。在称谓上,也有高端人才、精英人才、领军人物、高被引学者等稍有区别但含义相似的表达。有按照薪酬来区分的,如按照收入高低将人才分为红圈人才(Red circles)和绿圈人才(Green circles),红圈人才是收入高于职位设定工资的被雇者,绿圈人才则是收入低于职位设定工资的被雇者[1]。也有按照学历或职称来进行区别的,如国内的研究者一般把拥有硕士及以上学历或高级职称的人才划为高层次人才。在人才研究的早期,人才这一概念就含有其具有一定的科学技术知识或技能的内涵,以区别于普通劳动者。经济全球化的不断推进,世界各地联系的日益紧密,促进了高层次人才的跨国流动。与此同时,高层次人才的国内流动也不断加速。这一流动,既有人才个体基于自身的生活与发展而做出的主动选择的因素,也有各城市、各区域对于人才的有意引流和环境营造的重要背景。在人才流动频率不断加大的当下,总结高层次人才流动和发展的相关研究,既具有理论价值,又具有现实意义。

(一)高层次人才流动的具体模式、影响因素与流动效应

第一,在高层次人才流动的具体模式方面,20 世纪 60 年代,英国皇家学会对英国科技人才向美国迁移的“人才流失”(Brain Drain)的报告开启了研究高层次人才流动具体模式的先河。早期研究主要强调人才资源从全球边缘地带向中心地带单一流动的“人才流失”模式,逐渐过渡到人才回流的研究。第一种模式是“人才环流”(Brain Circulation),人才环流是一种补偿机制,人才输出国可以通过科研合作和知识技术的流动减弱不利影响[2]。人才环流的过程是复杂和多向的,既有利于接受国也有利于输出国。国内开展的海外人才调查发现,“跨国双向循环”成为海外人才的主要流动模式[3]。第二种模式则是“三角模式”(Triangular Flow),即输出国、中转国和其他国形成了人才流动的三角模式的三个支点,人才在流动中的决策具有四阶段的典型特征[4]。第三种模式是跨国主义(Transnationalism),人才在流动中与接受国有着明显互动,存在移民政策和歧视限制了人才在接受国的公民机构中的作用等问题。国际高层次人才流动中存在双重网络嵌入的特征,在东道国的当地网络与海外网络中存在大量的互动。当前对人才流动模式的研究,主要是人才环流、三角模式和跨国主义这三大潮流,但它们讨论的都是跨国流动的人才,对国内的人才流动模式研究还没有提炼出具体的类型。

第二,对于高层次人才流动的影响因素的研究,可以从微观、中观、宏观等三个层面来进行总结。在微观因素方面,寻找更多的职业发展机遇和更高的职业发展层级是人才地理流动的主要原因,拥有较高人力资本的人流动倾向更高,目的是实现价值最大化[5],但是,高层次人才的迁移有时更主要是为了满足好奇心和激发研究激情[6]。在中观因素方面,产

业转移对人才流动具有重要影响，产业迁入地的相对优势导致产业的集聚，打破了原有的市场平衡和要素平衡，引起人才流动[7]；产业结构、人才流动成本、科技环境差异是影响人才流动的最大制约因素[8]；对于科学家来说，其流动更主要是为了获得更优效率的研究环境和优秀的合作伙伴[9]。在宏观因素方面，基于 CES 生产函数的模型指出经济增长、工资水平、失业劳动力总量等是影响人才流动的主要因素[10]；高等教育重视程度、双向移民存量、双边贸易规模是影响高端国际人才流动的主要因素[11]。此外，不能忽视情感因素对人才流动的影响，要重视学缘和亲缘因素的重要作用[12]。这些分析从三个不同层次探讨了影响人才流动的因素，提醒我们注意人才环境和人才政策优化过程中的各个面向。

第三，高层次人才流动具有不同的效应，一方面，这一效应呈现在流动过程之中；另一方面，这一效应也投射到人才群体身上。在人才环流背景下存在“散居者效应”，文化和身份认同促使散居者回到流出地工作或建立联系，扮演着全球“搜索网络”的角色，促进了知识、技术和资本在各个市场中的流动[13]。高层次人才的流动过程，既反映了人力资源在空间上的配置过程，有着经济理性的逻辑因素，还是一种社会流动的过程，伴随着社会流动的动因。这一流动过程既产生直接效应，促进以地方为中介的社会流动；也产生间接效应，促进以阶层为中介的社会流动[14]。目前看来，对于人才流动效应的分析还比较碎片化，需要结合具体的实证资料进行分类讨论与归纳。

（二）高层次学术人才的流动轨迹和特征

本研究中所指的高层次学术人才，在有的研究中被称为学术精英，主要是指在学术界、科技界受到普遍认可的、取得重大成就的顶尖人才，具体包括两院院士、国家杰青基金获得者、“长江学者”特聘教授等。与“杰青”“优青”等人才群体只包括自然科学领域的学者不同，由于“长江学者”特聘教授计划既包含了自然科学领域的学者，也包含人文社会科学领域的学者，能比较全面地代表高层次学术人才暨“学术精英”的整体特征，故本书以“长江学者”特聘教授群体为例，来说明对高层次学术人才群体的研究现状。

第一，高层次学术人才受教育阶段的流动轨迹和特征。有研究建立了人才区域间流动矩阵，对中科院杰青基金获得者从本科到博士阶段的教育流动经历进行了分析，发现无论是否来自 985 高校，随着求学层次上升，都面临人才流出大于流入、在国内向东部沿海大城市集中、在国外则向不同发达国家分散三大特征[15]。国内的高被引学者大都有留学经历，主要形式是在国内完成本科学业，再去国外完成博士学业，其中目的地以美国居首[16]。

第二，高层次学术人才工作阶段的流动轨迹和特征。这方面的研究一是关注高层次人才流动的时间间隔、次数等时间特征，从工作机构和工作国家两个维度对高层次科学家的职业流动轨迹进行了分析，发现大部分高层次科学家在职业生涯中经历了 2～5 次流动，超过一半的人有国外工作经历，平均 6～7 年进行一次工作流动[17]。高被引学者在进入事业稳定期后大规模回流国内，其流动频次在 1～5 个国家之间，平均在外工作 6 年[16]。基于国家杰青基金获得者的研究则表明,本科就读“211”高校的高层次人才比本科就读“985”高校的高层次人才流动更为频繁[18]。另一方面的关注点是高层次人才流动的方向、目的地等空间因素,通过对高层次科学家流动原因的问卷调查发现,这一群体的流动指向实际上是向排名前100名的名校集聚[19]。并且在名校之间存在毕业生交换聘任的流动关系,从而形成了美国社会学学科教师的“学术世袭等级系统”(Academic Caste System)这一社会资本网络[20]。对于国内的高层次学术人才来说,跨省流动是他们地理流动的主要方式,“孔雀东南飞”的大势依然持续,但东南部地区的人才环流初步形成,中西部地区和东北地区的人才逆差表现明显,中科院系统向高校的高端科技人才流动成为最主要的机构间流动模式[21]。相关研究指出了这一事实,即高层次人才的流动日益普遍,流动具有一定的时间特征,开始呈现平均6～7年流动一次的“七年之痒”的趋势,流动的目的地是更高声誉的机构或经济和文化更发达的地区。

第三,单独对“长江学者”特聘教授这一群体流动轨迹的研究发现,高层次学术人才的流动现象虽然还不占主流,但是近些年已经开始呈现出逐渐加速的趋势。一方面,相关研究关注了这一学术精英群体的流动轨迹,指出社会科学领域52.6%的长江学者有过流动经历,在评上“长江学者”特聘教授之前流动占流动者整体的比例超过96%[22]。10.4%的“长江特聘”学者有流动经历,其平均流动年龄是48岁,在流动前的机构平均工作6年,一般选择结束聘期后流动,且以跨省流动为主;在他们向东南地区流动的大背景下,伴随着东北和中部地区的人才净流出[23]。另一方面,在影响他们流动的主要因素方面,地区研发投入、服务行业占比、高技术产业主营收入等是影响“长江学者”特聘教授流动的更显著因素;最主要的流动轨迹是发展水平相近地区内部的人才环流,机构声望与地方经济发展、创新能力相结合是他们流动的主要驱动力[24]。总体而言,“长江学者”特聘教授的流动比例为10%左右,其中社会科学领域的学者流动比例更高,并且绝大多数流动发生在晋升“长江特聘”之前;在流动年龄、流动时间点、流动前平均工作时间、流动目的地等方面都具有显著的特征,表现出“孔雀东南飞”“七年之痒”和实力相近地区间的“人才环流”等趋势;科研投入、创新环境、产业转型等是影响他们流动的显著因素。

三、关于高层次学术人才成长发展的研究

目前对于高层次人才成长发展规律的研究很多,但对于成长与发展的阶段划分却没有统一的标准。有的研究把人才从幼时到工作后进入高层次门槛(获得重要奖项或担任两院院士等标志)的长时段都认定为成长过程,如朱克曼、豪尔吉陶伊、曹聪、高芳祎等[25-28];有的研究则仅把高层次人才从博士毕业到进入高层次门槛这一较短时段列为成长阶段,如陈晓剑、田起宏[29-30];或者把本科入学到获得资助这段时间列为成长阶段,如杨得前、姜群[31];有的研究则做了更细致的区分,如李素矿将人才的生命经历分为成长阶段(本科入学到博

士毕业)、发展阶段(博士毕业到进入高层次人才门槛)、成才阶段(进入高层次门槛之后)三个阶段[32]。基于高层次人才一般在本科阶段接受学科基本的系统训练,在硕士阶段开始尝试进行独立研究,本研究认为,为了更深入地考察高层次人才的生命历程,以选择比较宽泛的尺度为宜。可以将其分为两个阶段,即成长阶段(本科毕业以前)和发展阶段(本科毕业以后)。总结当前有关高层次人才发展轨迹和特征的研究,主要集中以下几方面。

(一)对于诺贝尔科学奖得主及境外高层次人才成长发展的研究

本方面研究主要关注点有:一是对于影响高层次人才发展的相关因素的探讨,相关研究指出,高层次人才的发展同时受到赞助性流动(Sponsored Mobility)和竞争性流动(Contested Mobility)双重机制的影响,即毕业机构声誉与个人业绩同时发挥作用[33]。对美国自然科学家的实证分析证实了前一假设,并区分了赞助性因素和竞争性因素的不同作用路径,即博士毕业于高声誉机构(赞助性因素)更有利于在高声誉机构工作的学者提升地位,而个人业绩(竞争性因素)更有利于在低声誉机构工作的学者获致地位[34]。对美国诺贝尔科学奖得主的发展过程进行的分析指出,重点大学及研究机构的培养、优秀导师的指导、科学文化的交流合作在高层次人才发展中具有重要作用[25]。进一步的研究对于高层次人才发展中个人特质、教育训练、榜样作用和师承关系的重要性进行了强调[35]。相关研究主要基于赞助性因素和竞争性因素的二元思路进行拓展,强调了机构环境和自身特质在高层次人才发展中的重要作用。二是总结高层次人才发展轨迹及特征,诺贝尔科学奖得主普遍就读和工作于世界一流大学,接受良好的通识教育、发展过程中科研与培养一体化、进入一流的优势学科、浸润于宽松自由的学术氛围,这些构成了他们发展轨迹中的重要特征[36]。科学精神、创新精神、家庭教育以及动机、兴趣、性格、意志、情感等非智力因素也在他们的发展过程中起了重要作用[37]。对华人高层次科学人才的发展过程的分析发现,华人高被引科学家有多个成果发表高峰,优质成果出现在职业生涯中后期,获得专业认可的速度和声望远高于普通科学家[28]。这些研究主要从环境特征、受教育机构、师承关系与合作伙伴的社会网络特征等方面对国外高层次科技人才的发展轨迹进行了讨论。

(二)对于两院院士、重要人才计划入选者等国内学术精英成长发展的研究

这方面的研究发端于曹聪的《中国科学精英》一书[27]。一方面,国内的研究借鉴了朱克曼《科学界的精英》[25]的研究思路,强调了培养机构、工作环境、科研轨迹等方面的发展特征。如对中科院院士的发展轨迹的分析发现,大部分院士都在改革开放之前完成学业,具有较长时段的科学生涯,其中 48.1%的人具有留学经历,他们在事业选择上更多服从国家需要,具有较强的爱国主义情感,机构和个人的优势积累效应互相促进等[27]。另一方面,研究者基于国内学术精英的数据总结了发展的时间特征。“国家杰出青年科学基金”获奖者从博士毕业到获得“杰青基金”的平均年限为 10.96 年,接近国外人才研究中提出的“十年规

则”[29]。通过建立高层次人才发展过程稀疏矩阵,发现硕士毕业年龄越小、博士毕业年龄越大、获得国家基金及其他奖励、连续接受本硕博教育能显著促进高层次人才获得国家杰青基金[18]。此外,对于学术精英的优势累计效应和发展路径模式指出,学术精英在发展中存在着成就与报偿交互递长的优势累积效应,但学术共同体的普遍主义及社会心理过程会对这一效应进行限制[38]。高校社科类学科带头人的发展具有自组织路径、他组织路径、多元化路径三种模式[39]。这些研究主要参考了朱克曼对美国诺贝尔奖得主发展历程的分析思路,强调了培养机构、工作环境、科研轨迹等方面的特征,还总结了高层次人才从博士毕业到获得重要荣誉的时间特征,并强调连续性的本硕博教育和留学经历的重要性。

(三)对“长江学者”特聘教授群体成长发展的研究

第一,在对于“长江学者”群体特征及空间分布的研究方面,“长江学者”特聘教授群体中 66%的人具有留学获得学位的经历,39%具有海外博士后经历,出生地以江浙为主,而求学目的地以美、英、德、日为主[40]。文科领域的“长江学者”特聘教授相对于自然科学领域的“长江学者”,他们成长周期更长、担任更多的行政职务和学术兼职、名校与名师互相促进的效应更加明显[22]。人文社科领域的长江学者群体学科分布比较平衡、高等教育主要在国内完成、注重研究本土问题和发出中国声音,但也存在对境外社会研究较少、国际影响力欠佳等问题[41]。在“长江学者”特聘教授的空间分布方面,集聚数量最多的是北京、上海、江苏三地,影响“长江学者”空间集聚的因素主要是区域研发经费投入和区域一流高校数量[42]。“长江学者”特聘教授集中于东部地区,且东部地区集中于北京、上海、江苏三地;中部地区集中在湖北、黑龙江及湖南;西部地区集中在陕西、四川和重庆[43]。这些研究对“长江学者”特聘教授群体的人口社会学特征、教育经历、工作经历、研究领域、空间分布等特征进行了总结,有助于我们掌握这一群体的基本特点。

第二,在对于“长江学者”特聘教授发展规律和影响因素的研究方面,相关研究主要讨论了这一学术精英群体发展的时间周期。研究指出,社会科学领域的长江学者从本科毕业到评上教授的平均周期为 14.8 年,到评上“长江学者”特聘教授平均经历了 27.5 年。他们在事业初期学术绩效显著,但在晋升之后却明显下降[44]。对于全体“长江学者”特聘教授来说,他们从本科毕业到被评为“长江学者”特聘教授的平均年限为 20 年左右[45]。在影响晋升为“长江学者”特聘教授的主要因素方面,本硕博连续学习、就读和工作于高声誉机构有助于“长江学者”特聘教授群体的优势积累[46]。对于社会科学领域长江学者来说,毕业高校、工作机构、主持基金项目、学会与社会兼职等因素具有显著影响[47]。总体而言,“长江学者”特聘教授从本科毕业到晋升为“长江特聘”平均经历 20 年左右,其中社科领域的学者则平均花费 27.5 年;就读和工作于高声誉机构、连续求学有助于他们的优势积累,是影响他们晋升的显著因素。

四、对高层次学术人才流动与发展关系的探讨

（一）教育流动经历对高层次学术人才的事业发展存在正负两方面的效应

对于高层次学术人才的教育流动经历与事业发展之间的关系，已有不少开拓性的研究。一方面，相关研究强调了求学阶段的多元化经历更能促进高层次人才成功，如对 1978 年之后接受大学教育的两院院士群体进行的分析发现，在本科、研究生、留学等阶段有过流动的“多元复合”教育经历更有利于高层次人才成功[48]。对“国家杰出青年科学基金”获得者群体的研究也证实，在求学和工作机构之间的流动频次、出国学习交流是影响高层次人才发展的关键因素[49]。对长江学者特聘教授群体的研究发现，留学经历显著地缩短了其入选长江学者计划的时间间隔[50]。在博士毕业之后，具有多元化教育经历的学者能更快实现职称晋升，但不同学科领域的学者在发展时间上存在显著差异[45]。

与前述的研究相反，也有研究强调了本硕博连续学习、并在同一机构接受教育对于高层次人才的成功具有显著作用[17]。对于国家 973 项目首席科学家的成长路径的分析发现，在同一机构连续接受教育的长周期培养模式，特别是硕博贯通的学习模式培养了最多的高层次学术人才，而本硕贯通学习模式下的人才平均成才时间最短[29]。在高等教育阶段接受本硕博或者硕博连续贯通教育的学生，在全国优秀博士论文荣誉获得者的占比不断提高，并且自然科学专业的学生相对来说占比更高[51]。

总体而言，现有证据从不同方面对高层次学术人才受教育阶段的流动经历和不流动经历的积极作用都提供了支持。到底多元化的教育经历更有利于学术人才的职业发展和荣誉获得，还是贯通制的长周期培养模式更方便他们缩短职称晋升和人才计划的入选，还需要更多更全面的数据来开展分析。

（二）工作流动经历对高层次学术人才的成长发展具有不同的影响

与关注教育流动与人才发展互动关系的研究相比，对于职业流动与人才发展关系的讨论相对较少。一方面，有研究指出，工作之后的职业流动同样具有促进事业发展的积极效应，工作流动显著地促进了法国生命科学领域学术人才的职位晋升[52]。对我国高层次学术人才的职业流动研究同样证实，平均经历 1～2 次工作流动，以及更多的出国访学交流，对学术人才的事业发展具有显著的正面效应[53]。高层次人才的流出存在“七年之痒”和“47 岁现象”，通过流动实现了学术资本的提高[54]。对长江学者特聘教授的流动经历的研究也指出，海外工作经历加速了他们的优势扩散，有利于他们的职业晋升和学术荣誉的获得[46]。这些研究指出，教育阶段的多元化经历以及工作之后的职业流动对高层次学术人才的事业发展和职位晋升均具有积极作用，但在不同学科领域的作用大小不一。但是，职业流动产

生的利好并不必然惠及所有学术人才群体,如一项研究指出,海外工作经历对于本科为非重点高校的长江学者特聘教授的发展具有显著的负面效应,将其入选长江学者计划的平均时间推迟了7%。工作后的海外访学经历迟滞了他们的发展速度,使他们入选计划的平均耗时比没有出国交流的长江学者增加了6%左右[50]。

五、结语

对于高层次学术人才的事业发展来说,现有研究对流动—不流动这一对因素开展了较多讨论,并侧重教育流动经历对人才发展的影响;对国内流动—跨国流动这一对因素的分析,则主要研究的是跨国流动对人才发展的积极影响。相关研究中,高层次学术人才的数据采集大都是通过CV法从各个渠道收集人才简历、学术介绍等形成人才数据库,不免存在重复建设、资料遗漏等问题。由于微观数据的缺乏,对于人才流动与人才发展之间的互动关系还没有形成定论。同时,在讨论这一互动的过程中,还需要厘清人才流动与人才发展之间的相关性与因果性的区别,深入挖掘是人才流动促进了人才发展,还是由于人才已经成长和发展,取得了一定的成就和荣誉,促使他们通过流动来实现更多的经济资本和社会资本的价值提升,这些都有待进一步的探索和挖掘。

从1978年雷祯孝提出创立人才学学科[55],到1982年中图分类法正式将人才学列为一门专门学问[56],人才学一直致力于对人才发展轨迹和规律的研究。随着人才在经济和社会发展中的引领作用日益突出,对各类高层次人才的研究逐渐增多。总结高层次学术人才群体流动与发展的内在规律,一方面有助于进一步完善人才学理论,深化对人才学的认识;另一方面有助于推进对于高层次人才发展规律的新认识。总结当前的相关研究,可以发现还存在一些有待深化和拓展之处。

一是对自然科学领域的人才关注较多,对人文社会科学领域的人才关注较少,把两大领域结合起来分析的研究更少。相关研究主要集中于对于诺贝尔奖获得者、两院院士、杰青等自然科学领域高层次人才的研究,对于“长江学者”特聘教授这一群体也有了部分探讨,但大多基于其中某一学科、某一特征或某一领域的亚群体进行分析,深入探讨这一群体的总体特征及群内差异的研究尚不多见。在探索中国社会发展和人类命运共同体建设的过程中,人文社科领域的学术精英在研究中国问题,发展本土理论,推进我国在国际上的“话语权力”方面将发挥重要作用,因此,必须更加重视对人文社会科学领域的高层次人才的研究。

二是由于微观数据缺乏,导致对人才流动与人才发展的互动关系论证不足。相关研究主要是通过建立模型来讨论从本科毕业(或博士毕业)到晋升为高层次人才(如“长江学者”特聘教授)的年限问题,以及分析受教育机构、多元化教育经历、高等教育连续性、留学或国外工作经历、工作机构、科研奖励等因素对于晋升高层次人才的影响,而对于教育流动、工作流动与高层次人才发展之间的关系问题讨论较少。针对这一问题,一方面需要在学术人才的相关调查中,增设与人才流动和人才发展轨迹相关的微观指标,通过数据的支撑来获得更多与之相关的规律性认识;另一方面,需要突破当前研究中对学术人才培养(学历教育)和人才职业发展(职称提升与荣誉获得)的宽泛讨论,进一步挖掘学术人才的教育流动、工作流动与人才成长之间的内在关系,深化对人才流动、人才培养与人才发展的认识。

三是缺少对人才的流动—不流动和国内流动—国外流动两对因素作用于人才发展的不同机制的研究。在对高层次学术人才的流动轨迹和影响因素的研究中,已经对流动中反映出来的主要趋势、重要特点、影响因素进行了较深入的讨论,一些研究指出了流动经历促进了他们的职位晋升、事业发展与社会网络的拓展,但也有研究发现不流动更有利于高层次学术人才的后续发展。因此,认真梳理流动—不流动和国内流动—国外流动两对因素对于高层次学术人才发展的不同作用机制,分析人才在晋升前后是否具有以及具有怎样不同的流动轨迹,以及他们在国内流动与国外流动中表现出来的不同模式与特征,将是我们未来的研究中需要努力的方向。

在人才强国的路上,如何培养高层次学术人才,促进他们的成长与发展,是教育部门和用人单位不断探索的重要命题。深入分析高层次学术人才流动与发展的轨迹,理解和掌握在高层次学术人才培养和发展过程中的各种影响因素和中介变量,才能有效地增强人才培养工作中的预见性,推动人才学的实践以及人才战略的创新。在把握这些认识的基础上,才能通过有针对性的制度设计和政策安排,打造有利于人才发展的生态环境,培养出更多立足本土、放眼世界的高层次学术人才。

参考文献

[1] BRUCE S. Green Circles Are Dangerous, Red Circles Are Just Expensive[N]. HR Daily Advisor, 2013-09-26(7).

[2] MARK C REGETS. Impact of Skilled Migration on Receiving Countries' Science and Development Network[EB/OL].(2001-05-03)[2019-08-17].https://www.scidev.net/global/policy-brief/impact-of-skilled-migration-on-receiving-countries.html.

[3] 陈程.大陆海外新移民的回流模式与空间特征研究[D].上海:华东师范大学,2016.

[4] DEVORETZ D, MA Z.Triangular Human Capital Flows between Sending,entrept and the rest of the world regions[J].Canadian studies in population,2002,29(1):53-69.

[5] LADINSKY J. The Geographic Mobility of Professional and Technical Manpower[J].The Journal of Human Resources,1967,2(4):475-494.

[6] NERDRUM L, SARPEBAKKEN B. Mobility of foreign researchers in Norway[J]. Science & Public Policy, 2006, 33(3):217-229.

[7] 张樨樨.我国高技术产业集聚与高技术人才集聚互动关系的建模研究[J].科技进步与对策,2010,27

(11):72-75.

[8] 陆远权,张基斌,尹克寒,等.川渝区域一体化进程中产业转移与人才流动的互动机制研究[J].科技进步与对策,2012,29(9):32-35.

[9] STEPHAN P, SCELLATO G. FRANZONI C. International Competition for Phds and postdoctoral scholars:what does (and does not) matter[J].Innovation Policy & the Economy,2015,15(1):73-113.

[10] 许家云,李淑云.基于 CES 生产函数模型的海外人才回流问题研究[J].中国科技论坛,2012(12):102-106.

[11] 魏浩, 耿园. 高端国际人才跨国流动的动因研究——兼论中国吸引高端国际人才的战略[J].世界经济与政治论坛,2019,(1):121-146.

[12] 何敏,于天祚.情感因素对海外优秀青年人才回流的影响研究[J].大学教育科学,2018(4):65-69.

[13] SONDEREGGER P, TUBE F. Cluster life cycle and diaspora effects:evidence from the indian it cluster in bangalore[J].Journal of International Management,2010(16):383-397.

[14] 王宁. 地方分层、人才流动与城市人才吸引力——"地理流动与社会流动"理论探究之二[J].同济大学学报(社会科学版),2014,25(6):47-55+109.

[15] 张松涛,关忠诚.科技人才的教育经历研究——以中国科学院杰出青年为例[J].中国科技论坛,2015,(12):132-137.

[16] 杨芳娟,刘云,侯媛媛,等.中国高被引学者的跨国流动特征和影响——基于论文的计量分析[J].科学学与科学技术管理,2017,38(9):23-37.

[17] 刘俊婉.高被引科学家人才流动的计量分析[J].科学学研究,2011,29(2):192-197+180.

[18] 李祖超,钟苹,李冬东.国家杰出青年科学基金获资助者的成长历程研究——基于稀疏矩阵与粒子群算法的综合分析[J].高等工程教育研究,2016(6):81-86+117.

[19] 邓侨侨.机构迁移:高被引科学家名校集聚的特征与原因分析[J].科学学与科学技术管理,2014,35(8):135-143.

[20] BURRIS VAL. The academic caste system :Prestige hierarchies in PhD exchange networks[J]. American Sociological Review,2004,69(2):239-264.

[21] 黄海刚,曲越,白华.中国高端人才的地理流动、空间布局与组织集聚[J].科学学研究,2018,36(12):2191-2204.

[22] 王帆,郭洪林,张冉.人文社会科学领军人才成长特征研究——基于长江学者特聘教授的分析[J].中国人民大学教育学刊,2015(4):128-145.

[23] 黄海刚,连洁,曲越.高校"人才争夺":谁是受益者? ——基于"长江学者"获得者的实证分析[J].北京师范大学学报(社会科学版),2018(5):39-52.

[24] 黄海刚,曲越.孔雀东南飞:经济转型与精英科学家流动[J].华中科技大学学报(社会科学版),2019,33(03):63-72.

[25] 哈里特・朱克曼.科学界的精英——美国的诺贝尔奖金获得者[M]北京:商务印书馆,1979.

[26] 伊什特万・豪尔吉陶伊.通往斯德哥尔摩之路——诺贝尔奖、科学和科学家[M]上海:上海科技教育出版社,2007.

[27] CAO C. China's Scientific Elite[M]. New York:Routledge. 2004.

[28] 高芳祎.华人精英科学家成长过程特征及影响因素研究[D].上海:华东师范大学,2015.

[29] 陈晓剑,李峰,刘天卓.基础研究拔尖人才的关键成长路径研究——基于973计划项目首席科学家的分析[J].科学学研究,2011,29(1):44-48+17.

[30] 田起宏,刘正奎.国家杰出青年科学基金获得者的一般特征和早期成长因素探析[J].中国高教研究,2012(10):21-24.

[31] 杨得前,姜群.长江学者特聘教授成长路径研究[J].高教探索,2018(5):27-35.

[32] 李素矿,姚玉鹏.我国地质学青年拔尖人才成长成才过程及特征分析——以地球科学领域国家杰出青年基金获得者为例[J].中国科技论坛,2009(1):98-101.

[33] TURNER RALPH H. Sponsored and Contest Mobility and the School System[J]. American Sociological Review,1960,25(6):855-862.

[34] HARGENS LOWELL L, HAGSTROM WA RRENO. Sponsored and contest mobility of American academic scientists[J].Sociology of Education,1967,40(1):24-38.

[35] SIMONTON D K. Scientific creativity as constrained stochastic behavior: the integration of product, process, and person perspectives[J].Psychological Bulletin, 2003,129(4):475-94.

[36] 陈其荣.诺贝尔自然科学奖与创新型国家[J].上海大学学报(社会科学版),2011,18(6):1-21.

[37] 赵兴太,王国领.“科技与社会”视角下的诺贝尔自然科学奖研究[M].郑州:郑州大学出版社,2014:1-3.

[38] 刘崇俊,王超.科学精英社会化中的优势累积[J].科学学研究,2008(4):685-689.

[39] 丁一科.高校人文社科类学科带头人成长因素及路径研究[D].南昌:江西师范大学,2014:1-2.

[40] 牛珩,周建中.基于CV分析方法对中国高层次科技人才的特征研究——以“百人计划”“、长江学者”和“杰出青年”为例[J].北京科技大学学报(社会科学版),2012,28(2):96-102.

[41] 张学见.文科长江学者群体特征简论[J].江汉论坛,2016(10):122-127.

[42] 韩联郡,李侠.研发活动、科学文化土壤与高端科技人才集聚[J].科学与社会,2018,8(4):80-93.

[43] 张建卫,王健,周洁,等.高校高层次领军人才成长的实证研究[J].科学学研究,2019,37(2):235-244.

[44] 王帆.文科长江学者特聘教授晋升与学术绩效间的关系研究[J].复旦教育论坛,2018,16(5):76-82.

[45] 李峰,吴蝶.高等教育背景如何影响不同学科科技人才成长——以教育部长江学者特聘教授为例[J].高等教育研究,2016,37(10):42-48.

[46] 高勇.长江学者学术成长路径研究[D].北京:清华大学,2014.

[47] 萧鸣政,唐秀锋.哲学社会科学人才如何评价——基于长江学者成长影响因素的实证研究[J].行政论坛,2018,25(5):106-116.

[48] 瞿振元,韩晓燕,韩振海,等.高校如何成为拔尖创新人才培养的基地——从年轻院士当年的高等教育经历谈起[J].中国高教研究,2008(2):7-11.

[49] 郭美荣,彭洁,赵伟,等.中国高层次科技人才成长过程及特征分析——以“国家杰出青年科学基金”获得者为例[J].科技管理研究,2011,31(1):135-138.

[50] 李峰,孙梦园.本科出身决定论?——学术精英的职业流动和职业发展分析[J].高教探索,2019(10):108-114.

[51] 张国栋,王宁,周昊.全国优秀博士学位论文作者高等教育求学路径的研究[J].中国高教研究,2014

(1):62-66.

[52] SABATIER M, CARRERE M, MANGEMATIN V. Profiles of academic activities and careers: Does gender matter? An analysis based on French life scientist CVs[J]. The Journal of Technology Transfer,2006,31(3):311-324.

[53] 阎光才.我国学术英才成长过程中的赞助性流动机制分析[J].中国人民大学教育学刊,2011(3):5-22.

[54] 黄海刚,曲越,连洁.中国高端人才过度流动了吗——基于国家“杰青”获得者的实证分析[J].中国高教研究,2018(6):56-61.

[55] 雷祯孝,蒲克.立当建立一门“人才学”[J].人民教育,1979(7):21-26.

[56] 中国图书资料分类法编辑组.中国图书资料分类法[M].北京:科学技术文献出版社,1982.

“双一流”背景下的拔尖创新医学人才培养体系建设*

◎ 李育娴　杨文卓　吕立夏　曹金凤　章小清　张　军　郑加麟

摘　要　同济大学是“双一流”建设高校，人才培养是“双一流”建设的核心。同济大学医学院在“双一流”背景下借鉴国际课程建设经验，进行了拔尖创新医学人才培养体系的建设和探索，着力培养具有“扎实基础、实践能力、创新思维、国际视野、社会责任”等综合特质的拔尖创新医学人才。

关键词　双一流　人才培养　创新能力　教学改革　拔尖创新医学人才

建设世界一流大学和一流学科，是在高等教育领域继“211 工程”“985 工程”之后的又一国家战略，有利于提升中国高等教育综合实力和国际竞争力[1]。只有培养出一流人才的高校，才能够成为世界一流大学[2]。同济大学作为“双一流”建设高校，始终把培养拔尖创新人才作为崇高使命和责任，以本科教育为立校之本、以研究生教育为强校之路，确立了“知识、能力、人格”三位一体的人才培养模式。同济大学医学院秉承“精诚济世，明道致远”的办学理念，构建了以培养“高水平、高素质临床型卓越医学人才”（“5＋3”一体化）为主体，“高层次、国际化的拔尖创新临床医学人才”（贯通培养）为突破的人才培养模式，并依据一流专业建设的标准，进行了拔尖创新医学人才培养体系的建设和探索。

同济大学拔尖创新医学人才培养，秉承“精英教育”，全面实施“器官系统整合课程体系”，以转化医学为特色，注重国际化培养，推行基础导师和临床导师相结合的双导师制，通过“坚持标准、分段要求、贯通培养”，经过 5 年的本科学习，专业技能和科研能力阶段性考核及导师录取等环节后，以直博方式进入后阶段培养，达到科学型博士学位毕业标准后，获得科学型博士学位（PhD），再经住院医师规范化培养和专科医师培养，未来成为同时具备临床

---

* 中华医学会医学教育分会、中国高等教育学会医学教育专业委员会 2018 年医学教育研究立项课题（2018B-N15029）；同济大学校级教改基金项目“同济大学医学拔尖创新及卓越人才培养体系建设”。

作者简介　李育娴，同济大学医学院讲师，理学博士，研究方向为高等医学教育、神经生理。
杨文卓，同济大学医学院教学副院长，本文通讯作者。

诊疗和医学科学研究能力的拔尖创新医学人才。

一、拔尖医学人才培养的整合课程体系改革

基于器官系统的整合课程教学是国内外普遍认可的医学教学模式。整合课程是针对学科课程存在的知识单一、片面和相互割裂的问题,从课程内容和资源、组织实施等方面,将两种或两种以上的学科课程内容融为一体,实现学科知识融通,提升综合应用能力的一种课程形态[3]。医学院借鉴国际先进的教学理念,积极开展纵向和横向综合的课程改革,逐步探索构建了有同济特色的基于器官系统的整合课程体系。2015 年之前,已经完成了基础阶段生命科学相关课程、病原生物学与感染性疾病、免疫学与免疫疾病,以及基于器官系统的临床整合课程建设。2015 年起,在“双一流”建设的背景下,为了加强拔尖医学人才培养,医学院进一步对基础医学进行横向整合,聚焦系统解剖学、局部解剖学、神经生物学、生理学和组织胚胎学、组织胚胎学实验、病理解剖学实验、生理学实验、药理学实验、病理生理学实验等课程,形成人体结构与功能导论、运动骨关节、呼吸、循环、消化、泌尿、生殖与内分泌、血液与免疫、应用解剖学九门基于器官系统的整合课程和形态学实验、机能学实验两门整合实验课。在临床课程方面,增设临床技能学以及临床强化训练。基于器官系统的基础—临床两轮整合课程有助于加强基础和临床能力培养,帮助学生较早形成专业归属感,有助于早期培养学生自主学习能力和临床决策的能力,更加符合同济大学医学院拔尖医学人才培养的目标。

二、拔尖医学人才的创新能力培养体系

在医学教育领域,对创新人才培养的研究和探索日益受到医学院校的普遍关注。21 世纪的医学人才,是立足于现实而又面向未来的医学创新人才[4]。创新能力是新一代医学人才的岗位胜任力之一。同济大学重视培养拔尖医学人才的创新能力,除了在课程中注重培养学生的基本科学素质,还在课程外设置了全程导师制和三级科创体系。通过双向选择确定导师,导师与学生保持良好沟通,解决学生学习上的困难,培养专业素养,指导学生的个人成长。后来又推出基础—临床双导师制,探索“全程导师、早期科研、贯穿训练、严格标准”的培养体系。参与双导师的教授有中国科学院院士、长江学者、杰青和国家重大科学研究计划的首席科学家等,指导学生扎实有效开展早期的科学研究。另外,医学院依托创新基地,综合全程导师制度、医学生科研能力训练以及各类大学生创新活动,整合基础与临床的资源,建立医学院三级科创体系。第一级:卓越医苗计划。与全程导师制紧密联系,学生科技创新活动由“自发型”转变为“自觉型”,由“竞赛型”转变为“普及提高型”,培养学生初步的科研思维和科研方法,实现学生创新能力培养全覆盖。第二级:依托临床医学院,开展

医学生科创活动。医苗计划产生的优秀项目,通过各临床医学院的学术节活动进行展示与交流。第三级:本科生创新论坛。经学术节评选的获奖项目在医学院举办的本科生创新论坛进一步孵化和升华,最终冲击挑战杯、基础实验创新大赛等科创竞赛或形成专利成果。三级科创体系的建立,使医学生参加科创比例达到100%,参加SITP(同济大学大学生创新实践训练计划)、上创(上海大学生创新创业训练计划)、国创(国家级大学生创新创业训练计划)项目的人数逐年上升,显著提升拔尖医学人才的创新思维能力。

三、拔尖医学人才的思政与医学人文素养教育

习近平总书记在全国高校思想政治工作会议上指出,“用好课堂教学这个主渠道”,“其他各门课都要守好一段渠、种好责任田,使各类课程与思想政治理论课同向同行,形成协同效应”[5]。2017年,同济大学为深入贯彻全国高校思想政治工作会议精神,将“立德树人”落实到教育、教学各环节,实现从“思政课程”到“课程思政”的创造性转化,育人功能从思政课向专业课全面覆盖,启动了全校所有专业的课程思政教学改革试点。医学院高度重视拔尖医学人才的思政与人文素养方面的培养,充分利用同济大学综合性大学人文教育的优势,建设完备的医学人文教育课程体系,将思想道德、医学人文教育贯穿人才培养全过程。医学院的专业基础课“心理学与行为科学导论”成为试点,通过课程思政建设将思政教育与专业课程有机融合。在医学人才的专业教育中点滴渗透医学人文素质教育,如在人体解剖学中融入“感恩无言良师”的教育环节;在基础医学课程的PBL案例讨论中融入人文精神教育。举办丰富多样的活动,例如“白大褂仪式”“唯爱天使义工”“实习医师巴林特小组”等,树立专业的使命感、责任感,鼓励学生开展志愿服务活动,在生活和学习中践行人文精神,培养奉献精神[6]。

四、以转化医学为特色的拔尖医学人才培养

21世纪初,美国国立卫生研究院首次提出“转化医学”的理念,旨在促进基础研究人员和临床医师的合作,从而将医学基础研究迅速有效地转化为可在临床实际应用的理论、技术、方法或药物[7]。转化医学是当代医学发展的趋势和方向,转化医学的发展需要培养既精通临床医疗技能又具备科研思维及能力的高层次医学精英人才[8]。同济大学医学院坚持“一切围绕转化医学”的原则制定科技发展规划,牢固树立协同创新和转化医学理念。从临床到基础联合攻关和学科交叉业已形成的优势研究领域,建立医学基础与临床研究双向转化的医学科学研究体系,搭建跨学科、跨领域的转化医学研究平台。各附属医院建立了以“973”首席科学家或长江学者为核心,由从事基础研究和教学的教师以及临床医生共同参与的各具特色的转化医学平台,为复合型拔尖医学人才培养提供了条件。

五、拔尖医学人才的国际化培养方式

2012年发布的《教育部卫生部关于实施卓越医生教育培养计划的意见》中提出，未来我国医学教育目标是"培养一批高层次、国际化的医学拔尖创新人才"[9]。随着世界经济一体化和教育国际化进程的不断加快，培养具有国际视野的医学人才已成为全球医学教育界的共同课题，也是我国医学教育适应新医学模式发展的必然选择[10]。国际化办学是同济大学和医学院的特色及目标，通过与国外优秀医学院校签署合作协议，为学生提供更多出国交流、攻读硕士、博士双学位的机会；通过联合培养研究生、学分互认及学生互换交流等形式，建立国内外交流合作平台，培养学生的国际视野和全球化理念。目前，已与10个国家和地区的38所大学及科研院所建立了友好合作关系。先后与17所学校建立了学分互认的机制，与海外知名大学联合培养MD/PhD。贯通培养的拔尖医学人才能够在国际合作院校进行1周至3个月的临床实习、实验室轮转等交流参观，并有参加学术会议的机会，在本科阶段有机会开拓视野，为执业医师规划和海外留学深造提供初步体验。在"双一流"建设的背景下，同济大学积极推动中美医学院建设，通过与国际接轨并符合中国国情的课程体系培养具有国际视野、社会责任感和职业操守的拔尖创新型医学人才。

六、拔尖医学人才培养的教学方法改革

与拔尖医学人才培养的目标相适应，医学院积极开展教育方式和教学方法的改革，全面提升课程教学质量。教学过程中强调"以学生为中心"，注重批判性思维和自主学习能力的培养，关注沟通与协作意识的养成，进行了一系列教学方法尝试和改革。除了开展基于问题的学习(PBL)、基于案例的学习(CBL)和小班讨论课之外，随着在线网络教学的发展，基础及临床教学团队均进行了积极尝试，利用网络及数字化资源，在课程中开展以微课、SPOC为基础的翻转课堂教学法，促使教学在时间和空间上从课内向课外延伸，提高课程教学效果，让学生真正成为学习的主人，培养自主学习和终身学习能力[11]。

七、拔尖人才培养体系的师资队伍建设

影响人才培养质量的一个重要因素，就是教师的教育教学能力。教师的个体和群体学术水平、能力素养决定着人才培养的层次[2]。学院高度重视教师队伍建设工作，引育并重，旨在培养和造就一支政治思想坚定、师德师风良好、业务精湛、数量适中、结构合理、充满活力的高素质、高水平教师队伍。医学院通过"长江学者奖励计划"、同济大学青年百人计划等人才项目，引进了一批高层次人才和青年人才，促进学院教学、科研、医疗和学科建设工

作,快速提升医学学科影响力和综合竞争力,并为拔尖医学人才培养补充了师资。在积极引进优秀人才的同时,医学院通过培训、辅导、提供交流实践机会、给予激励和经费支持等方式提高教师的教学、科研、创新和领导等核心能力,形成教师个人职业发展与师资队伍发展及学院发展环环相扣、互相促进的良性循环,以优秀的师资队伍供给“拔尖医学人才”的培养。

八、拔尖医学人才的考核评价体系

学业成绩评定是评价教学质量和人才培养目标达成的重要工具。为了客观评价教学效果和人才培养质量,实现拔尖医学人才培养目标,学院建立了终结性评价和形成性评价相结合的考核评价体系,以期对学生的知识、技能、行为、态度、分析与解决问题能力、自主学习能力、团队协作能力及人际交流能力进行全方位的评价。形成性评价比终结性评价更加注重教学的发展和变化过程,强调学生与学生、教师与学生的相互影响和作用。实验结果证实,在医学教育中使用形成性评价,可使医学生的知识掌握及应用能力、自主学习能力、创新思辨能力、团队合作和交流沟通能力等都得到显著提高[12]。所以,在医学院校的教学改革过程中,形成性评价体系的建立是重中之重。形成性评价可包括课堂表现、课堂讨论、课堂测验、作业、观察记录、小论文、中段考、实验报告和见习技能操作考试等,及时反馈学生的学习情况,帮助学生发现学习中的不足;终结性评价包括课程结束考试及毕业综合考试等。

九、结语

在“双一流”建设中,无论是一流学科建设,还是一流大学建设,其主旨都要紧紧围绕提高“人才培养”这个核心点来进行。同济大学立足国情,借鉴国际经验,使教学、科研和临床有机融合,在“双一流”背景下进行了拔尖医学人才培养体系的建设和探索。坚持以学生为中心的理念,培养学生自主学习与终身学习能力,强化沟通技能、人文关爱的教育与实践,全面提升教学质量,构建了与国际接轨的医学教育模式和课程体系,着力培养具有“扎实基础、实践能力、创新思维、国际视野、社会责任”等综合特质的拔尖医学人才。

参考文献

[1] 中国政府网.国务院关于印发统筹推进世界一流大学和一流学科建设总体方案的通知[EB/OL].[2015-11-05]. http://www.gov.cn/zhengce/content/2015-11/05/content_10269.htm.

[2] 安黎哲. 始终抓好本科人才培养工作 促进“双一流”建设全面展开[J]. 中国大学教学,2017(7):30-

33+92.
[3] 孙鹏，黄继东，柏杨，等. 整合课程教学在医学教育中的历程与展望[J]. 中国高等医学教育，2012(5):62-63.
[4] 贺加. 创新教育模式构建创新型医学人才培养平台[J]. 中国高等医学教育，2007(9):24-25+69.
[5] 高锡文. 基于协同育人的高校课程思政工作模式研究——以上海高校改革实践为例[J]. 学校党建与思想教育，2017，567:16-18.
[6] 王艳波，赵旭东，蔡巧玲，等. 医学生人文教育全程、多学科整合课程体系建设探索[J]. 中华医学教育探索杂志，2016，15(2):157-160.
[7] 夏侠，周锦明，张宏，等. 研究型医学视角下的转化医学实践与思考[J]. 中华医院管理杂志，2016，32(1):19-21.
[8] 富卉，鲁翔. 转化医学视角下医院临床科研复合型人才的培养与管理[J]. 中国医药导报，2017，14(18):184-187.
[9] 教育部. 教育部卫生部关于实施卓越医生教育培养计划的意见[EB/OL]. [2012-5-7]. http://old.moe.gov.cn//publicfiles/business/htmlfiles/moe/s3864/201205/135805.html.
[10] 林心宇，张宁，李海燕. 新医学模式下医学生国际化培养途径的探索[J]. 中国高等医学教育，2015(11):1-2.
[11] 李育娴，张介平，秦颖，等. 微课在高等医学教育中的应用和体会[J]. 基础医学与临床，2015，35(10):1443-1446.
[12] 刘晓燕. 形成性评价在医学院校教学改革中的应用[J]. 科教导刊，2017(32):15-16.

我国中高本衔接人才培养浅析

◎ 胡新专

摘　要　由于专业衔接和课程衔接不到位，以及缺乏相关的机制和政策支持，中高本衔接工作进行得不够顺利，我国政府应当提供政策支持，并且对其进行引导，做好专业统筹工作等，对中高本衔接工作给予支持，使得各层次的院校都能够更加积极。另外，还需要针对中高本衔接人才培养模式进行系统的设计，对衔接机制进行完善，使得中高本衔接这一人才培养模式能够最大限度地发挥其作用，培养出优秀的人才服务于社会。

关键词　衔接　职业教育　学生

所谓中高本衔接，就是中职教育到高职教育再到本科教育的衔接，是一种人才培养模式。职业教育本身受关注程度比较低，公众对其重视程度不足，其本身与普通教育之间也存在一定的差距，但是中高本衔接的实现能够构建起一个崭新的职业教育体系，有助于职业教育的发展，也能够使职业教育促进经济的发展。

一、我国目前中高本衔接的现状

（一）中高本衔接的衔接规模比较小

中高本衔接是一种新型的人才培养模式，是针对我国的社会和教育情况探索出来的，有利于我国教育和经济的发展。这种人才培养模式的探索足以体现出我国针对现代职业教育的研究是非常积极和深入的，但是由于职业教育本身受关注程度比较低，再加上人们对职业教育存在一定的偏见，职业教育的发展一直不被看好。职业教育具有其独特的优点，是服务于地方经济的教育模式，将职业教育与本科教育相结合必然是一种比较高效的培养人才的方式。但目前我国中高本衔接并没有被普及，即使存在一些学校实施中高本衔

作者简介　胡新专，黄冈师范学院，博士，副教授，主要从事高教研究。

接模式,其规模也非常小,影响力非常有限。同时,由于中高本衔接这种教育模式刚刚起步,所以还有待于试验[1]。

(二)专业衔接不到位

要实施中高本衔接,专业的衔接至关重要。只有做好各个阶段专业的衔接,才能够实现各个教育层次之间的衔接,否则若学生无法一直学习一个专业,将会造成知识的断层。但职业院校的专业设置与本科院校的专业设置不同,很多职业院校的专业在本科中并没有开设。职业院校的建校时间往往都比较短,在专业设置方面也比较具有独特性,与本科专业设置的方向有所不同,专业的内涵也具有一定的差距,那么在中高本衔接的过程中,专业的衔接就非常不到位。很多职业院校中的专业对应到本科院校,就可能细化为两个专业,或是没有对应的专业,使得中高本衔接受到一定的阻碍[2]。

(三)人才培养侧重点有所偏差

中高本的衔接本身是为了更好地培养社会需要的人才,但是由于职业院校和本科院校对人才的培养目标和定位都有所不同,那么在中高本衔接的过程中也应当重点关注人才培养的侧重点问题。职业院校经过多年的发展,在人才培养目标方面已经逐渐趋于专业化,定位更加合理和明确,但是与本科院校相比,人才培养的侧重点还是不同。在中高本衔接人才培养的过程中,也需要考虑人才培养的目标和方案问题,尽量做到培养目标的对接。目前而言这方面比较欠缺,容易出现知识断层。

(四)课程衔接不到位

要实施中高本衔接,课程的衔接也非常重要。在保证同一专业的前提下,应当保证课程的学习在各个层次之间不断层,循序渐进,尽量避免知识的重叠和断层。但是在实际操作过程中,中职院校和高职院校之间、高职院校和本科院校之间不可避免地会出现课程衔接不到位的情况,这是由于各个院校之间缺乏课程体系的梳理,没有注重课程的对接,使得学生在衔接过程中,重复学习某些知识或是在某一课程中出现知识断层的现象,这些都非常不利于中高本衔接的实施,实施效果也会大打折扣[3]。

(五)衔接体制不够完善

由于我国实施中高本衔接刚刚起步不久,各方面都处于探索的阶段,在中高本衔接的体制方面也比较欠缺,有待完善。中高本衔接需要进行系统的管理,那么学校针对衔接的管理工作制度和执行就非常重要,但目前我国实施中高本衔接的院校在衔接体制方面还不到位,并没有针对课程的设计、衔接的要点等建立专门的制度。中职院校与高职院校之间的衔接工作略优于高职院校与本科院校之间的衔接工作,这主要是由职业院校本身的特点决定的,所以应当更加重视职业院校与本科院校之间的衔接工作,完善衔接体制才能够进一步促进中高本衔接工作的进行。

二、 我国实施中高本衔接过程中面临的问题

(一) 我国社会对职业教育存在偏见

在我国公众的潜意识中,职业院校的教学水平比较低,同时,职业院校的学生还被认为是学习不好的学生,这一点是我国社会对于职业教育的偏见。虽然职业院校的录取分数与本科院校的录取分数存在差距,但是在社会职能方面,职业院校所培养人才的作用并不低于本科院校的作用,职业院校培养出的人才具有较强的专业性和较强的动手能力。然而由于传统观念的影响,公众比较重视成绩,所以职业院校并不受到公众的重视,职业教育的发展也受到阻碍,中高本衔接的工作也会遭遇瓶颈[4]。

(二) 中高本衔接发展缺乏动力

在中高本的衔接试验过程中,发现在中职院校和高职院校的衔接中,中职院校会表现得更加积极,而在高职院校和本科院校的衔接中,高职院校又相对比较积极,这样的情况虽然是人之常情,但是会对中高本衔接产生不利的影响。上位学校缺乏衔接的动力,可能是出于对下位学校教育水平的不信任,甚至还有一些上位学校选择一些冷门专业与下位学校进行合作,收取一些费用等,这些都会对中高本衔接产生阻碍作用[5]。

(三) 生源的质量不均衡

职业院校和普通院校之间不仅仅存在培养方式的差别,其在课程的设置方面也有很大的差异,这就造成了培养出来的学生水平不同的问题。这些学生的水平不同就是生源质量不均衡的原因。如果将不同质量的生源以同样的方式、课程、培养目标进行培养,就可能会出现知识的重复或断层,并不利于学生的发展。而在中高本衔接过程中,不同质量的生源都需要接受同样的课程和同样的培养方式,那么水平较高的学生就浪费了时间和精力,而水平较低的学生就可能会跟不上教学节奏,达不到教学效果。

(四) 中高本衔接缺乏完善的规划和保障机制

目前,我国中职院校与高职院校之间的衔接、高职院校与本科院校之间的衔接都存在一个非常明显的问题,就是专业设置和课程配置的契合度都不足,课程内容的重复或断层都非常常见。同时,专业内涵的衔接也非常不到位,缺乏完整的课程体系,中高本的衔接缺乏效果,反而使得很多学生不知道应该怎么学习和提升自己的能力。另外,目前在国家和

地方层面都缺乏针对中高本衔接的支持政策，使得我国中高本衔接的实施缺乏保障，各院校缺乏衔接的动力，那么各方面工作的完善力度也就比较小，无法对中高本的衔接起到促进作用。

三、我国实施中高本衔接的对策

（一）政府加强对中高本衔接的引导

中高本衔接作为一种新的人才培养模式，具有其独特的意义。要真正实施中高本衔接并扩大其影响力度，政府就需要对这一人才培养模式进行考察，认识到其作用和效果后给予政策支持，并对中高本衔接进行正确的引导，使得各个院校都更加具有参与衔接的积极性。政府对于中高本衔接的引导可以首先从政策支持入手，其次制定一些相关的规范，并且针对各层次院校的专业进行统筹，将各个层次院校的专业进行对应，让学生完成专业的无缝衔接。

（二）对中高本衔接人才培养模式进行系统的设计

目前，在我国各个地区已经逐渐出现了一些中职院校与高职院校的衔接以及高职院校与本科院校衔接的试验，但这种衔接绝大多数都仅仅是学历的衔接，也就是很多中高本衔接都比较不注重学科专业课程内容的衔接，这样的人才培养模式可能不会具有较高的教学效率，反而会使得很多学生不知道应该如何学习。这也表明，我国目前实行的中高本衔接并没有形成专业内涵的衔接，那么教育指导委员会等管理部门就需要针对这种人才培养模式来进行系统的规划，以市场为导向，针对不同的职业岗位等构建起教学内容的体系，使得各个层次的院校之间的衔接能够更加规范，针对某一个专业能够形成系统的教育模式，在人才培养方案和课程内容等方面都形成统一的模式。

（三）转变公众观念，增强衔接动力

目前我国的公众对于职业院校还存在一定的偏见，认为职业院校的教学水平不足。但是事实证明，我国职业院校能够培养出具有高实践操作水准的人才，且职业院校毕业生能够比普通高校毕业的学生具有更强的职业能力。所以公众也应当适时地转变自己的思想观念，目前我国社会和企业对于人才的要求越来越全面，要求学生能够具有较强的综合能力，职业院校凭借其自身的特色，也能够培养出优秀的人才。另外，很多上位院校不愿意与下位院校形成衔接也是由于对下位院校的教学水准不信任，通过转变思想观念，有助于认识到中高本衔接这一人才培养模式的优势，提升积极性，加强配合，共同通过中高本衔接培养出优秀的人才，服务于社会。

（四）加强政策引导，健全衔接机制

要实施中高本衔接，政策的引导是非常重要的，将相关的机制进行完善，才能够使得中高本衔接工作更加具有活力。对中高本衔接的机制的完善可以从以下几个方面入手。

其一，建立相关的招生考试制度。上文中提到当前中高本衔接的一个问题在于生源质量不均衡，那么针对不同层次的教育制定不同的招生考试制度，可以对生源进行控制，也能够对即将升入高一层教育的学生进行知识水平的控制。

其二，建立中高本衔接的学分制度。由于目前在各层次的衔接过程中还缺乏管理制度，使得衔接工作比较混乱，对此可以考虑建立学分制度，只有在一个层次的院校修够一定分值的学生，才能够进入下一个层次院校学习，以这样的管理制度对中高本衔接进行控制，可以使得衔接工作更为有序/更有据可依。

其三，建立起中高本衔接人才培养模式配套的校企合作机制。中高本衔接是一种比较有效的人才培养模式，能够使得中职院校、高职院校的学生接受更高层次的教育，也使得培养出的人才更加能够满足企业的需求，那么学校和企业之间的合作也能够在中高本衔接过程中，使人才培养目标更加明确，能够有针对性地确定人才培养的课程体系等，有利于人才的全方位培养。

参考文献

[1] 何文娟.发达国家中高本课程体系衔接的实践经验对我国职业教育的启示[J].湖北开放职业学院学报,2019(11):34-35.

[2] 张海燕.中高本贯通的职业教育立体化课程建设研究[J].中国职业技术教育,2019(8):42-46.

[3] 刘红兵,郭辉.现代职教体系视域下“中高本贯通”衔接体系构建策略研究[J].劳动保障世界,2018,514(30):60.

[4] 蔡智军.中、高、本一体化人才培养的思考[J].辽宁农业职业技术学院学报,2017,19(3):26-28.

[5] 邝卫华,孟源北,李国斌.中高本职业教育衔接问题与对策思考[J].职教论坛,2017(25):161-162.

教育改革与发展

新工科建设视角下的大学新使命

——以同济大学的实践和探索为例

◎ 王松涛

摘　要　新工科是结合国家创新驱动发展战略新需求、国际竞争新形势和立德树人新要求对我国工程教育提出的改革新方向。本文对新工科建设和大学使命的关系进行了分析探讨，针对当代大学面临的新挑战和新工科面对的新要求，结合同济大学的工科建设创新实践与以工科起步发展成为综合性大学的教育定位，在深化教育综合改革过程中持续出台政策、搭建平台，完善人才培养模式，推进创新创业教育改革，对探索新工科建设背景下工程教育双创人才培养的新模式和新体系提出自己的对策和建议，以期对高校的新工科建设给予启示。

关键词　新工科　大学使命　创新创业

一、新工科建设与大学使命

随着创新经济时代的到来，世界各国的经济发展需要工程技术人员提出创造性或创新性解决方案，并借此开展创业活动。如美国工程教育委员会(the American Society for Engineering Education)承担2020年的工程师教育计划，以预测和塑造工程实践的未来、工程劳动力的特征和教育。计划预期达到以下目标：进一步完善"工程2020年"愿景目标，重新认识、研究工程劳动力，并在解决根本问题的途径上多样化；激励各阶层广大青年把从事工程看作一个学习的过程和一项受人尊重的事业；通过高等教育教员、工业管理人员、政策制定者和工程教育管理者来推广和宣传战略规划，以此来对工程学共同愿景的结构、工程教育政策、工程教育实践产生深远影响，并且指出高等教育机构只有在工科教育中融入创新创业教育才能满足创新和经济发展的需要。与此同时，美国"工程技术学科、专业学位授

作者简介　王松涛，同济大学创新创业学院，博士，讲师。

予资质理事会"(the Accreditation Board for Engineering and Technology)修订了工科教育的目标,把发展创新创业思维、技能和知识作为衡量工科教育的重要标准和尺度。这一变革促进了美国大学创新创业教育与工科教育的融合发展。如 MIT 主导的 CDIO 工程教育改革是工程范式的典型代表,目前已成为全球工程教育改革关注的焦点。CDIO 理念高度重视文化、市场、科技等不同来源的知识在创新实践中的巨大作用,它以产品的构思、设计、实现和运营等全环节生命周期为抓手,重新梳理了工程教育课程体系,在构思和设计阶段强化了文化、市场和科技等知识要素在产品创新的运用,在实现和运营阶段又传承了科技知识在实现产品功能方面的支撑作用,成为开放式、重实践、综合性的新型工程教育模式。工程教育工程范式的主要特点是重新诠释了"科技以人为本,工程造福人类"的工程教育核心理念。

国外研究表明,在工程教育中融入创新创业教育能够提高大学生创新创业成功率。研究显示,超过一半的"美国工程教育学会"成员大学在其工科教育中融入了创新创业教育相关的项目和课程,并且超过 25%的大学还开设了创新创业教育辅修专业或其他创新创业证书项目。奥尔和爱森斯坦(Orr & Eisenstein)的实证研究表明,在工科教育中融入创新创业教育有助于为经济全球化时代培养更优秀的工科人才[1]。桑迪恩和哈钦森(Sandeen & Hutchinson)认为,创新创业教育有助于发展工科学生应对并解决结构不良的行业或商业挑战和问题[2]。瑞德礼(Ridley)通过翔实的案例指出,在工科教育中融入创新创业教育,发展学生创新创业思维和技能的重要性[3]。弗雷德赫姆等创新创业教育研究者(Fredholm, et al.)说:"如果工程技术人员不能积极利用其学习、掌握的工程技术知识和能力创新并解决问题,他将只能被用作掌握工程技术知识和技能的工具,并被排除在重要决策过程之外"。[4]迪尔、格雷格森和克里斯坦森(Dyer, Gregersen & Christensen)指出,工程技术专业的学生和商业管理专业的学生往往有不同的职业选择和发展,商业管理专业的学生所接受的教育旨在把其培养为职业经理人,而工科教育的目的旨在为培养学生应用工程学科、专业知识和技术技能解决现实问题和挑战,为经济发展做出直接或间接的贡献。[5]因此,在"新工科"教育中融入创新创业教育应充分思考教学目标,审慎选择教学内容和方式。也就是说,工科学生在接受工程技术专业学习的同时,也要致力于发展创新创业思维、态度、技能和知识,并投身于创新创业实践,成为名副其实的创新创业者或企业家。

在国内,"新工科"建设成为当下中国高等教育一条最为亮丽的风景线。从 2017 年 2 月 18 日制订"复旦共识",教育部高教司随即在 20 日发出了开展研究和实践的通知,4 月 8 日有"天大行动",6 月 9 日产生了"北京指南"。第四次工业革命与新经济对高等教育提出了新要求,这就需要面向未来布局的新兴产业专业,培养的人才要具备更高的创新创业能力和跨界整合能力,需要建立更多样化和个性化的高等教育培养模式,也对工程科技人才提出了更高要求,这迫切需要加快工程教育改革创新[6]。对建设世界一流大学来说,适应国家新发展、"新工科"形势下的大学生创新、创业驱动发展需求,针对大学生工程素养能力构建开展研究，并付诸基于多课程融合衔接、核心前沿课程建设、企业项目驱动、国际合作项目联动的实践教学改革，以及大学生工程素养能力构建的方式方法创新是开展新工科建设的重点[7]。

推动我国高等工程教育实现弯道超车，完成从跟跑、竞跑向并跑和领跑的转变，促进在世界高等工程教育格局中出现更多具有中国基因的大学身影，在世界高等工程教育管理、规划和建设发展中，贡献更多“中国经验”、提供更多“中国方案”。结合新经济中有关教育的因素（对人力资源的要求、基于认知和信息科学进步的新学习方法与教学技术的应用等）和世界与我国高等教育发展的规律和历史、现状与趋势，当下最重要的任务是分析研判当下我国高等教育，特别是高等工程教育影响新经济推进与发展的各种具体细节和长期累积下继续存在的实际问题。以新技术、新业态、新模式、新产业为代表的新经济蓬勃发展，对工程科技人才提出了更高要求，这迫切需要加快工程教育改革创新。

二、同济大学在新工科建设的有益探索和尝试

同济大学以工科起步发展成为综合性大学教育定位，在深化教育综合改革过程中持续出台政策、搭建平台，不断完善创新创业人才培养模式，扎实推进创新创业教育改革，探索新工科建设背景下工程教育“双创”人才培养的新模式和新体系。2016 年同济大学成为全国首批“深化创新创业教育改革示范高校”“全国高校实践育人创新创业基地”。2017 年分别获得“全国首批深化创新创业教育改革示范高校”“全国高校创新创业典型经验高校 50 强”。

（一）以“1-10-100”为目标，继续打造同济创新创业教育培养体系

同济大学将创新创业教育作为提高学校教育教学质量、推进人才培养改革的重要抓手，提出“1-10-100”的创新创业教育培养体系：“1”指 1%的学生在经过系统化创新创业培养后能够成功创业，作为学校创新创业教育的标志性成果；“10”指采用专业教育、学位教育、辅修学位、第二学位、学程、课程包等各种培养模式，使 10%的学生接受系统化的创新创业教育；“100”指 100%学生接受创新创业教育培训，所有的同济大学本科毕业生都必须满足至少 2 学分的创新创业学分要求。

学校将按照“创新创业思想培育、创新创业知识传授、创新创业能力提升，创新创业实践锻炼”的原则做好各种类型的培养方案设计，注重与学科专业教育相结合，培养学生成为创新的源泉和各行各业的栋梁。着力推进创新创业与培养方案的融合，探索实践多种创新人才培养模式，在培养方案中融入本科生创新能力拓展必修环节，在人才培养创新实验区和工、医、法等专业试点多种形式的创新创业人才培养模式改革；以“科教结合与师生互动”方案为聚焦，以科研基地、科研领军人才、重点学科为依托，资助优秀学生参与前沿科学研

究、国家重大项目;强调跨院系、跨学科、跨专业交叉培养,创新人才培养机制。

在互联网时代,知识获得已经不存在障碍,但学习动力、注意力变成了稀缺资源。学校根据学生志趣调整教育教学的方式方法,提高教学效率和效益,建设了一批以大规模在线开放课程为代表、课程应用与教学服务相融通的优质在线开放课程,推进以学生为中心的教学方式变革。学校进一步梳理面向本科生的126门创新创业通识选修课程,同时在专业选修课程中主动融入创新创业知识,结合学校着力打造的创新创业核心课程、创新创业实践课程,在不增加学生过多课业负担的基础上形成创新创业学程、辅修课程包。面向研究生开发开设的一系列以学科前沿、创新指导、创业基础为主旨的创新创业优质课程达35门。2016年上海市教委资助"创新方法""创新实践和案例分析"慕课(MOOC)完成,并运用于课堂。2016年"创业案例分析"创新创业课程成为教育部首批创业类慕课支持项目。

(二)以"创新创业学院"为平台,全面负责全校创新创业教育的实施

学校在《同济大学深化综合改革方案》《同济大学"十三五"及中长期规划纲要》等纲领性文件中明确"十三五"期间同济大学持续推进创新创业教育改革的目标和任务:以人才培养为根本、以可持续发展为导向,将深化创新创业教育改革,建设创新创业教育高地作为学校的重大战略,在创新创业教育和新工科实践方面争创国际一流。2016年同济大学成立平台型实体学院——创新创业学院。作为平台学院,学院协同全校的创新创业工作,为全校的创新创业教育做好顶层设计和资源统筹;作为实体学院,学院致力于开展创新创业教育的课程建设和教学研究,培养具有国际化视野和跨学科背景,系统掌握创新创业知识和能力的创业领袖人才和企业领导者,提供更多资源和服务显著提高学生创业率。

与新工科建设契合,"双创"教育强化服务国家战略和区域发展的责任担当,强化为国家和社会做贡献的价值追求。同济积极打造共生型创新创业教育生态环境,服务国家和上海创新发展战略,通过优秀的人才培养、前沿的研究成果和有效的技术转移,积极融入全球创新生态系统,产生了一批在全国范围内有引领示范作用的创新创业教育的长效机制和成果。以服务环同济知识经济圈为例,2016年在2.6平方公里内,已聚集了2 000多家以研发设计为主的知识创新型企业,这些企业中约80%的创业者为同济师生、校友,环同济经济圈产值超过370亿元。

学校集成校内外资源构筑高层次、集成化的创新创业实践平台,已形成"校内外基础实践平台—产学研结合的创业实践平台—重大科研设施和成果转化平台—环同济知识经济圈战略平台"的创新创业大实践资源平台链。各平台依据自身在学生创新创业培养中承担的任务积极向学生开放,其中大学生创新实践基地和创业谷是完全由学生自我管理的创新创业实践平台。同时同济创业谷进一步加大创业支持力度,遵循"北上、南下、西进、落地"的原则,与四川、大连、深圳等地方政府合作建立创业谷校外基地,实现创业谷校外"一基地多园区"的规划目标。2016年12月18日,由同济大学发起,复旦大学、浙江大学等多所高

校参与，旨在有效整合长三角地区政府、企业、社会、高校、资本五要素，优势互补，共促创新创业发展的长三角地区高校创新创业联盟也在同济创业谷顺利启动。

（三）完善适应高校教学研究岗位特征的内部激励机制，紧跟产业革命创新培养模式

学校2009年出台《同济大学关于进一步促进教育教学改革与研究等项工作开展的通知》(同教〔2009〕114号)，明确给予创新基地、创新创业项目和学科竞赛的指导教师教学工作量和业绩点奖励，使教师从事创新创业指导工作得到认可。2014年征求《同济大学专业技术人员岗位职务任期考核及续聘暂行办法》意见时，提出在教师教学任务中增加指导本科生创新或学科竞赛的内容，晋升职称的教师指导过本科生创新创业项目或指导过本科生学科竞赛活动。

完善服务体系，打造优秀的专业化创新创业服务链。学校以学生就业指导中心和科技园孵化器为依托，联动校区属地的杨浦区工商局和嘉定区工商局提供创业开业一站式服务，通过上海市高校创业指导站、创业苗圃、同济大学科技园、创业谷校外基地等实体空间，打造各阶段的专业化创新创业服务体系，对参与创新创业的学生实行持续帮扶、全程指导。2016—2018年，学校自主创业人数累计155人，自主创业人数占毕业生实际就业人数的比例分别为0.80%、0.59%、1.44%。截至目前，学生自主创业企业共注册成立137家，创业成活率达98.5%。同济科技园园区共引进2 000余家企业，注册资本15亿元。服务大学生创业企业300余家，帮助大学生企业申报总计涵盖13个政府职能部门的项目共计42个，科技项目最终获得立项261项，资助金额约5 500万元。

同济大学创新创业实践实训教育体系包含：“国家—上海市—学校—学院”四级创新创业训练项目、“国际—国家—省部—学校”四级学科竞赛、“创业训练—创业谷—创业基金”三级创业模拟—实战。近三年，学校共立项大学生创新创业训练项目2163项(包括国家级395项、上海市450项、校级1 318项)；每年参与校级以上创新创业项目的本科生达7 000人次左右。截至2016年底，创业谷入驻项目团队302个，1 011名学生成为“创业谷会员”。参与创新创业实践活动的本科学生达到100%(本科培养计划新要求学生毕业前需完成2学分“创新能力拓展项目”创新创业实践课程)。2016年9月，创业谷与慕尼黑大学、慕尼黑工业大学、德国魏恩施蒂芬应用科技大学、慕尼黑联邦国防军大学以及墨西哥大学联合举办“国际创业者暑期学校”，22个国家的学生参与其中，受到较好反馈。

（四）同济大学创新创业教育融入新工科建设的现状和挑战

同济大学尝试把创新创业教育融入新工程建设的全过程，进一步落实创新创业教育的具体要求，充分发挥学校工程教育在师资队伍、实践平台、行业协同等方面的优势，广泛搭建创业孵化基地、科技创业实习基地、专业化创客空间等创新创业平台，营造创新创业教育

氛围，推动创新创业教育全方位贯穿、深层次融入专业教育，着力培养学生创新精神、创业意识和创造能力。大学是新工科建设的责任主体，不断优化配置校内资源，积极获取社会资源，为新工科创新创业人才培养创造更好的条件。

结合同济工程教育发展的历史与现实、国内外工程教育改革的经验和教训，分析研究新工科的内涵、特征、规律和发展趋势等，提出工程教育改革创新的理念和思路。工程问题需要大工程观，大工程观也是系统观，同济倡议并参与的卓越工程师教育培养计划就是引导学生能在大科学的空间去观察、思考问题。现实中，哪怕一个小产品完全可能涉及多学科问题。如LED，就学科而言，涉及电子、物理、材料、制造、机械等诸多领域(学科空间)；如机械设计与制造自动化，新技术的发展应该使该专业的学生有物联网、大数据分析、人工智能、生物医学等方面的概念。这一特点还表现在课程的边界再设计，如对于多数工程专业(如机械、电气、土木、建筑……)的设计课程而言，融入人工智能的内容是非常有必要的。不仅是智能优化、案例学习、群体智能等方面的内容，还包括所谓“知识工作者自动化”，即以人工智能替代工程师的常规工作，使未来的工程师从一些繁琐的常规工作中解放出来，从而有更多精力专注于有创意的工作。

同时，传统的工程教育，尤其是中国的工程教育，过分拘泥于专业的细节，学生的思维容易囿于狭小的专业空间。未来的新工科建设要求“新工科”培养的学生在关注工程中现实需求的同时，还应该具有引领、想象、创造未来社会需求的欲求和能力。可见未来世界各国的工业重点将集中在人工智能、清洁能源、无人控制技术、量子信息技术、虚拟现实以及生物技术等领域。作为工业发展的重要技术支持力量，高校要顺应新工业的发展现状，主动布局面向未来技术和产业的新工科人才培养。2010年11月25日，国内8所工科高校签署《卓越人才培养合作框架协议》，成立卓越联盟，决定开展全方位合作。同年11月30日，重庆大学也签署加入该框架协议。2012年2月12日，“卓越人才培养合作高校联合自主选拔录取学业能力测试”在全国各考点同步开考，35 000余名考生参加考试。根据学业能力测试成绩，9所高校将各自进行特色测试或面试。

三、解决新工科建设中的大学使命的对策建议

（一）新工程建设提出对培养方案的改革要求

在总结卓越工程师教育培养计划、CDIO等工程教育人才培养模式改革经验的基础上，开展深化产教融合、校企合作的体制机制和人才培养模式改革研究与实践。继续修改培养方案，对培养目标、培养的内容、考核办法等进行新的设计，力求贯彻对创新能力的培养。建立每门课程的新的教学大纲等。培养方案是对具体培养创新创业人才目标的具体落实的手段，其中一个思路是沿着专业培养的全过程，在各个阶段主动渗透。

为此,需要探索改进各类课程的教学大纲和培养方案,力求贯彻创新教育理念和方法。

培养方案和课程内容改革要通过增加、调整、渗入等具体路径实现。其中包括,第一,增加的课程:创新基础、创新方法、创业实践(分别在基础课教育、专业教育中)。第二,渗透的课程:学科历史介绍、学科前沿介绍、学科研究方法介绍、交叉学科课程融合。第三,教学方法的渗透:改变教学和学习方法,增加讨论课、开放性的课程教学方式。

(二)新工程建设着眼点应该在专业和课程的边界再设计、课程重构等

“新工科”要落地在教材和教学方法的“新”。学校和教师需要探索若干新方法,诸如“关联”、非正式学习、去中心化等。同时,要分析研究高校分类发展、工程人才分类培养的体系结构,提出推进工程教育办出特色和水平的宏观政策、组织体系和运行机制等。比如,以一个专业为样板(如以土木工程专业),修订培养方案,组织实施,并就一门课程(如建筑钢结构)进行详细创新渗透与专业课的实践研究,力求使这门课程成为创新渗入专业教育的范本,便于扩散与推广。

(三)新工程建设体现在教学方法的改革

“新工科”当然要体现在教育、教学的新方法上,探讨创新教育与专业结合过程中教师教学方法上的变革,比如讨论式教学、小班教学等,此外还要探讨两个课堂的改革和创新教育的融合。第一课堂的改革:侧重教学内容与方法改革,引导学生为主、讨论为主的学习。第二课堂的改革:加强创新实践、科技竞赛活动,改革现有做法,探索新模式,即打破仅仅为竞赛、为名次,为创业而进行的科技实践,鼓励探索性学习,鼓励以职业兴趣为主的学习探索出具体的模式后,组织进行教师的全员培训,创新融入专业教育的关键是专业课教师的素质和水平的提高,而不仅仅是基础课教师和创新方法讲授的教师,教师应该相互配合。

(四)新工程建设反馈在学生评价体系的构建机制,反向推动创新教育的融合路径

借鉴美国与德国高校创新创业教育与新工科迅速结合发展的经验,促进我校创新创业教育实践的具体建议如下。

(1)争取在资金和经费上对创业创新教育给予支持,以充足的资金保障创新创业课程开发,推进大学生创业学习和实践活动的顺利开展;建立大学生创业实践资助体系,设立专项基金,对参加创业实践活动的大学生给予扶持和服务。

(2)制定创新创业教育管理与实施、发展与保障的相关制度。尊重学生自主选择,推进高校学分制改革,探索建立与学分制相适应的课程设置、学籍管理、质量监控、考核评价等教学管理制度,方便学生跨专业跨学校进行学分认定与转换,加快管理者本位向以学习者为中心的转变。在课程目标的设置上,应着眼于学生创新精神、实践能力、企业家精神的培

养，努力提高学生的创业知识和创业能力；创业课程的设置应充分整合各专业学科知识，将创业教育课程与高校学科专业相结合，努力开发出适合全校学生的创业教育通选课和专门针对交叉创新的核心课程，形成相互支持、相互促进的有机结构；创业教育课程的设置应具有全球性眼光，在课程学习中合理安排跨文化沟通、国际经济与贸易环境、国际化创业等课程。

（3）加大创业实践体验，丰富大学生创业实践经验。在学校范围内开展丰富多彩的创业实践活动，如开展创业计划大赛、举办创业沙龙、赴企业实地考察等，增强学生的创业体验，获得创业经验；开放的大学是要把办学视野打开，推进校企协同、科教协同，在更大范围内优化配置教学资源，主动联系和挖掘行业部门、科研院所、企业优势资源，积极共建实习实训基地，统筹安排学生到实务部门、生产一线实习实践。

（4）在组织机构的设置上，2016 年 10 月，同济成立创新创业学院等管理和服务平台机构，全面负责创新创业教育的实施和管理工作。高校是新工科建设的责任主体，“新工科研究与实践”的立项，既是研究课题，要搞清楚新工科的内涵与规律，也是实践项目，不能坐而论道，要付诸人才培养的实践行动之中，更是改革方案，要不断创新人才培养模式和机制体制，激发活力。

（5）加强师资队伍建设，优化教师队伍结构。吸纳部分优秀企业家、创业者担任高校兼职教师，让他们根据自己的实际经验为大学生讲解创业和管理的经历，根据所在企业的特点为大学生提供创业实践的帮助和指导，从而丰富大学生创业知识，提高大学生创业能力，最终提高高校创业教育的质量。如条件成熟时，考虑增加部分新工科“卓越工程师教育培养计划”专业点，并通过多种形式支持新工科建设。

（6）构建高校与企业长期资源协同关系。鼓励高校与行业企业、科研院所合作，共建一批国家级产学研合作示范学院，以产业发展需求为导向，探索建立产学研合作协同育人长效机制，建设一批协同育人、共建共享的实践基地或工程创新训练中心。在这类协同中，高校和企业得以各尽所能、各取所需：企业得到了新知识、新技术和所需要的人才；高校则从企业得到研究资金并使技术转移更有针对性。

（7）多元化的创业教育机构和创业教育评估体系。美国高校创业教育的组织机构是多种多样的，除高校创业教育系和创业教育中心之外，还有其他一些相关的组织，如：小型企业署、考夫曼创业中心、创业家学会智囊团和家庭企业研究所等，这些机构共同形成一个国家、高校、企业、社区的良性互动式发展的创业教育生态系统，有效地开发和整合社会各类创业资源。

总之，高校要以新工科建设为抓手推进学校综合改革。改革只争朝夕，落实重在方寸。高校要发挥基层首创精神，充分利用好“新工科”这块试验田，推进人事制度改革，完善适应高校教学岗位特点的内部激励机制，探索高校教师与行业人才双向交流的机制；紧跟产业变革创新培养模式，强化工学结合、校企合作，让企业直接参与人才培养全过程。

参考文献

[1] National Academy of Engineering. Educating the engineer of 2020: Adapting engineering education to the new century[M]. Washington, DC: National Academies Press,2005.

[2] SHARTRAND A, WEILERSTEIN P, BESTERFIELD-SACRE M, et al. Technology entrepreneurship programs in U. S. engineering schools: course and program characteristics at the undergraduate level [C]//In American Society for Engineering Education. American Society for Engineering Education, 2010.

[3] RIDLEY D. Developing an entrepreneurial mindset across the university curriculum[C]//In United States Association for Small Business and Entrepreneurship. Conference Proceedings, p. AG. United States Association for Small Business and Entrepreneurship, 2016.

[4] FREDHOLM S, KREJCAREK J, KRUMHOLZ S, et al. Designing An Engineering Entrepreneurship Curriculum For Olin College[C]// 2002 American Society of Engineering Education Annual Conference & Exhibition. 2002.

[5] DYER J H, GREGERSEN H B, CHRISTENSEN C. Entrepreneur behaviors, opportunity recognition, and the origins of innovative ventures[J]. Strategic Entrepreneurship Journal, 2008,2(4):317-338.

[6] 李华,胡娜,游振声.新工科:形态、内涵与方向[J].高等工程教育研究,2017(04):16-19+57.

[7] 钟登华.新工科建设的内涵与行动[J].高等工程教育研究,2017(03):1-6.

互联网时代高校创新创业的教育现状及对策

◎ 刘　矛

摘　要　在互联网时代背景下，高校开展创新创业教育存在缺乏专业的创新创业教师队伍、对社会资源的整合力弱、未充分利用互联网时代的优势特色等主要问题。在互联网时代的浪潮驱动下，创新创业教育应从宏观层面进行规划，针对当前情况，调动校内资源和社会资源的整合，采取有效措施来促进教学工作的健康发展，优化教育的运行机制，着力提升教育队伍的整体综合能力，加强顶层设计，协调各个要素间的补充合作，使创新创业教育成为高校助力人才培养的主要阵地。

关键词　互联网　创新创业　教育

随着社会发展和经济结构进行供给侧改革的深入转型，我国劳动力市场发生了翻天覆地的变化，高校毕业生就业面临异常严峻的考验，已成为老生常谈的社会问题，受到政府和社会人士的广泛关注。近几年，中央政府部门出台的《国务院办公厅关于深化高等学校创新创业教育改革的实施意见》和教育部发布的《教育部办公厅关于做好 2018 年深化创新创业教育改革示范高校建设工作的通知》，显示国家政府及相关部门对大学生创新创业的高度重视。“创新创业”的提出是在借鉴西方国家处理社会人才“供求不对等”的问题上作出的新战略措施，目的在于推进高校往高层次、高程度的领域，对教育改革的重要环节进行指引，教育部举办首届中国“互联网＋”大学生创新创业大赛以来，各地高校以互联网时代的到来为背景，掀起“双创”为焦点的教育课程改革与实践，为经济发展和大学生就业注入新的活力[1]。

一、互联网时代背景下，推进高校创新创业教育的意义

（一）创新创业能力的塑造是新时代高校人才配合国家发展的需要

进入 21 世纪，各国的竞争转移力聚焦在科技实力和人才储备力两个重要中心，创新型

作者简介　刘矛，黄冈师范学院，副教授，主要从事高职职业研究。

高校是科技创新的核心之地，是最为中坚的人才储备库，在一定程度上是决定我国专利技术的关键。在互联网时代智能科技日新月异的同时，党的十九大强调，“创新是引领发展的第一动力，是建设现代化经济体系的战略支撑”，因此，高校教育要更好地服务产业链与人才供需链的对接，鼓励更多社会主体参与创新创业，加快国家向创新型建设的步伐。在互联网时代背景下，创新是一个国家蓬勃发展的力量源泉，是守护民族强大自信的灵魂。新时代的高校，需要立足于时代的使命，勇于担负培养和提升当今大学生创新创业能力的重任，努力践行国家的战略方案，为建设创新型国家提供源源不断的创新型科技人才[2]。

（二）加强高校创新创业教育切合新时代高校人才与用人市场的需求

新工业革命对生产的转变已不再是单一标准化的加工制造，智能生产和互联网营销系统的结合已经贯彻整个产业链。而现有的低端劳动力已趋于饱和，高校逐年的扩招也使就业人数激增，高端人才的缺口始终有待填补。用人市场需要的人才应具备创新型和复合型素质，互联网时代背景之下，对高校人才更看重思维和理念的新突破，因此，高校应引入更全面、个性化特征的创新创业改革，发掘高校学生的创新能力，激发更多新生的创意思维，创建适合高校学生的创新平台，在教育实践中发挥高校学生对社会的生产价值及创造价值，拉动创业带动就业，增强人才与市场的匹配度，增加就业率同时缓解就业压力。

（三）加强高校创新创业教育是高校人才在新时代全面发展的必备条件

互联网时代是跨界融合、创新驱动的新时代，高校学生在互联网思维的引领下，敢于思考，追求个体发展，求变和自我改革来实现社会价值，从而显现强烈的自尊感，在此过程中他们对创新的需求和创业的动力被激发。越来越多的高校学生偏向职业上的目标追求，希望在工作发挥才能的同时让自己的人生价值被认可及欣赏。因此，高校在创新创业上的教育不仅局限于简单的知识教育和能力教育，更需要全面系统的规划，聚焦创新意识培养的同时提高人才的整体素质。以人为本引领创新创业的改革，是高校在教育中提升学生潜力发挥的关键；让高校学生用独特的思维和优势辅助创新创业的开展，结合自身兴趣点进行一定的领域突破，是诠释个人创造力和社会价值的核心[3]。

二、互联网时代背景下，高校创新创业教育所面临的主要问题

我国高校学生普遍存在创新创业能力较低的情况，促进当代高校开展创新创业教育对于大学生全面素质的发展有非常重要的意义。互联网技术的普及为高校创新创业的教育奠定了基础，也为大学生的就业创造了更多有利的条件。尽管国家呼吁“大众创业、万众创新”来指引高校学生自主创新就业，但由于创新创业的教育仍在起步探索的阶段，很多教育资源的运用不彻底，取得的教育反响效果一般，同时打击了高校学生对创新教育的积极性

和信心,不利于后期教育工作的整体开展。在互联网时代背景下,高校开展创新创业面临的主要问题有以下几个方面。

(一)缺乏专业的创新创业教师队伍

专业的师资队伍是教育工作的主要执行者、反馈者、承担者,能力和见识水平的高低会在很大程度影响教育教学工作的效果。当前,虽有很多高校响应政府创新创业的政策,并陆续开拓专门的实训基地,但由于创业教育发展时间较短,很多专业师资队伍的建设赶不上策划的脚步,导致很多学生在遇到问题时得不到及时的处理,影响后面的教育进程。创新创业的教育主要由高校教师来传授专业的理论知识和策划创新实践活动,教师需要具备完整的知识体系,了解基本的操作技能,才能让学生在基础架构上大胆创新,才能在指导学生的创新创业能力的培养及素质教育上扮演非常重要的角色。专业师资队伍的建设需要耗费大量的物力资源,但是缺乏这些指路人的指导,学生就会像无头苍蝇一样胡乱碰撞,会重复更多的错误,浪费可贵的青春,导致失败的概率上涨。互联网时代各种新型挑战和考验对教育者的适应需要一个过程,导致专业师资队伍的建设更加紧凑,制约了当下高校在创新创业上的教育进程[4]。

(二)创新创业教育体系构建对社会资源的整合力弱

当前,大部分高校在创新创业实践环节薄弱,对于高校学生而言,只接受创新基础理论的学习并不会对创新能力的提高有显著效果,更加难以衡量创新能力的高低水平。面对这种情势,高校应拓宽资源的运用领域,不但要充分开发和利用校内资源作为基本的构建框架,同时还要增加对社会资源的整合,制定校企多维度协同的教育机制,为高校学生搭建创新创业的实践舞台,引导学生将课堂基础理论知识运用到实际操作中,发挥高校创新创业的价值和作用。另一方面,大部分高校学生对创新创业教育存在认知偏差,所以实际上,创新创业的突出地位并得不到学生足够的重视,社会资源的利用率低下,未能产生积极的影响力。同时,学生诸多松懈的态度使得创新创业的教育变成了形式化课程,降低了创新教育的质量水准。再次,评价创新创业的衡量体系单一,很难评价学生对知识的真正掌握度和运用能力,导致学生自信心不足,在实践中的操作中形成“流水化”的呆板模式。对创新创业自信的缺乏进一步遏制社会资源的整合力度,产教平台的融合发挥不出教育的真正作用,也自然不能为就业竞争力提供强有力的支撑[5]。

(三)高校创新创业教育未充分利用互联网时代的优势特色

移动互联网时代的到来促进了教育生态系统的重构,与传统创新创业的教育不同,构建移动设备为载体,教学内容、教学方式、教学模式都可建立快速的搜索模式,优化信息交流互动的效果,这个优势在很大程度上提高了高校开展创新创业教育的质量和效率。然而，大部分高校教育工作者的意识建设并没随时代改进，教材的理论内容冗长，教学模式及教学方式得不到及时的改革创新，缺乏趣味性及实用性，互联网资源的配置不突出，学生自主学习的积极性不高，不利于创新创业教育的健康发展。在当今的互联网时代，越来越多的高校学生乐于体验新鲜事物，可以不受时间和地域限制使用手机、移动设备查找自己所需的资料，这对传统教育格局的打破、降低高校教学的依赖有着非常重要的意义。由于高校教师对互联网接触的程度高低不齐，缺乏整体系统化的培训，导致创新创业教育的推广进程受限，未能充分体现互联网时代的特色和优势。

三、互联网时代背景下，高校推行创新创业教育的对策

在互联网时代的浪潮驱动下，创新创业教育应从宏观层面进行规划，针对当前实践中的情况，加强校内资源和社会资源的整合力度，有必要在构建教育体系中采取有效措施来促进教学工作的健康发展，优化教育的运行机制，着力提升教育队伍的整体综合能力，加强顶层设计，协调各个要素间的合作，使创新创业教育成为高校助力人才培养的主要阵地。

（一）构建专业的创新创业型师资队伍

高校应重点培养双师型创业教育的师资队伍，将创业教师队伍建设纳入学校长期的发展规划中，是保证教育质量和教学效率的关键措施，才能在源头确保学生享受更专业、更高端的教育服务，满足市场人才的发展需求。构建专业的创新创业师资队伍是保证教育水平的关键，学生能够增加的知识体系也更加全面、专业。创新创业途径构建的中坚力量取决于高校教师队伍，教师队伍创新创业能力的提升培训在互联网信息科技猛飞的时代是基本的素质要求。师资队伍的能力培育应尽可能融入实践的要素，而不仅局限在校内视野。可定期组织教师队伍进入企业挂职、鼓励参与“产学研”项目。创新创业教育的效果需要经历时间沉淀，这就需要引导教师在参与培训的过程自我信心及恒心的保持，不能中途而废，为高校学生作先锋表率的榜样，以身作则，增强学生对创新创业的希望和愿景。

（二）增强校企合作的资源整合力

高校的人才输出最终要契合社会对人才的需求，这是增加就业率和引导创新创业的标向所在。加强校企合作，可以在开展创新创业的实践中发挥高校和企业各自的优势，创建资源共享的链接，不仅提升企业的核心人才潜力，也同时填补传统教育资源的不足，尤其有助于学生获取更多的社会资讯。因此，高校需要拓宽资源的领域，整合社会机构与理论平台的对接口，在扎实基础理论知识的教育的同时，定期组织学生到企业接受更系统的实践操作。此外，企业可调取项目进入第三方运行的合作，以教师为中心，引导学生进行分组研讨，引用项目教学让小组学生群体各自创建实施方案，最后比赛点评，运行这些项目不仅可

以减轻企业的人力成本，还可以培养学生的自主学习能力，让其在参与的过程中发掘创新创业的潜力。

（三）充分借助互联网的新技术优化创新创业教育

互联网时代各种应用软件推陈出新，高校教师应顺应时代的潮流，乐于接受新事物并不断学习。创新创业的教学内容及教学方式可充分结合时下年轻群体的心理需求，例如，采用慕课的方式寻找教学资源，采用微信公众号设置课程预习，采用移动定位核实学生的上课考勤，等等。不单迎合高校学生的兴趣爱好，还能吸引到更多学生参与到创新创业的教育培训中，并增强教师与学生的互动情感，积累教学经验，互联网平台调动了学生更多的参与热情，有助于教师与学生共同成长、共同进步。

参考文献

[1] 张俊鹏."互联网+"视角下高职院校创新创业教育的研究和实践[J].产业与科技论坛，2018(16)：163-164.

[2] 陈良琴.互联网+背景下高职大学生创业园与创新创业教育融合模式探索[J].科技风，2018(45)：27.

[3] 肖帅.基于"互联网+"背景下高职院校创新创业教育探究[J].当代教育实践与教学研究，2018(7)：42-43.

[4] 黎永键.关伟"互联网+"背景下高职院校创新创业教育模式实践[J].浙江交通职业技术学院学报，2018(1)：77-78.

[5] 沈小红."互联网+"时代高职院校创新创业教育模式研究[J].哈尔滨职业技术学院学报，2018(3)：135.

高职本科教育在发展过程中面临的问题及对策

◎ 黄凤仙

摘　要　高职教育的"断头"困境从国家政策层面上取得实质性突破，但是受到传统教育理念和既定高等教育结构体系的影响，这一转型改革的实施还会面临很多困难，本文首先总结了高职本科教育发展的必然性，继而分析了发展中存在的问题，提出了改革策略。

关键词　高职　本科　教育

近些年来，高职教育在国家的大力扶植下得到了飞速的发展，主要表现为办学规模的扩大和教学质量的提高，高职教育的发展为区域经济、社会经济的发展起到促进作用。但客观分析，高职教育的发展基础还不够稳固，中高职教育在衔接上还存在问题，高职教育仍是一种"断头"教育。近年来，高职教育机构不断呼吁要建立完善的现代职业教育体系，地方政府和教育部门也不断对此进行探索和试验，其中，高等专科院校升本一直是高等教育中的热门话题。升格为本科院校，是许多专科学校的梦想，从中职教育到高职教育再到本科教育，很多学校将此写进发展计划中，并且在为此始终不渝地奋斗着。升本成功代表着招生数量、办学水平等多方面的跃升，是很多高等专科院校追求的目标。

自20世纪末以来，高职院校"升格"的主张萌生，有不少学校如愿升为本科。每次升本的学校名单公布，都会在院校教师、家长、学子们心中激起波澜，升格成功的学校，校园里常常充满了喜庆的鞭炮声和五彩缤纷的礼花。虽然教育部曾几度表示"原则上中职不升为高职，高职不升为本科"，但"升格"的诉求与冲动始终难以扼制，渐成洪流。尽管国家政策对高职升本采取限制态度，但仍然有不少院校乐此不疲，奋勇闯关[1]。

作者简介　黄凤仙，黄冈师范学院，副教授，主要高等职业教育研究。

一、发展高职本科教育的必要性

（一）高职教育发展的内在规律决定了高职本科教育的发展

高职教育与普通高等教育都是我国高等教育的形式，因此也应该具备高职教育的形态，要包括专科、本科和研究生三个层次，只有包含这三个层次，才有可能建立完善的高职教育体系。观察高职教育近些年来的发展不难看出，高职教育虽然发展速度快，办学规模不断扩大，但是这种从较低的层次往较高层次漂移的现象，实际上是对社会经济发展变化和社会需求的不断适应，符合职业教育的内在发展规律，这样的漂移能够促进职业教育的发展。虽然我国的高职教育有了飞速的发展，但是办学层次却一直停留在专科层面，没有在真正意义上实现“高等”，高职教育也是高等教育的一种，也应该具备完整的体系和结构。我国部分高等职业院校，特别是国家级示范高职院校的办学规模和办学水平已经很高，培养的高职生的质量也能够得到社会的广泛认可。在社会发展的大背景下，高职教育只有具备完整的体系，发展高职本科、高职研究生，才能提高自身地位，改变传统观念中对高职教育的偏见，为高中毕业生提供更多的自我发展的机会，满足学生多样化的受教育需求[2]。

（二）发展高职本科教育是满足社会发展对应用型人才需求的需要

目前，我国社会经济正处于转型期，经历从农业社会向工业社会、从农业社会向城市社会、从传统社会向现代社会的转变，经济的转型、产业结构的调整，必然会导致就业市场的变化和就业结构的调整。社会分工的细化推动了生产方式的变化，促进了生产方式由劳动密集型向高科技智能型转变，科学技术能够在越来越短的时间内转化成生产力，在社会发展的大背景下，社会对高科技人才的要求越来越高，随着高新科技企业的数量增多，他们无论在生产组织方面还是在管理方面的科技含量都有所提高，生产出来的高科技产品也能够走上国际市场，这些企业对高级技术人才的要求也逐渐增高，不但要求他们具备精湛的技术能力，也要求他们具有扎实的理论基础、较高的职业素养。传统的高职教育培养的大多数是高职专科人才，偏重应用技能型人才，也就是高级蓝领，虽然他们已经有了较高的能力，但是不能完全满足科技发展对人才的需要。现代高科技企业更需要高端技能型人才，他们比应用技能型人才有更高的层次，这类人才主要包括能够把科研成果应用到企业生产中，以工艺技术为主的专门人才，能把管理层意图贯彻到一线生产管理的人才，能够具备某种特定技能的操作人才等。为了满足社会发展对人才的需要，发展高职本科教育，继而发展高职研究生教育势在必行[3]。

（三）是满足人民群众多元化受教育愿望的需要

随着社会经济的发展和人民生活水平的提高，人们对生活质量和受教育水平的要求也逐渐提高,高等教育有着广阔的发展前景。高校的招生规模不断扩大,也带来了毕业生就业难的问题,高职院校毕业生的就业优势明显小于普通高等院校,就业相对困难,就业后工资也较低,发展空间狭小,为了有更好的职业发展道路,很多高职院校毕业生都有着继续学习的愿望。实际上,很多高职学生选择高职院校是出于无奈,自我发展的愿望激励着他们从进入高职院校开始,就往专升本、自考本科等方向发展,为自己有一个更好的未来而奋斗,但是受到专升本种种条件的限制,真正在高职院校取得本科学历的学生很少。自考本科是在完成了高职院校课程的前提下,自己学习本科课程才能考取的,由于高职学生的学习基础不是很好,时间和精力都有限,想要考取本科学历对他们来说是难上加难。要想满足高职院校学生自我发展的需求,满足他们接受更高层教育的强烈愿望,高职院校应该发展高职本科教育,发展成熟之后再继续发展高职研究生教育,为高职院校的学生开辟广阔的发展道路,使他们不用换学校,在原来的学校就能够得到更高层次的发展,保证学业的衔接性,满足他们学习发展的需求,促进他们更好的发展。

二、高职本科教育在发展过程中面临的问题

(一)传统教育观念的制约

在人们的传统观念中,高职教育远远达不到普通全日制高等教育的水平,人们宁愿选择一个没有发展前途的本科专业,也不愿意选择职业院校,传统教育观念在很大程度上影响了高职教育的发展。随着近几年来国家的大力号召,人们对高职院校的传统观念稍有改变,也使得高职院校有了一定的发展,但这并不意味着人们对高职教育的看法已经完全改变。需要肯定的是,在我国高职教育发展初期,确实存在职业教育投入不高、社会地位不高、专业选择少、教学质量低、发展空间十分有限、毕业生水平较低的现象,长时间以来影响着人们对高职教育的看法,但是今时不同往日,高职教育正面临着一个崭新的发展局面。在教育领域,到底要不要发展高职本科教育甚至高职研究生教育已经成为一个重大议题,只是在现阶段还没有达成共识。目前,国内高职教育比较发达的地区,比如辽宁、深圳、贵州等地已经开始实施高职本科教育的试点工作,他们的实践结果将为全国大范围实施高职本科教育提供宝贵的经验。要想构建现代职业教育体系,需要较长时间的实践和检验,不是一朝一夕可以完成的,高职教育的发展也是循序渐进的,不可能一下达到普通高等教育的水平。另外,高职教育的发展也有地域差异,高职本科教育应该先在高职教育发展比较成熟的地区实施,切不可推行“一刀切”。高职本科教育的发展也离不开国家的鼓励和支持,国家应该多鼓励和指导高职教育发展比较成熟、有相应条件的地区和院校试行高职本科教育,转变人们对高职教育的传统观念还需要国家的宣传和鼓励,使高职院校也认识到高职本科教育开展的必要性与可行性。观念是行动开展的内在动力,没有活动的观念倾

向,一切将无从谈起[4]。

(二)办学主体的选择

随着生源竞争和就业竞争的越演越烈,高职院校都希望能够提高自身办学层次,但举办高职本科教育是需要一定条件的,特别是我国高职教育发展起步较晚,很多院校的发展不稳定,这时候并不适合实施高职本科教育。相比来说,一些具备条件的国家级示范高职院校和骨干高职院校比较适合实施高职本科教育,原因如下:第一,这些高职院校成立时间较长,有着比较雄厚的师资力量和办学基础,优质办学资源比较丰富;第二,这些学校的办学经验比较丰富,经过多年的办学,他们已经制定了比较科学和完善的人才培养计划,教学模式和课程设置都比较具有特色,具备试行高职本科的条件;第三,这些院校了解师资力量的重要性,十分重视双师型师资队伍的建设,在校内外已经成立了初具规模的实训基地,高职教育本来就十分重视实验教学,因此他们具备条件。特别注意的是,这类高职院校一般都有相关行业的背景,具有比较鲜明的行业特色,与企业的关系良好,这对实施高职本科教育都是十分珍贵的资源[5]。

(三)办学定位的确定

高职教育具有双重属性,它不仅属于高等教育,也属于职业教育,高职本科教育属于高职教育的较高层次,它不同于普通高等本科教育,与普通本科教育相比,高职本科教育具有鲜明的专业技能性,在人才培养目标上,高职本科教育培养的是服务于生产、管理、服务一线的高级技术人才,并非学术性人才。在培养模式上,高职本科教育以培养应用能力为依据来制定人才培养档案与设置课程标准,以案例分析、任务驱动、理实一体、顶岗实习、工学交替等方式组织教学活动,重视学生实践能力的训练。人才的培养离不开教师队伍,高职本科院校的教师不仅要具有扎实的理论基础,同时应该具有在企业生产一线的工作经历,可聘请一些企业高级技术人才和管理人才承担教学任务。校内外实训基地的建设应该尽量仿真,让学生在虚实结合的实训空间中体会企业生产的氛围,进而得到实践能力的锻炼,减少理论型的实验操作。

与传统的高职专科学生相比较,高职本科学生的就业岗位层次更高,并且就业岗位也更加宽泛,这就要求学生具备更加宽厚的理论基础知识。与传统的高职专科比较,高职本科更加注重培养学生发现、分析和解决问题的能力,尤其重视对学生思维的训练。高职本科的课程体系设计应当更加体现高职院校的办学本质,应当重点培养学生把科技成果应用于实际的能力。要求高职本科学生不仅仅可以为某个具体的岗位服务,更应当可以胜任某个行业,应当具备更强的岗位适应能力。高职本科学生应当具备更强的临场突变能力和解决问题的能力。从发达国家的主要发展经历可以看出,高职本科教育是伴随着经济发展过程的必然产物。我国当前正处于经济发展的高速增长期,改革开放以来,我国经济得到了飞速的发展。因此，发展适合我国国情的高职本科教育，也是促进我国社会主义经济更快更好发展的有利条件。

三、高职本科教育的基本对策

（一）转变思维，建立正确的人才观和教育观

由于长期以来的传统思想观念的束缚，人们一直认为高职教育要比普通高等教育低一个档次。但是实际上二者之间是平等的。高校要打破普通高等教育是正统的、高职教育低人一等的传统思想观念，树立起普通教育和高职教育平等的教育观念。其次，要在教育层次上承认高职教育属于高等教育的范畴，也是高等教育的重要组成部分。本科院校应当明确高职教育人才培养结构，更好地为地区经济的发展做出应有的贡献。学校领导要突破传统教育思维的束缚，建立起全面、科学、合理的人才观。坚持多层次、多功能办学，以便在当前的教育体系下，获得教学效益的最大化。各大高校要加深对本科教育的认识情况，在办学出发点上；不能仅为了增加教学收入而办学，不能将高职教育视为附加性的教育活动，而应当将高职教育纳入学校的整体办学任务当中，实现全校的统筹规划。要将高职教育纳入整个学校的办学规划当中，进行统筹，以实现高职教育与普通教育之间相互补充、相互促进的效果。在具体的办学政策上，要充分的根据办学的主要特点，在师资建设、人才引进、教学资金、课程设置等多方面给予政策上的倾斜和支持。

（二）产学研相结合、在校企合作当中培养高职人才

党的十五大已经明确了高职院校的办学思路，要以不同的形式进入企业或者与企业进行合作，以解决当前教育与生产实际脱节的情况。高职本科教育应当是以就业为主要导向，并且以培养学生能力为核心，以训练学生的基本操作技术为主要内容，培养专业应用型人才的教育工作。由于高职本科教育的特殊性，决定了其必须具备办学特点，并且要办出教学水平，走产学研相结合以及校企合作的主要道路，把原本高职教育与企业的人才培养道路融为一体，办出教学水平，充分发挥校企双方的优势和作用，以便真正的实现资源共享。高职本科教育与企业进行合作，是最好的发展方向。以广州某大学为例，其下属的建设学院就是产学研合作很好的一个例证。该学院主要依托广州市某建筑公司来进行办学活动。企业为学院选派专家、技术人才、专业经理等，直接参与其高职本科教育的教材编纂、教学计划的制定、课程体系的改革，为学院提供实习、实践的主要基地，为学院提供人才需求的主要信息。同时，学校也为企业培养在职管理人才和一些专业性技术人才，为企业提供专业的教育服务，力求解决生产第一线的技术性难题。校企双方在优势互利的基础上，通过广泛的合作和产学研集合，培养出了具备创新精神、较强动手能力和专业能力的特色人才。

（三）构建以能力为本的课程教学体系，进行教学系列改革

高职本科教育的主要办学目的就是为企业发展培养专业的一流人才，涉及生产、制造、建设、管理以及服务等一系列环节。高职本科教育要求学生具备扎实的基础理论新功底，并且具备较为宽广的知识面，具备较强的职业技术知识以及较强的岗位适应性，尤其强调对学生的实践能力以及应用能力的培养。因此，必须要重点加强对学生以技术能力培养为核心的重点和突破口，来促进教学教育的改革。在具体的教学工作当中，要破除以学科为中心的教育思想，并且最终要树立以能力为本位的教学改革思路。在具体的教学工作计划当中，要打破传统的以教学为中心的办学思路，按照以能力培养为中心的思路，去改造教学计划、教学内容及教学方法。课程和教学内容体系的搭建要严格以岗位的需求为基础，要突出其实践性和应用性。在理论教学的过程当中，要坚持以应用为核心的教学重点。在教学的过程当中，理论的完整性以及深刻性要更加突出。可以实现一些重点专业的跨学科教学。专业技术课程要更加具有针对性和实用性，并且一定要实现其专业性，不断扩展学生的知识面以及应用能力。在教学过程中，实践教学应当是整个教学活动的核心，所讲授的内容应当必须有助于学生在实践当中的应用，并且要注重使用案例教学、教学现场模拟等方法方式，要善于运用多媒体、计算机网络等一系列的现代化教学手段来开发学生的思维能力和创新意识。

（四）根据新的经济发展形势进行专业的设置

高职本科院校进行高职教育必须要结合市场发展需要来进行专业的设置，始终要以市场为导向，并且按照不同岗位的需求或者技术领域的专业需求来进行高职院校专业的设置。要求教学内容既要有专业性，又要有前瞻性，而不能像普通的高职院校针对专业进行教学内容的设置。在这个大的前提下，高职本科院校应当在发挥学校优势学科的基础之上，善于发现新的社会需求以及新的职业岗位，设置新的专业。例如随着我国经济的不断发展，当前在生物医疗、环境保护、信息发展、高科技材料、通信等领域需求更多高层次的技术性人才。服务业领域的就业机会当前也出现了大幅度的增长。各高校应当充分地以本校资源优势为主要支撑，设立与社会发展需求相符合的相关专业，体现自身的办学特色，建立自己的教学品牌。

（五）建立双师型教师队伍

与普通本科教师相比较，高职本科班教师应当具备更高的综合素质。除了应当具备较强的理论知识水平之外，还应当具备较强的专业技术实践能力，并且应当与企业有密切的合作关系。由于传统的本科院校教师长期以来一直从事教学工作，动手能力相对缺乏。为了数量和质量上的充实以及结构上的调整、素质上的提高，应当采取校内外教学相结

合的方法，组建一支相对较为稳定的师资队伍。队伍当中应当包含本科院校教师、企业专家、工程技术人员等。可以采取专业教师、兼职教师、聘请教师相结合的方式，一定要有较高学历以及丰富实战经验的高级技师。当前可以采取走出去、请进来的办法。对现有教师主要是要通过培养，优化教师的整体水平，选派教师到科研院所进行实习，取得专业技术等级证书以及毕业证书。通过外部的引进工作，聘请具备实践经验的专业技术人才以及高级技术人才作为兼职教师来充实师资队伍，提高教师队伍的来源。还是以广州某大学城建学院为例，其为了保证高职本科教育的办学质量，一直致力于打造双师型队伍。一方面加强对自身教师队伍的建设，积极选派一些教师到企业当中进行实际锻炼和培训，积极参与企业的生产过程。另一方面，也积极地从企业引入相关的人才，大量聘请了具有较强社会知名度和实践经验的高级管理人员作为兼职教授充实到学校的师资队伍当中。兼职教授的到来，为学院的发展提出了许多具有建设性的意见和建议。这种自主培养以及外部引入的方法更好地促进了其师资队伍建设，有效地提高了办学质量和教学效果。

（六）建设以专业技术为中心的实践教学基地

为了更好地适应社会发展的需求，培养出更高质量的本科高职人才，高职本科教育当中的实践环节尤为重要。高校应当提供给学生更多动手实践的机会，这就需要建立一批特色性的实践性质的教学基地。实践教学基地的建设主要有两种，一种是学校自主建设，另一种是校企合作。当前，学校教学资金不够充裕的情况下，实践教学基地的建设是存在一定困难的。有限的资金需要优先投入到一些高先进性、高水平的实训项目。在这种情况下，应当建立积极的引进机制，根据互惠互利的原则，以及共同发展的合作目标，高校可以与企业展开合作，共同建立实训基地。通过校企合作的方式，结合申请国家贷款以及学校自筹、引进社会第三方资金等措施来进行资金的筹措。对学校实验设备进行更新，加强对实训基地的建设。当前，我国许多高校都与企业建立了校企合作办学的关系，并且取得了较好的效果。以广州某大学建筑学院为例，其充分发挥了自身的优势，采取与企业联合办学的方式，与广州市某建筑集团公司、广东省某工程技术研发中心都建立了联合办学的合作关系。同时结合校内现有的硕士、博士科研工作站，来进行科研资源的研究，建立起了较好的实习基地空间，为学生提供了足够的开展实践的机会。校企合作建立实践教学基地的模式是当前情况下最适合提高办学质量的一种模式，在这种模式下，可以通过多方共赢来实现教学质量的提高，以及所培养人才素质的提升。

参考文献

[1] 常春.高职与应用型本科教育衔接问题探究[J].合肥学院学报，2018，35(6)：117-120.

[2] 张永春.大连高职院校与应用型本科的衔接研究[J].佳木斯职业学院学报,2019,194(1):23-25.

[3] 周梦茹.高职学生专升本制度存在问题及对策研究[J].河南农业,2019(6):13-14.

[4] 唐翠英,张体芳.内涵式发展下高职院校专升本教育模式的探索[J].当代教育实践与教学研究,2019(1):120-121.

[5] 谭康慧,谢小花,肖陆飞.高职与应用型本科衔接式人才培养模式探究[J].长春师范大学学报,2019,38(9):136-138.

思想政治教育

我国高校班主任队伍建设研究进展*

◎ 周 彬 王丽娜

摘 要 通过查阅中共中央、教育部颁布的有关班主任工作的文件，梳理高校班主任队伍历史发展进程，查阅部分高校制定的班主任工作条例，系统学习高校对班主任队伍建设的具体规定和实施策略。基于已有研究，探究班主任工作定位、班主任队伍建设困境及研究生班主任队伍建设、研究构建全员全过程全方位育人格局视阈下高校班主任队伍建设现状。

关键词 高校班主任 三全育人 研究生思想政治教育

一、高校班主任队伍建设历史发展进程

（一）党和国家关于高校班主任队伍建设的文件规定

高校思想政治工作迫切需要建立一支集教育、管理和科研于一体，政治素质过硬、业务水平精湛、思想品德良好的高水平思想政治工作队伍。在这支队伍中，班主任是大学生思想政治教育的骨干力量，是高校学生管理工作和思想政治工作中的重要组成部分。自 1961 年我国高校正式确立班主任制度起，中共中央和教育部各部门乃至各级高校均高度重视高校班主任在育人工作中的地位，多次强调加强高校班主任队伍建设的重要性。

2004 年，《中共中央国务院关于进一步加强和改进大学生思想政治教育的意见》（中发〔2004〕16 号，以下简称“16 号文件”）明确规定，“辅导员、班主任是大学生思想政治工作的骨干力量”；“辅导员按照党委的部署有针对性地开展思想政治教育活动，班主任负有在思

* 2018 年度同济大学研究生教育改革与研究重点项目“加强研究生班主任队伍建设，服务以‘立德树人’为核心的全员全过程全方位育人格局”（项目批准号：2018ZD020）、2018 年度同济大学思政基金资助课题（项目批准号：tjsz201811）。

作者简介 周彬，同济大学经济与管理学院副教授，学生党总支书记。
王丽娜，同济大学经济与管理学院助教，团委书记。

想、学习和生活等方面指导学生的职责”；“要采取有力措施，着力建设一支高水平的辅导员、班主任队伍。院(系)的每个年级都要按适当比例配备一定数量的专职辅导员，每个班级都要配备一名兼职班主任，鼓励优秀教师兼任班主任工作”。2005 年，教育部出台的《关于加强高等学校辅导员班主任队伍建设的意见》(教社政〔2005〕2 号)指出，“辅导员、班主任是高等学校教师队伍的重要组成部分，是高等学校从事德育工作，开展大学生思想政治教育的骨干力量，是大学生健康成长的指导者和引路人”；“高等学校要高度重视辅导员、班主任的选聘工作，必须坚持政治强、业务精、纪律严、作风正的标准，把德才兼备、乐于奉献、潜心教书育人、热爱大学生思想政治教育事业的人员选聘到辅导员、班主任队伍中来”；“班主任应从思想素质好、业务水平高、奉献精神强的教师特别是中青年教师中选聘，原则上应具备相关学科专业背景和较强的组织管理能力。”以上两份文件作为辅导员班主任队伍建设的纲领性文件，从宏观角度清晰界定了高校辅导员和班主任的性质和职责。首先，二者身份是专兼结合，即班主任是兼职，辅导员是专职；其次，其工作内容均涵盖教育与管理的双重职责，在思想、学习和生活等方面均需指导、关心学生；再次，界定了其职责范畴，即辅导员是负责 200 个学生的“面”的工作，而班主任则分管一个班级的工作，其从事着关注每一位学生的“点”的工作。二者之间是既有分工又有合作，共同致力于实现育人目标统一，培养德智体美劳全面发展的社会主义合格建设者与可靠接班人。此外，2016 年，中共中央国务院印发《关于加强和改进新形势下高校思想政治工作的意见》，指出“高校思想政治工作队伍和党务工作队伍具有教师和管理人员双重身份，要纳入高校人才队伍建设总体规划，形成一支专职为主、专兼结合、数量充足、素质优良的工作力量”。

值得注意的是，关于高校思想政治工作队伍建设，教育部先后出台《2006—2010 年普通高等学校辅导员培训计划》《2013—2017 年普通高等学校辅导员培训计划》《普通高等学校辅导员队伍建设规定》(中华人民共和国教育部令第 43 号)等文件，进一步完善了辅导员队伍选聘、管理、培养和发展机制，为全面提升辅导员队伍素质和能力、思想政治工作队伍建设的可持续发展提供了制度保证和政策支持。相比较而言，高校班主任队伍建设缺少独立性的政策性文件，各高校在推进班主任选拔、管理、培训、考评和奖惩等工作方面参差不齐。有学者对北京 60 所高校的班主任队伍建设状况进行调研，发现有的学校班主任工作存在“干和不干一个样，干好干坏一个样”的现象。[1] 制度的不完善不健全，在很大程度上制约了班主任队伍建设的良性发展。

（二）高校研究生思想政治工作队伍建设相关文件规定

研究生思想政治工作队伍建设是加强和改进研究生思想政治教育的组织保证，关系着研究生思想政治教育实效，影响着以“立德树人”为核心的全员全过程全方位育人格局的构建。中共中央、教育部等先后出台多项关于加强研究生德育工作的政策性文件，高度重视研究生德育工作队伍建设，明确思想政治工作队伍德育职责，强调要建立一支以研究生导师和辅导员为主体的专兼结合的研究生思想政治教育工作队伍，其中尤其特别强调要发挥研究生导师在教书育人中的关键作用，努力做到把思想政治教育渗透到研究生培养和管理的各个环节，贯穿研究生培养和管理的全过程，做到思想政治教育与业务培养紧密结合，努力形成全员育人、全方位育人、全过程育人的格局。

早在 1987 年，原国家教委、中宣部颁发《关于加强研究生思想政治工作的几点意见》([87]教党字 084 号)指出：“研究生的导师不仅负责指导研究生的业务学习，也要关心研究生政治思想上的健康成长，真正做到教书育人，为人师表。”2000 年，《教育部关于加强和改进研究生德育工作的若干意见》(教社政〔2000〕3 号)进一步指出：“研究生导师对研究生为学、为人都产生着重要影响，是研究生德育工作的重要力量。研究生导师应在政治思想上、道德品质上、学识学风上，以身作则，率先垂范，为人师表。”2010 年《教育部关于进一步加强和改进研究生思想政治教育工作的若干意见》(教思政〔2010〕11 号，以下简称“11 号文件”)则明确提出，“教书和育人是导师的两大基本职责。导师负有对研究生进行思想政治教育的首要责任”；“高等学校要根据研究生的特点和教育规律，建立起以研究生导师和辅导员为主体的研究生思想政治教育工作队伍。同时，要明确专门的党政干部和共青团干部负责组织协调研究生思想政治教育工作，充分发挥思想政治理论课和哲学社会科学课教师在研究生思想政治教育中的相应作用”；“建设一支以专职为骨干、专兼结合的研究生辅导员队伍。……有计划地选拔思想素质高、业务能力强的新上岗专业课年轻教师充实到研究生辅导员队伍中，专职从事一定时间的辅导员工作，并选聘部分优秀教师、博士生兼职从事研究生辅导员工作”。该文件将导师和辅导员作为研究生思想政治教育队伍的共同“主体”，并且明确提出导师要发挥“首要责任人”的作用。2013 年，教育部、国家发展改革委、财政部颁布《关于深化研究生教育改革的意见》，明确指出，“强化导师责任。导师是研究生培养的第一责任人，……发挥导师对研究生思想品德、科学伦理的示范和教育作用”。

上述文件思想政治教育工作队伍和首要责任人的规定，对研究生导师的德育职责进行准确定位，为高校推进研究生德育工作良性发展创设了良好的舆论氛围和政策保障。然而，截至目前，相关政策文件尚未提及“研究生班主任”这一主体，研究生班主任如何在研究生德育工作中发挥作用值得各级高校在实践中探索与思考。

（三）我国各高校班主任工作条例初探

各高校以中共中央、教育部等先后颁布的各项文件精神为指导，结合学生特点和实际情况，先后制定高校班主任工作条例。通过搜集相关材料，约 28 所高校或二级学院在其官方网站上发布了本单位的班主任工作条例。研究工作条例内容发现，大多从任职条件、工作职责、配备与选聘、管理与考核、政策保障等方面予以规定，切实加强对班主任工作的科学管理，充分发挥班主任在学生教育管理和服务中的作用，使班主任工作制度化、规范化、科学化，引导其做大学生健康成长的指导者和引路人。

班主任工作职责的界定与明晰直接关系着班主任在思想政治教育工作中作用的发挥。为此,我们从自然语言分析的角度出发,利用 Python 软件对上述官网公布的各单位班主任工作条例有关班主任职责内容进行了高频词分析。通过中文分词技术可以得到工作职责相关内容的高频词列表与词云图展现。通过词云图的方式对排名靠前的高频词进行呈现,即词出现的频次越高,其字号就越大。

如图 1 所示,醒目的“学生”“工作”二词以强烈的视觉冲击效果呈现在我们眼前,两词在全部内容中分别出现 312 次、126 次。此外,“学习”“教育”“班主任”“班级”“做好”“指导”“辅导员”“思想”等词语也频频出现。这为我们通观各高校班主任工作职责设置提供了较为直观的了解,认识到“以学生为中心”,切实需围绕学生、关照学生、服务学生,在思想政治教育、学业指导、职业发展、心理健康教育、生活关怀、班级文化建设等方面均需履行相关职责。

图 1　高校班主任工作条例“工作职责”相关内容词频分析

二、高校班主任队伍建设研究现状

（一）班主任工作职责与角色定位相关研究

梳理相关文献发现,不少学者从大学生群体特征与成长规律着眼,结合高校班主任队伍建设工作实践,剖析高校班主任应承担何种工作职责,以更好地助力大学生成长成才。

马建华、王德连与欧渊博对陕西省全日制本科院校进行广泛调研,对高校班主任建设现状进行广泛调研与深入分析，认为高校班主任队伍结构整体上趋于合理，制度基本健全，机制渐趋完善，然而班主任工作职责不够明确，理论素养有待提高，激励机制亟待完善等；对此，需优化队伍，加强培训，深化角色，高效激励等，建立健全大学生学业导师制度，全力打造科学化、学习型队伍。[2]王亮结合西藏大学生特质与班主任工作实际，探究做好日常工作是班主任工作的核心内容，具体地，每学期制定合理的班主任工作计划，建立公平的竞争机制，通过活动增强班级凝聚力，用爱感化学生，及时调整策略以应对突发事件等。[3]项进和高歆根据首都高校大学生班主任队伍建设实际情况，发现班主任在促进大学生心灵成长、做好学生-学院沟通纽带，增强青年教师自身能力等方面发挥着关键作用，具体表现为班主任在指导学生学业、日常事务管理、助力学生成长成才、指导课外科技活动、处理突发事件等方面扮演着重要角色；而全面发挥班主任育人作用，需厘清班主任与辅导员二者间职责，优势互补、分工合作，实现育人目标的有机统一；班主任也应发挥自身优势，在思想、学习、生活上对学生给予针对性指导，促进高校育人工作发展。[4]裴丽主张 90 后大学生存在交友、消费、恋爱易陷入误区，“问题”学生接受的批评多于关心和自身实力评估过高等问题，基于此班主任应明确自身职责，科学开展学习指导、加强心理健康教育、引领学生进行自我管理，进而增强班主任工作的实效性。[5]

那么，班主任在大学生思想政治教育工作中应扮演何种角色、具备何种素质呢？毛国梁结合自身工作实践，主张班主任必须具有良好的基本素质，树立以学生为中心、为学生服务的思想；建立值得信赖的班委、团支部，大力培养学生干部；建立规章制度，严格管理，树立良好的学习风气；注意日常管理工作，关心、爱护每一位学生；特殊学生的处理方式；积极配合系学生工作，开展班级工作。[6]樊敬从理论上阐述了新世纪高校班主任具备的素质，即具有优秀的品格素质、具有适应素质教育发展需要的教育科学基础知识、掌握现代教育科学的管理方法，善于培养学生创新素质的能力，具有良好的心理素质与情感素质。[7]付八军重新定义班主任角色，主张将其角色由偏重学生事务方面的“管”向学生专业成长方面的“导”转变，即从大学生的生活保姆向学业导师转变，发挥其在专业引航方面的作用，将传统的班主任制过渡到本科生导师制。[8]杨凤安提倡班主任是班集体建设的引领者，抓好班级核心力量(学生干部)建设、建立合理科学的规章制度、提出愿景和目标、开展丰富生动的集体活动、营造正确的集体舆论氛围等方面是班主任加强班集体建设的保障。[9]李武武进一步针对担任班主任的专业教师要有“四心”即“上心”“细心”“交心”和“用心”。[10]李赛强和路丽丽表明高校班主任在生活、学业和思想三个方面承担教育、管理与服务的职责，班主任的胜任能力体现在知识、技能、态度、特质四个维度；为避免发生角色冲突，应从班主任的选聘、培训和激励机制上的进行管理创新。[11]

（二）有关高校班主任队伍建设困境研究

截至目前，诸多研究在剖析班主任在开展大学生德育工作过程中，会遇到角色冲突、职责界定不明确、辅导员和班主任工作界限不明晰、班主任作用发挥不到位等困境，并就上述问题分别开展相应的对策研究。

有部分学者还质疑班主任在高校思想政治教育中发挥的作用，甚至认为该制度不具有存在的必要性。譬如冯永君对高等师范院校班主任工作的实际情况进行剖析，发现存在高校班主任的配备可有可无，班主任配备认识不到位而导致班主任配备不恰当，对班主任工作缺乏比较合理的管理、培训、考核与奖励等，新形势下班主任应具有正确的政治立场与高尚的政治品德；具有坚定的理想信念，有较高的马克思主义理论素养，有良好的品行，有高度的责任心与事业心，优良的思想作风与工作作风，讲究和不断改进工作方法，班主任工作相关知识与技能等。[12]甚至还有学者认为导师制取代班主任具有可行性，并且通过调查发现，大学生认为无设置班主任的必要性，高校学分制的实施使得班主任制不再适应要求。[13]

之后，随着相关文件政策的出台以及研究的不断深入，学者们不再探讨班主任主体是否应该存在的问题，而是根据实际工作开展境况，探究班主任制在具体实施过程中遇到的问题，并提供了相应的对策建议。其中特别探究了处理好辅导员与班主任的职责分工与工作关系对于发挥班主任作用的意义。杨四海研究指出，目前本科生班主任制的现实生存遭遇了困境，其中学分制的发展、辅导员越位行使了班主任的部分职权、角色冲突等原因均导致目前本科生班主任制遇到了挑战，对此，指出应积极探索和建立导师班主任工作制度，合理划分高校班主任与政治辅导员的工作关系，切实加强高校班主任队伍建设等。[14]库颖与田红芳从探究辅导员与班主任这两支大学生思想政治教育骨干力量之间关系切入，明确二者分工合作、密不可分，互为补充、相互促进，不可替代。然而，辅导员班主任队伍建设仍存在着班主任制度措施不完善、二者之间职责和任务不明晰、能力素质有待提高等问题，因此探索构建分工协同、沟通协调工作机制，统一思想、加强领导，强化选拔、提高素质，各司其职、通力合作，搭建平台、共同提高。[15]王昭与廖衡将班主任与辅导员职责进行对比，发现高校班主任群体存在角色模糊、角色冲突、角色乏力所引致的“难定位、难深入、难处理”等现实困境，应充分发挥班主任在“导学、解惑、诱思”等方面的优势，从健全考核激励机制、构建能力平台和强化工作制度等方面破题。[16]刘劲松主张，班主任在学生管理工作中存在两极化发展态势，即放任自流倾向与唯我独尊倾向，基于此问题认为应建立合理的规章制度，树立以人为本的管理理念；关注大学生心理特点，成为学生的心理医生；了解学生，培养班级学生干部；把握严与爱之间的结合点；加强对学生人生目标的指导。[17]王国华从探究班主任在高校学生党建工作中所发挥的作用为切入点，指出当前班主任群体结构多样，但工作职责不够明确，党建工作方式单一；为在新形势下做好学生党建工作，班主任应加强自身素质，创新工作载体，丰富党建工作内容，加强心理辅导，抓好班风建设等。[18]

根据已有文献，高校班主任工作现状可概括为：角色冲突，职责不清，培训不力，激励不够。学者们从不同角度出发，就上述问题进行了剖析并提供了有针对性的建议和对策，对于今后更好地开展班主任思想政治工作队伍建设，构建以“立德树人”为中心的全员全过程全方位的育人格局提供了思考和参考。

（三）研究生班主任队伍建设相关研究

现阶段，研究生教育已成为规模化的精英教育。过去依靠导师对研究生实行一对一的教育管理模式已不复存在，取而代之的是一对多的批量式管理，然而由于他们教育背景、成长经历和求学动机等的不同，思想呈现多元化、复杂化等特点，他们需要有针对性的业务指导、思想引导和生活关怀。对此，虽然很多高校专门配备了研究生辅导员，但也很难对数量庞大的研究生群体进行个性化的辅导与指导。对研究生实行分班管理，以班级为单位面向个体开展思想教育、提供管理与服务便具有必要性与现实意义。[19] 21世纪初以来，不少学者开始结合研究生群体特点，探究研究生班主任如何在班级管理与服务、大学生思想政治教育工作中发挥作用。

宋春晖结合自身十多年担任研究生班主任工作经历，分析了研究生及其所在班级的特点，论述了建立健全研究管理体制，加强管理，加强政治思想、道德品质教育，加强专业兴趣培养，充分发挥研究生导师教书育人的作用；全面关心研究生的成长；充分发挥自我管理等八种研究生班级管理办法。[20]劳俊华、吕淼华和许为民研究指出，充分强化导师队伍的教书育人作用，发掘研究生骨干队伍的“三自”作用和党政管理队伍的管理育人作用（党政干部、专职思政人员和教学管理人员）。[21]崔相宝与程樊启着眼于理工科研究生德育工作模式，通过剖析理工科研究生群体特点，譬如具有鲜明的时代性、逻辑思维能力较强、自我意识较为明显，集体组织观念较为淡薄，事务性与功利性倾向较为显著。继而表明加强德育队伍建设是根本，具体地就是要强化“两课”教师队伍、专业导师队伍与专职管理人员队伍等是具体之策。[22]卢昕昕同样分析了研究生群体的特点，即重抓专业教育，思政教育功能相对弱化；价值取向多元化、选择现实化等，迫切需要加强包括理论课教师、思政辅导员和党务工作者；专职研究生辅导员和研究生班主任在内的专兼职政治教师队伍建设。[23]钟玉同样分析了研究生群体自身特点，表示研究生来源具有复杂性，培养方式具有特殊性，群体具有分散性等特征，因而应重视导师中的青年教师群体在研究生德育工作中的积极作用，这主要源于青年教师年龄与研究生差距不大，在科研上教学相长，其管理更具权威性等，通过加强青年教师为中心的梯队管理，制定相关的政策与配套措施，严格人员的选拔与培训等，从而夯实研究生德育工作队伍建设模式。[24]张静同样剖析了研究生群体思想特征，即生源结构复杂，价值取向多元；低龄趋势明显，集体意识淡薄；个体意识增强，显示需求增加；压力来源扩展，心理问题频发。指出应强调研究生主体地位，调动研究生主动参与德育工作的积极性，遵循研究生思想特点、行为习惯与发展需求和成长规律，探寻符合需要的思想政治教育途径；承认个体差异，将研究生思政教育落实到教育培养的整个过程。着眼于仁，以专职辅导员和研究生导师为依托，营造研究生思想政治教育全员参与的生动局面，同样鼓励青年专业教师兼职担任班主任或优秀研究生兼职工作助理。[25]张利与张立同样分析了新时期研究生群体的特点，譬如学习生活压力大，心理复杂；独立性强，自我意识明显提升；人生观、价值观多元，功利化倾向明显；重视科学修养，轻视品德修养等。[26]张俊苓、卢远和郭海卿通过对研究生思想状况进行调查，分析研究生在思想上存在三个主要问题，即缺乏思想交流，集体意识弱；心理脆弱，承受能力低；功利性强。[27]田宁与车峰研究发现，目前研究生主体意识、心理问题突出、集中管理困难、忽视道德修养等问题均给研究生思政教育工作开展带来了严峻挑战；此外，学校对专兼职思政工作队伍培养与培训较弱，导师在其中发挥作用不够，应加强队伍培训，充分发挥导师在研究生思想政治教育工作中的主导作用。[28]戴雪飞与蔡茂华认为，若要积极发挥导师在研究生思政政治教育中的主体作用，首先要通过制度设计来厘清研究生思政职责，加强导师思政教育工作能力培训，引入竞争机制，改变导师"放羊式"管理。[29]黄艳和余伯阳研究发现研究生具有个性张扬，奋斗精神强，团队合作意识弱的一般特征；价值观多元化，独立意识强，自控能力弱的心理特征；以及学习专业性突出，业务能力强，综合素质弱的学习特征。[30]李惠清指出，应充分发挥班主任在研究生思想政治教育中的作用，切实开展研究生深度辅导工作，运用专业优势进行学业学风指导，发挥研究生这一主体在思想政治教育中的作用。[31]

三、构建全员全过程全方位育人格局视阈下的高校班主任队伍建设研究现状

当前学术界对于研究生思想政治教育工作队伍的探讨主要有"三支队伍说""三股力量说""四支队伍说"和"五支队伍说"。[32]"三支队伍说"认为，研究生育人队伍主要包括研究生导师队伍、辅导员队伍、教学管理队伍等，导师是学术育人，辅导员是思想政治育人，教学管理人员是管理育人。"三股力量说"提出了研究生思想政治教育主要应依靠导师、研究生骨干和管理干部三股力量。"四支队伍说"认为研究生思想政治教育队伍主要为研究生专职管理干部、研究生导师、研究生骨干、研究生辅导员等。"五支队伍说"认为针对高校研究生思想政治教育而言，完整的队伍包括学校党政干部和共青团干部、研究生导师、思想政治理论课和哲学社会科学课教师、研究生组织和专职研究生辅导员。

部分学者从当前研究生特点出发，探究如何充分发挥全员育人作用。方鹏飞研究指出，研究生生源广泛，社会背景复杂；独立意识强，协作意识差；价值取向发生变化，心理问题突出；亟须建立一支专兼职结合、高素质、持续稳定的研究生思想政治教育工作队伍，建立学校、学院、辅导员、导师多维管理体系；加强专职从事研究生思想政治教育的辅导员队伍建设。各学院要配备一支能力突出、工作扎实、责任心强的研究生专职辅导员。[33]邓淑娅和邵军指出，部分研究生理想信念淡薄，信仰缺失；部分研究生科研兴趣退化，学习功利性过强；社会责任意识淡薄，缺乏团队精神与奉献意识，认为应倡导实行全员育人，实现思想

政治理论课教师、专业导师与辅导员三管齐下:要充分利用思想政治理论课授课主渠道,充分利用专业导师的引导作用,充分发挥辅导员在研究生思想政治教育工作中的辅助作用。[34]

此外,诸多学者还探究研究生辅导员、导师两大群体如何利用自身优势在开展研究生思想政治工作中凝聚力量、发挥作用、创造实效。孙超与吴春梅采用实证研究方法,以武汉市研究生为调研对象,发现应充分加强导师在思政教育育人中的核心作用,同时增强研究生辅导员(班主任)作为思政教育工作的中坚力量。[35]唐德先认为,应强化研究生导师思想政治教育责任,导师应当是研究生德育工作的主要承担者,建立导师与研究生辅导员的互动机制,形成育人合力。[36]楚永全和周立志表明,导师与辅导员在育人目标上具有一致性,在育人职责、育人手段、各自优劣势方面具有互补性,这为构建合力育人机制提供了条件。构建导师和辅导员合力育人机制可以从机构设置上互相兼顾、队伍建设上互相融合、日常工作中加强沟通入手。在研究生教育领导与工作体制的诸层次,在研究生业务培养和思想政治教育的诸环节,在导师和辅导员队伍选拔、培训、管理、考核、奖惩和晋升的诸阶段,可以构建研究生导师与辅导员的互补互动机制,促进双方合力育人格局的形成。[35]不少学者还主张,高素质辅导员队伍是做好研究生德育工作的主要抓手,强化研究生导师作用是做好研究生德育工作的基础,导师在研究生德育工作中发挥“第一责任人”作用。[36-39]袁熙贤、张帆通过 SWOT 法分析了导师和辅导员在德育工作中的优劣势,构建了“确立一个目标、搭建两个平台、建设三套制度”的合力育人协同机制。[40-41]刘笑、高平发、袁永红认为,在教育生态学视域下,需要使研究生导师、辅导员两支平行力量交叉融合,从机构设置上互相兼顾队伍建设上互相融合、日常工作中互相沟通入手,构建整体互存、动态平衡、和谐共生的合力育人机制,对研究生的思想发展及科研素养给予多方面的指导和培养。[42]张敏和肖虎指出,研究生辅导员与导师的不同职能与工作优长、研究生的学习生活和思想观念的表现特点以及辅导员与导师双方工作交流机制的缺失等,要求建立两支队伍的思想政治工作交流沟通机制,达到协同育人的目标。[43]

如何探索构建以“立德树人”为核心的全员全过程全方位工作格局是诸多学者的研究重点。林文伟在研究中指出,东华大学通过建设研究生辅导员(发挥主导型作用)、研究生导师(发挥教书育人作用)、研究生党员(发挥示范带动作用)、研究生骨干(发挥“三自”作用)和研究生生活园区自我管理委员会(发挥积极作用)五支队伍,形成了全员育人的工作格局。[44]陈晓梅认为,要建立导师、班主任、辅导员三方联动的思想教育工作机制,形成三者联动的研究生思想教育合力。由于导师、班主任是兼职的思想教育工作者,在三方联动过程中,辅导员要发挥主要作用。[45]田智、王艳和王骥强调实现导师学术育人、辅导员思想政治育人与教学管理人员的管理育人,形成协同育人机制。[46]

既有研究中,还有部分学者专门剖析研究生导师如何在研究生思想政治教育工作中发挥其“首要责任人”的作用。比如楚永全、周立志通过梳理研究生导师的德育职责,剖析制约导师履行德育工作职责的因素，主张从完善导师评价体系，统一导师工作权责，加强德育过程指导，搭建导师参与平台，形成德育队伍合力等方面来探索构建研究生导师的德育工作机制。[47]

四、结语

通过梳理高校班主任队伍建设相关文献，发现有关高校班主任乃至研究生思想政治工作队伍建设已形成了一定的研究成果，不断涌现了一些新观点、新思想，这些研究成果对我们进一步研究高校研究生班主任队伍建设乃至研究生思想政治工作队伍建设奠定了良好的理论基础和提供了较好的实践指导。然而，相较于高校班主任队伍建设或研究生思想政治教育相关主题而言，关于研究生班主任队伍建设的相关研究较为匮乏，而采用质性分析与量化分析相结合的研究方法来研究该问题的成果则更为鲜见。具体地，目前相关研究成果经验性、理论性分析较多，深层次、实证性研究较少，且主要侧重分析当前研究生队伍普遍存在的问题，并针对问题进行对策和原因分析。此外，以研究现象居多，忽略了规律的总结和挖掘。当前学者们的研究大多属于事实性的表象研究，对于研究生班主任队伍建设的过程及其规律等尚未进行深入研究。

参考文献

[1] 田红芳，杨嵩松.加强高校班主任队伍建设的思考[J].北京教育(高教)，2011(6)：59-60.
[2] 马建华，王德连，欧渊博.高校班主任队伍建设现状与对策探析——以陕西省为例[J].思想教育研究，2010(12)：58-62.
[3] 王亮.西藏高校班主任工作的特殊性及核心内容[J].西藏大学学报，2011(S1)：37-39.
[4] 项进，高歆.论高校班主任在育人工作中的地位及作用[J].思想教育研究，2011(11)：73-75.
[5] 裴丽.高校班主任工作内容定位探析[J].高教探索，2017(S1)：167-168.
[6] 毛国梁.高校班主任工作浅谈[J].兰州大学学报(社会科学版)，2000(28)：226-227.
[7] 樊敬.浅谈新世纪高校班主任的素质[J].生产力研究，2002(4)：138-139.
[8] 付八军.高校班主任角色的定位与转换[J].江苏高教，2009(3)：104-106.
[9] 杨凤安.浅论高校班主任与班集体建设[J].教育探索，2010(2)：20-21.
[10] 李武武.专业教师做研究生班主任应强调“四心”[J].学位与研究生教育，2014(9)：5-8.
[11] 李赛强，路丽丽.创新高校班主任制度　促进学生全面发展[J].中国高等教育，2014(9)：57-59.
[12] 冯永君.对高师院校班主任工作的认识与思考[J].南宁师范高等专科学校学报，2002(1)：44-47.
[13] 丁丽莉，徐放，韩东.高校实行导师制取代班主任制的可行性分析[J].教育理论与实践，2004(16)：17-20.
[14] 杨四海.本科生班主任制的生存困境及发展出路[J].江苏高教，2008(5)：135-137.

[15] 库颖,田红芳.高校班主任和辅导员队伍的关系及协作机制研究[J].思想教育研究,2012(6):95-98.
[16] 王昭,廖衡.高校班主任的角色困境与应对策略论析——基于与辅导员的比较视角[J].湖北社会科学,2016(3):174-177.
[17] 刘劲松.高校班主任管理育人工作的挑战与探索[J].湖北社会科学,2011(7):174-177.
[18] 王国华.班主任在高校学生党建工作中的现状及对策研究[J].思想理论教育导刊,2015(5):141-143.
[19] 陈晓梅.规模化条件下研究生教育管理的思考[J].高等农业教育,2012(5):80-82.
[20] 宋春晖.浅议适合研究生特点的管理方法——高校研究生班主任工作的实践和体会[J].兰州大学学报(社会科学版),2000(S2):221-225.
[21] 劳俊华,吕淼华,许为民.研究生思想政治教育的模式、体制和队伍[J].中国高教研究,2005(11):221-225.
[22] 崔相宝,程樊启.浅析新时期理工科研究生德育工作[J].东南大学学报(哲学社会科学版),2008(S1):252-255.
[23] 卢昕昕.新时期研究生思想政治教育工作探析[J].福建论坛·人文社会科学版,2008(S3):73-74.
[24] 钟玉.发挥青年教师在研究生德育工作中的作用[J].思想教育研究,2009(S2):248-250.
[25] 张静.积极探索研究生思想政治教育的新机制新方法[J].中国高等教育,2009(1):39-41.
[26] 张利,张立.新时期研究生思想政治教育工作的特点及创新[J].学校党建与思想教育,2010(20):40-41.
[27] 张俊苓,卢远,郭海卿.研究生群体思想现状的调查与思考[J].中国成人教育,2010(4):83-84.
[28] 田宁,车峰.研究生思想政治工作实践创新研究[J].民族教育研究,2010,21(4):28-31.
[29] 戴雪飞,蔡茂华.导师在研究生思想政治教育中的作用与发挥[J].思想教育研究,2011(4):107-110.
[30] 黄艳,余伯阳.研究生德育工作的时代特点及余问[J].黑龙江高教研究,2011(11):154-156.
[31] 李惠清.班主任在研究思想政治教育中的作用研究[J].教育理论与实践,2015,35(6):31-32.
[32] 陈南坤,周彬.研究生思政教育队伍建设的研究综述[J].中国高校科技,2017(S1):63-66.
[33] 方鹏飞.研究生思想政治教育工作的实践与创新[J].山西师大学报(社会科学版),2011,38(S2):129-131.
[34] 邓淑娅,邵军.研究生思想政治教育工作的问题与对策[J].黑龙江高教研究,2011(10):157-159.
[35] 孙超,吴春梅.新时期思想政治工作现状的实证分析及对策——以武汉市高校研究生调查为例[J].理论月刊,2009(3):180-182.
[36] 唐德先.强化导师责任扎实推进研究生思想政治教育——以东北师范大学为例[J].学位与研究生教育,2012(5):48-49.
[37] 楚永全,周立志.研究生导师和辅导员合力育人机制的构建[J].思想教育研究,2010(12):98-99.
[38] 钱嫦萍,崔靖园.研究生导师首要责任人机制研究[J].教育探索,2015(5):114-117.
[39] 刘敏.提升内涵质量　实现全员育人　大力推进研究生思想政治教育队伍建设[J].思想教育研究,2013(4):48-49.
[40] 袁熙贤,张帆.研究生导师与辅导员合力育人的协同机制研究[J].科技通报,2014,30(11):230-240.
[41] 张小丽,郑浩,胡艳丽.研究生培养中辅导员与导师合力育人机制研究[J].思想理论教育,2013(1):88-91.

[42] 刘笑,高平发,袁永红.教育生态学视域下导师与辅导员合力育人机制探究[J].中国成人教育,2017(11):78-81.
[43] 张敏,肖虎.研究生辅导员与导师的思想政治工作交流机制构建[J].思想理论教育导刊,2017(7):150-153.
[44] 林文伟,李成龙,朱英.抓队伍建设　促德育实效——东华大学研究生思想政治教育探索与实践[J].思想教育研究,2009(11):91-93.
[45] 陈晓梅.规模化条件下研究生教育管理的思考[J].高等农业教育,2012(5):80-82.
[46] 田智,王艳,王骥.协同创新视野下的研究生德育队伍建设研究[J].江苏高教,2015(6):121-123.
[47] 楚永全,周立志.试论研究生导师的德育职责及工作机制构建[J].学校党建与思想教育,2011(32):7-10.

中低年级学生专业认知现状调研及分析

——以某建筑类学院为例*

◎ 李柳醒　凌昱晨

摘　要　本文针对高等院校内中低年级学生专业认知现状进行调查分析，梳理学生学业成长与发展中存在的问题，提出坚持将专业认知与思想政治教育相结合的观念。以“课程思政”为目标，价值引领为导向，始终将“立德树人”贯穿专业认知的各个阶段。通过阶梯式专业认知教育和模块化专业认知平台的搭建，更好地引导学生进行专业认知与学习，以期培养出符合新时代中国特色社会主义的人才。

关键词　专业认知　课程思政　学业成长

全国高校思想政治工作会议上提出，“高校思想政治工作关系高校培养什么样的人、如何培养人以及为谁培养人这个根本问题。”会议强调了“要坚持把立德树人作为中心环节，把思想政治工作贯穿教育教学全过程，实现全程育人、全方位育人，努力开创我国高等教育事业发展新局面”。《关于加强和改进新形势下高校思想政治工作的意见》指出，要强化思想理论教育和价值引领，加强对课堂教学管理。《高校思想政治工作质量提升工程实施纲要》中强调了课程育人，大力推动以“课程思政”为目标的课堂教学改革。高校学生对于专业的认知关系到高校人才培育的根本问题，围绕建筑类高校中低年级学生专业认知进行问卷调研，深入研究和准确把握学生专业认知的思想动态，全面剖析其专业认知方面存在的问题，以此能更好地引导学生的学业成长与发展，提升自我规划能力和素养，以期培养出符合新时代中国特色社会主义的人才。

---

* 本文系同济大学 2017—2018 年教学改革研究与建设项目“大学生专业认知与职业发展现状与思考——基于对学院低年级学生的调研分析”的研究成果。

作者简介　李柳醒，同济大学建筑与城市规划学院讲师。
凌昱晨，同济大学建筑与城市规划学院辅导员。

一、调查对象与研究方法

本次研究主要内容包括专业认知的变化、专业认知的风格、专业认知的能力、专业认知的途径及评价、专业认知对职业发展的影响。研究以问卷调查为主，辅以文献分析、个体访谈、比较分析的方法。

问卷调查抽样对象为上海高校某学院，样本涵建筑学、历史建筑保护、城乡规划、风景园林四个专业，覆盖大一到大三的中低年级本科生。本次调查共发放500份问卷，回收430份，回收率为86%，其中有效问卷419份，有效率为97.4%。其中大一至大三分别占51.86%、26.05%和22.09%，男生、女生分别占35.35%和64.65%。为增强调查的可信度以弥补问卷调查不足，研究还借助了个别访谈(共10名学生)。

二、调查统计与结果分析

(一) 专业认知的变化

1. 填报志愿时对专业的了解

在对于非转专业学生"填报志愿时选择现专业的因素。(选择三项并排序)"的调查中，各项的平均综合得分由高到低排序依次是：个人兴趣4.16、就业考虑2.72、其他因素2.22、老师或其他长辈推荐1.49、家长决定1.42。① 这说明对于大部分学生来说，在选择专业时个人兴趣是首位的。

在填报专业时，非转专业学生对于专业的职业前景、学术氛围、师资力量、课程设置的综合情况评价，有41.65%的学生是"比较了解"，28.35%的学生是"不确定"，13.1%的学生是"完全了解"，7.28%的学生是"基本不了解"，9.62%的学生选择了"完全不了解"。其中"完全不了解"的选项占比最多是课程设置，有11.9%，"完全了解"占比最多的是师资力量，有28.35%。根据表1数据可以看出，学生在填报志愿时对于师资力量和学术氛围的了解相对较多，但是涉及具体课程设置以及职业前景偏向不确定和模糊。

表1 "填报志愿时"你对现专业各方面的评价(矩阵量表题)

题目/选项	完全不了解	基本不了解	不确定	比较了解	完全了解
职业前景	10.38%	7.59%	38.99%	38.73%	4.3%
学术氛围	8.61%	6.84%	27.09%	44.81%	12.66%

① 排序题的选项平均综合得分反映了选项的综合排名情况，得分越高表示综合排序越靠前。计算方法为：选项平均综合得分=(Σ频数×权值)/本题填写人次

（续表）

题目/选项	完全不了解	基本不了解	不确定	比较了解	完全了解
师资力量	7.59%	2.53%	15.44%	46.08%	28.35%
课程设置	11.9%	12.15%	31.9%	36.96%	7.09%
小计	9.62%	7.28%	28.35%	41.65%	13.1%

对于转专业学生来说，有95.83%的学生将个人兴趣作为转专业的首要因素，54.17%的学生将就业作为第二因素考虑在内。转专业学生对课程设置的“完全不了解”的占比为4.17%，明显少于非转专业学生的11.9%，但“比较了解”和“完全了解”分别为34.72%和6.94%，均略低于非转专业学生。相对于职业前景，转专业学生仅有2.78%的选择了“完全不了解”，“完全了解”的占8.33%。转专业学生已经经历了第二次专业选择，大部分学生对新专业是有基本认知的，但是认知程度并非明显高于非转专业的学生。

2. **目前对专业的认知和评价**

(1) 个人感觉

在经过了1～3年的学习后，70%左右的学生对于所学专业的课程设置情况、学习内容、对专业的兴趣、产生积极感情的程度、对专业的接受度、对专业评价以及学习专业的积极性是正面的。其中对于课程设置的了解程度明显高于选择专业时候(表2)。

表2　根据目前的情况，请在1～5中选择适合自己的选项(矩阵量表题)

题目/选项	完全不符合	基本不符合	不确定	比较符合	完全符合
我知道我所学专业的课程设置情况	3.64%	4.93%	14.78%	57.17%	19.49%
我了解我所学专业的学习内容	2.78%	5.14%	17.99%	55.25%	18.84%
我对所学专业有兴趣	3.21%	5.14%	18.63%	45.61%	27.41%
我对本专业产生了积极的感情	3.85%	7.28%	19.91%	47.11%	21.84%
我在内心里接受了这个专业	3%	5.57%	17.13%	47.32%	26.98%
我对这个专业评价比较积极	3.21%	6.21%	19.27%	46.25%	25.05%
总体上我积极努力学好这个专业	0.86%	1.93%	10.71%	51.82%	34.69%

有趣的是，在数据处理中发现，大一新生对于以上7题中的“完全符合”选项表现出了极大的热情，在选择“完全符合”的选项中，大一、大二、大三分别为42.8%、27%、30.1%。在与学生和资深辅导员的访谈中发现，大一新生刚进校时，具有初生牛犊不怕虎的冲劲和热情，在经过一段时间的学习后，在大二的时候会对所学习的专业是否适合自己产生怀疑和不自信，经过对自身的重新定位和学习方式的调整，在大三的时候回归客观理性认识。

(2) 外界客观

对于自身专业在本校以及全国的地位，90%以上的学生是比较了解和完全了解的，

86.3%的学生认为家长是比较支持和完全支持其专业学习的,76.66%的学生认为外界对本专业的评价是较高的。但是在提及同伴是否认可本专业时,仅有18.63%的学生肯定的认为同伴们是认可本专业的,这与“我在内心里接受了这个专业”(表2)的“完全符合”26.98%,相差了8.38个百分点。有32.98%的学生对于同伴对专业的认可度是不确定的(表3)。

表3 根据目前的情况,请在1~5中选择适合自己的选项(矩阵量表题)

题目/选项	完全不符合	基本不符合	不确定	比较符合	完全符合
我了解这个专业在本校的地位	0.43%	0.64%	6.85%	40.26%	51.82%
我了解这个专业在全国高校中的地位	0.21%	0.64%	6.85%	37.9%	54.39%
我认为家人支持我学习本专业	1.5%	2.57%	9.64%	38.76%	47.54%
我觉得外界对本专业评价较高	1.28%	3.85%	18.2%	39.4%	37.26%
我觉得同学们都认可本专业	3%	9.42%	32.98%	35.97%	18.63%

(二)专业认知的风格

85.23%的学生认为在专业学习上占用了很多时间,其中50.75%的学生选择了“完全符合”。同时有87.36%的学生认为自己可以及时完成专业相关课程任务和作业,其中“比较符合”占50.96%,“完全符合”占36.4%。认为“我的专业课成绩较好”的“完全符合”占9.85%,“比较符合”占27.84%,“不确定”占48.82%。有14.35%的学生认为自己在专业上花费了很多时间,但不能完全认可自己可以及时完成相关课程任务和作业,更有40.9%的学生认为自己在专业学习上花费很多时间,但是不能完全肯定自己的专业成绩。

在专业的主动学习方面,根据“我经常阅读专业相关书籍”“我经常和同学探讨专业相关问题”“我保持关注所学专业前沿动态”的“比较符合”和“完全符合”选项,超过半数的学生具有学习本专业的主动性和能动性(表4)。

表4 根据目前的情况,请在1~5中选择适合自己的选项(矩阵量表题)

题目/选项	完全不符合	基本不符合	不确定	比较符合	完全符合
我在专业相关学习上用了很多时间	0.64%	2.36%	11.78%	34.48%	50.75%
我会及时完成专业相关课程任务和作业	0.21%	2.36%	10.06%	50.96%	36.4%
我的专业课成绩较好	3.64%	9.85%	48.82%	27.84%	9.85%
我经常阅读专业相关书籍	3%	13.06%	36.83%	35.97%	11.13%
我经常和同学探讨专业相关问题	2.36%	8.57%	28.69%	40.69%	19.7%
我保持关注所学专业前沿动态	2.78%	9.21%	30.19%	43.68%	14.13%
如果考研,我会继续这个专业的学习	4.93%	4.71%	25.48%	37.26%	27.62%

（三）专业认知的能力

60%左右的学生对于“我的能力可以适应专业学习要求”“我认为我适合学习这个专业”“我具备一定专业思维”“所学专业可以体现我的特长”的题目，选择了“比较符合”和“完全符合”的选项(表5)。认为自己“无论哪个专业我都能学好”的学生占30.62%，其中“完全符合”仅占7.28%。说明有近30%的学生的学习自信源自对于专业的兴趣和认可。但是“这个专业的学习难度影响了我对它的认同”的“不确定”占32.33%，“比较符合”占28.05%，“完全符合”占11.56%。专业学习的难度一定程度上影响了学生对专业的认同。

表5　根据【目前】的情况，请在1～5中选择适合自己的选项(矩阵量表题)

题目/选项	完全不符合	基本不符合	不确定	比较符合	完全符合
我的能力可以适应专业学习要求	2.14%	7.49%	28.27%	43.68%	18.42%
我认为我适合学习这个专业	3.43%	8.57%	36.19%	35.33%	16.49%
我具备一定专业思维	1.07%	5.35%	31.26%	47.97%	14.35%
所学专业可以体现我的特长	4.07%	12.21%	37.26%	33.62%	12.85%
无论哪个专业我都能学好	8.35%	16.49%	44.54%	23.34%	7.28%
这个专业的学习难度影响我对它的认同	8.35%	19.7%	32.33%	28.05%	11.56%

在对自身专业能力的认知上，大一学生同样表现出了巨大的自信心，在“我的能力可以适应专业学习要求”“我认为我适合学习这个专业”“我具备一定专业思维”“所学专业可以体现我的特长”题目的选项中，有20%左右的大一学生选择“完全符合”，同类选项仅13%左右的大二学生选择，仅9%左右的大三学生选择(表6)。

表6　对自身所学专业的认知情况

题目 / 选项 / 年级	我的能力可以适应专业学习要求		我认为我适合学习这个专业		我具备一定专业思维		所学专业可以体现我的特长	
	比较符合	完全符合	比较符合	完全符合	比较符合	完全符合	比较符合	完全符合
大一	43.05%	22.42%	40.36%	21.97%	44.84%	18.39%	36.77%	17.49%
大二	41.07%	15.18%	28.57%	13.39%	45.54%	12.50%	31.25%	10.71%
大三	47.37%	12.63%	32.63%	8.42%	54.74%	7.37%	26.32%	8.42%

（四）专业认知的途径及评价

关于“你通常通过何种渠道加深对专业的了解？(选择三项并排序)”的调查结果显示，各项的平均综合得分由高到低排序依次是：课堂介绍5.12、学院讲座4.4、互联网3.49、学长学姐3.18、同学交流2.15、书籍报刊1.7、校外讲座展览0.81。可见课堂介绍还是占据重要位置。对于“上述渠道对学生是否足够方便友好?”的调查结果显示,同辈交流(包括学长学姐和同学交流)的满意度是最高的,学院讲座的满意度是略高于课堂介绍的,但是对于课堂介绍的评价仍有1.5%完全不满意、6.42%不太满意、24.2%一般(表7)。

表7　上述渠道对学生是否足够方便友好?(矩阵量表题)

题目\选项	完全不满意	不太满意	一般	比较满意	很满意
课堂介绍	1.5%	6.42%	24.2%	51.61%	16.27%
学院讲座	0.86%	4.07%	25.05%	49.46%	20.56%
学长学姐	1.28%	4.07%	23.98%	47.54%	23.13%
同学交流	0.43%	4.28%	22.48%	50.32%	22.48%
书籍报刊	1.71%	7.07%	28.69%	45.82%	16.7%
小计	1.16%	5.18%	24.88%	48.95%	19.83%

(五)专业认知对职业发展的影响

学生对于专业社会价值的认同感达到91.43%,其中有42.61%是完全认同。80.73%的学生知道所学专业的就业方向,68.96%的学生知道所学专业的就业状况,73.66%的学生乐意从事所学专业相关的工作。68.31%的学生对所学专业的发展前景是有信心的。但是以上四题的“完全符合”选项分别是16.9%、12.21%、24.2%、24.84%,学生对于就业状况和方向的明确的、客观的了解程度是不够的(表8)。

表8　根据目前的情况,请在1～5中选择适合自己的选项(矩阵量表题)

题目/选项	完全不符合	基本不符合	不确定	比较符合	完全符合
我觉得我所学专业对社会有价值	0.64%	1.07%	6.85%	48.82%	42.61%
我知道我所学专业的就业方向	0.43%	1.71%	17.13%	63.81%	16.92%
我知道我所学专业的就业状况	0.64%	3%	27.41%	56.75%	12.21%
我乐意从事和所学专业有关的工作	2.36%	5.35%	18.63%	49.46%	24.2%
我对所学专业本身发展前景有信心	2.78%	4.71%	24.2%	43.47%	24.84%
我对专业有职业目标和规划	3.64%	11.35%	41.33%	32.98%	10.71%
小计	1.75%	4.53%	22.59%	49.21%	21.91%

三、调查结论与对策建议

(一)主要问题

1. 学生对于专业课程设置和职业规划的客观了解欠缺

由于信息的不对称,在学生选择专业的时候,了解的往往是该专业的院士、知名教授、明星教师以及该专业的排名和学术地位。对于专业学习究竟要学些什么，大都只是模糊的字面理解。而即使是同样的专业，在不同的院校，其培养方向和课程设置也可能是截然不同的。对于职业规划，中低年级的学生大都是走一步看一步的，学生对未来的职业仅有模糊的概念，是缺乏明确认知和系统规划的。

2. 随着专业学习的加深，学生对专业学习的信心不足

专业学习的深入与其面临的挑战，打破了学生最初对于专业童话般的期待，专业学习需要付出的时间和精力，也给那些以为“大学是天堂”“可以想做什么就做什么”的学生当头一棒。近年来，学生心理问题日益突出，而产生学生心理问题的主要导火索就是学业困难。学业困难一般有两类，一类是学习成绩不佳而产生自我怀疑和放弃；另一类是成绩尚可，但自我期待与学习结果失衡而导致的自我痛苦。在个别访谈中发现，学生认为对于同伴专业的认可程度是微妙的。一个近期学业有困难或者障碍的学生有这样的心理活动：假如其认为同伴对专业的认可度是较高的，学生就会产生我不适合这个专业、我对学习这个专业没有信心等这样的念头；假如其认为同伴对专业的认可度并不高，该学生也是痛苦的，会认为这个专业很痛苦、很难学，可能表现出得过且过的态度，因为大家都是消极的。

3. 学生在专业学习上的投入与产出失衡

建筑类专业的学习评价标准主观，同一门课有时有 2～3 位设计课教师，每位教师的评价标准不一致甚至相悖，需要不断地修改方案。而有些学生沟通能力欠缺，时间安排也欠佳，会在专业学习上耗费大量的时间和精力，却得不到相应的回报。另一方面，专业课老师也过分强调专业知识和技能的学习，而忽略课程育人的重要性。

4. 缺乏系统的专业认知平台

入学后，学生对于专业的了解是零碎的，缺乏系统的平台和针对不同年级阶梯式的认知教育。专业认知教育一般会集中在新生入学周，对于新生来说这个时期的专业认知教育还是缺乏理性的，因为他们还未接触过真正的专业，没有直观的感受。而在大二、大三时期，往往会忽视学生对于专业认知的需求，除了课堂以外，并没有具有组织性的专业认知教育，更是重教学而轻育人。

（二）阶梯式专业认知教育

阶梯式的专业认知教育必须坚持与思想政治教育相结合，以“课程思政”为目标，价值引领为导向，始终将“立德树人”贯穿专业认知的各个阶段。

1. 在招生阶段，注重培养计划和就业情况宣讲

信息对称是招生宣传阶段重要的任务。招生宣传网站、手册等宣传媒介上除了介绍学科的简介、声誉、水平、国际交流、未来发展、知名校友的简单介绍以外，要把该学科的培养计划和就业质量报告的链接放在显著的位置。其次，利用好教授进中学和招生宣传日的机

会,让专业教师甚至在读学生参与招生,让报考学生和家长对所咨询的专业有更准确和直观的信息。

2. 大一阶段,在强化课程思政的专业价值教育的同时开展系统性的专业认知和学习

首先,应以"课程思政"为载体,探索"知识传授与价值引领相结合"的有效路径[1],聚焦用好课堂教学的主渠道,突出育人的价值,让立德树人"润物无声"。其次,整合资源,将思政、教学、第二课堂等有机结合,除了在新生教育周进行专业介绍之外,在学生学习一段时间后陆续开展"系主任话专业""学长学姐说""校友沙龙"等活动。

3. 大二阶段,加强专业认知的能力培养

大二学生对专业认知的教育应当更加注重信心的培养和专业学习方法、技能的探索。可以通过班会、学生会、团学联等学生组织,开展学习感受的交流会,学习方法和技能的提升沙龙等。同时,也借助心理辅导员、心理委员等,关注学生的心理波动,借助微信平台进行相关推送,组织各类心理讲座和心理团队辅导活动,及时疏通学生的心理困惑。

4. 大三阶段,推行岗位实训教育

在经过大一的专业系统认知和大二的专业能力提升后,大三可以更加注重校内外的实践活动。岗位实训可以通过社会实践、科技创新、志愿服务等形式展开,锻炼大学生的实践能力与社会责任意识,同时还可以通过开展校企合作,帮助学生了解职业环境。通过岗位实训教育,大学生会逐步强化自己的职业理想,明确今后的生涯发展路径。[2]

(三)模块化专业认知平台支撑

1. 课程教学模块

课程教学是专业认知的主战场。首先,课堂教学要促进教书与育人的统一,促使知识传授与价值观教育同频共振,要梳理各门课程所蕴含的思想政治教育元素和所承载的思想政治教育功能,融入课堂教学各环节。[3]其次,要完善教学设计,加强教学管理,制定阶梯式的学生课业评价标准,不同年级的学生课程要求不同,评价标准和要求也应有所区分。同一年级的同一课程应该有相同的教学目标,教改实验应当在教学目标下进行创新教学。

2. 第二课堂平台

第二课堂是专业认知的拓展。首先,制定《学生专业认知指南》(以第二课堂为平台),引导不同阶段的学生参与社会实践、科技创新、志愿服务等活动,同时指导学生通过讲座、书籍、期刊等方式进行自我提升。其次,整合资源,通过学校、学院组织学生参加高校或用人单位的联合设计竞赛,通过专业教师的项目、课题实践走向全国各地,甚至走出国门进行游学、竞赛和实践调研。此外,配备校内导师和校友导师,通过一对一的导师资源,对学生进行价值引领和专业认知教育。

参考文献

[1] 虞丽娟.从“思政课程”走向“课程思政”[N].光明日报,2017-7-20.
[2] 丁雪松,王晓庆,刘扬.大学生职业素质培育的路径探析[J].高校辅导员学刊,2016,8(6):67-70.
[3] 中共教育部党组.中共教育部党组关于印发《高校思想政治工作质量提升工程实施纲要》的通知[EB/OL].(2017-12-05)[2018-03-15]. http://www.moe.edu.cn.

教学理论与实践

疫情当下开展线上教学的探索

——以工程项目管理课程为例

◎ 汤永净　关贤军

摘　要　疫情当下，开展线上教学十分紧迫和必要。本文对线上线下混合式教学模式构建与实施进行了探索，以工程项目管理课程为例，通过分析各类学习平台中的相关资源，结合课程的教学目标及教学基本要素，考虑适当的实践教学，进行理论与实践相结合的教学设计和教学实施，拟根据后续的教学评价进行动态控制和更新。该教学模式对高校其他课程应对紧急和突发情况的线上线下混合式（装配式）教学具有一定的借鉴意义，也是当前教学改革的一种尝试。

关键词　线上线下混合式教学　慕课　教学基本要素　工程项目管理

一、引言

2020年2月2日，教育部提供了疫情防控期间的22个在线课程平台，这是停课不停学的有效举措。

能做到这一点，得益于近年来“互联网＋”教学建设的积累。2015年10月，国务院提出《统筹推进世界一流大学和一流学科建设总体方案》中明确指出：“加强创新教育，大力推性化培养，全面提升学生的综合素质、国际视野、科学精神和创业意识、创造能力”，并加快推进人才培养模式改革，推进科教协同育人”是实现改革任务的关键环节之一。养大学生的自主性学习能力和创新能力，不同层次的高校都提出教学教育改革的理，在这种理念的要求和指引下，混合式教学越来越受到青睐和重视。混合式教学统教学方式的优势和在线教学的优势结合起来，既要发挥教师引导、启发、监控

司济大学浙江学院土木工程系，教授。
济大学经济与管理学院，副教授。本文通讯作者。

教学过程的主导作用,又要充分体现学生作为学习过程主体的主动性、积极性与创造性。在混合式教学中,各类平台开始建设 MOOC(Massive Open Online Course),实现资源共享。据不完全统计,国内 22 个在线课程平台提供了 20 000 余门在线课程,为疫情下快速开展线上教学提供了大力支持。本文选择了相对热门的 4 个在线教育平台[1-4],共 11 所学校开设的“工程项目管理”课程作为研究对象(表 1)。

表 1 工程项目管理课程 MOOC 资源

在线平台	学堂在线	中国大学 MOOC	智慧树	学银在线
开设学校	武汉大学	同济大学	山东大学	江西建筑职业技术学院
	中业大学	河海大学	嘉兴学院	甘肃建筑职业技术学院
	河北大学	北京交通大学		
		兰州交通大学		

通过分析各校对“工程项目管理”课程的描述,对比各校课程学习目标、课程特色、教学大纲等信息,发现同济大学丁士昭教授主持的“工程项目管理”MOOC 课程重视基本理论、基本知识和基本技能的教学,系统性强,属国家精品课程,“学习强国”平台上也提供了全套 MOOC 教学视频。鉴于同济大学开设的 MOOC 具有诸多优势,确定其作为浙江学院土木工程专业三年级学生的线上学习资源。

由于 MOOC 的大规模和开放特征使得 MOOC 的学习者人数过多且学习者差异太大,教师无法为有需要的学习者提供及时、优质、个性化的学习指导服务,且工程项目管理课程具有较强的理论性和实践性,为了达成理想的教学效果,需要构建合理的教学模式[5-8]。教学模式是组织教与学,实现教学目标的重要途径。教师对教学模式的选择、运用,是在师生互动中促进学生进行概念学习、发展创新思维、增强问题解决能力、团队协作精神以及形成正确社会角色意识的重要环节。

二、线上线下混合式教学模式构建

本课程依据教学重构的理论基础、教学设计共同的基本要素以及布鲁姆教学目标分类理论,采用线上线下混合式教学方法构建教学模式。教学重构的理论基础包括:检索性学习理论、精熟学习理论、双主教学理论和连通主义学习理论[6]。教学设计共同的基本要素是 教学目标分析、学习者特征分析、教学环境设计、教学模式和策略的选择与设计以及教学设计结果的考评(教学评价)[6]。线上线下混合式教学模式将 MOOC 教学方法和教学视频融入课堂教学环节,作为传统教学模式的一种补充。线上线下混合式教学流程如图 1 所示。

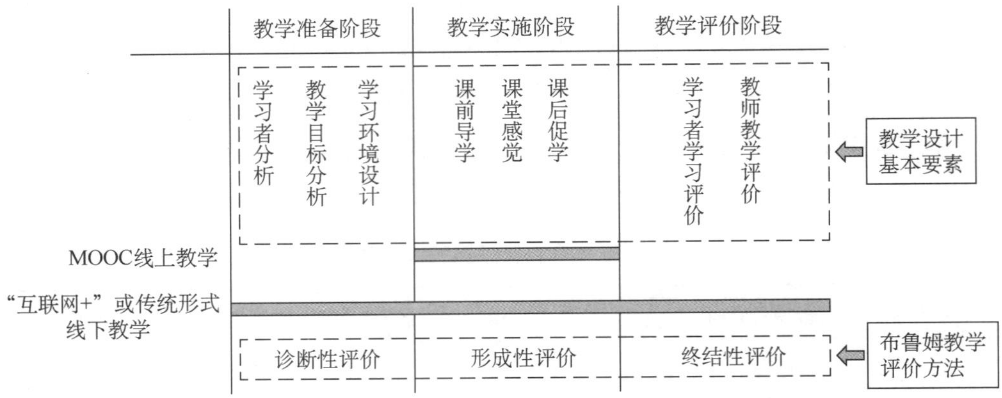

图 1　线上线下混合式教学流程

图 1 表示教学过程包括教学准备、教学实施和教学评价三个阶段。当前形势(停课不停学)下，教学实施阶段采用 MOOC 线上教学手段，“互联网＋”或者传统教学手段主要用于教学准备阶段和教学评价阶段，也可作为线上教学方式的补充。无论采取何种教学手段，各阶段的教学仍然包含传统的教学基本要素及传统的教学评价方法。

布鲁姆教学评价贯穿整个课程学习过程，总称为过程评价，包括诊断性、形成性和终结性评价。诊断性评价是为了解学生是否具有教学目标所必需的基础知识和技能[9]，在学期开始或开始前对学生进行的“已有必要学习”“现有情感状态”和“一般认知能力”的调查；形成性评价在于了解教学的结果，探究教学所存在的问题，以便对教学工作进行调整，其指导思想是采取频繁的反馈，对学生进行适当的帮助；终结性评价是为了解学生通过一学期的学习，是否达到教学总目标的要求，确定学生达到的水准和彼此间的相对地位，作为比较全面的总结性评定。终结性评定同时具有对教师的反馈作用。结合一级注册造价师考试需求的教学评价，根据布鲁姆的“以目标达成度为中心，注重适应并发展每个人能力”的教学评价理论，采用诊断性、形成性和终结性三阶段评价方法，最终评分以课外实践或延展性评价、形成性评价和终结性评价得分(百分制)的 20%，40%和 40%计入百分制总绩。

线上线下混合式教学模式实施

课程第 1 章“工程项目管理概论”为例，教师结合线上 MOOC 教学视频和教材[10]，备教案，总结过去二十多年的教学经验、相关参考资料和学生的认知规律[11-12]，的、教学内容、达成目标之后，整理文档给学生作为课前准备或课堂导学的补充

表 2 “第 1 章 工程项目管理概论”教学作用及主要内容和建构知识体系表

工程项目管理概论		
教学目的:对整个课程的引导		
1.1 讲解教学内容	1.1.1	分析项目的含义和特点
	1.1.2	解释“工程管理”和“工程项目管理”的基本概念
	1.1.3	分析项目实施的各参与方(投资方、开发方、设计方、施工方等)项目管理的任务和特点
1.2 建立知识结构	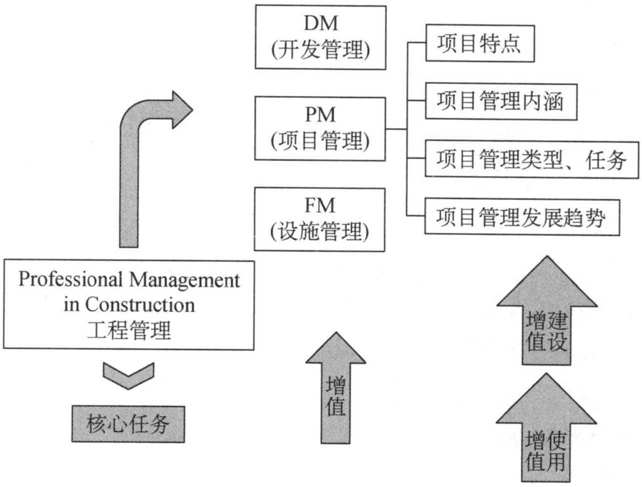	
1.3 掌握知识点	1.3.1	没有明确目标的建设工程不是项目管理的对象
	1.3.2	工程管理包括的范畴及核心任务
	1.3.3	工程项目管理的含义
	1.3.4	项目各参与方管理的目标和任务
	1.3.5	项目全生命周期管理的含义和意义

线上教学时,学生以 MOOC 视频为主,重点学习表 2 中所列的教学内容。视频之后,针对表 2 中的学习目标(知识结构和知识点)可进行形成性教学评价(图 1),如果不达标可进行线上或线下辅导,让学生知晓在项目管理学中,项目是指一个过程,而不是过程完成后形成的成果,项目管理的任务是对这个过程进行控制和管理,即项目管理的核心任务就是项目的目标控制[10]。

四、结语

不管是疫情当下,还是互联网的发展,不管是从国家高等教育的最终目标,还是从学生自我成长的需求来讲,现阶段 MOOC 平台下的教学势在必行。根据工程项目课程的具体要求，选择“学习强国”平台中的工程项目管理课程的MOOC。以学生为中心、因材施教，采用线上MOOC教学和线下的讨论和工程实践的混合式教学将有助于提高教学效果、合理利用学习时间。

参考文献

[1] 学堂在线. www.xuetangx.com. [2020-02-06].
[2] 中国大学MOOC. www.icourse163.org. [2020-02-06].
[3] 智慧树. www.zhihuishu.com. [2020-02-06].
[4] 学银在线. http://xueyinonline.com/. [2020-02-06].
[5] 殷子寓. MOOC学习者学习效果的影响因素研究[J].高等建筑教育,2019,28(3):149-157.
[6] 吴美玉,易祯,王聿良.MOOC+SPOC混合教学模式重构研究[J].教学研究,2019,42(6):80-85.
[7] 张晓芹.高校体验式创新实践教学模式的构建与实施[J].教学研究,2016,39(1):93-97.
[8] 王怡,房琳.基于学生自主学习能力培养的建构主义教学模式探究[J].教学研究,2018,41(4):4-11.
[9] 杨小峻.布鲁姆的教学评价理论及其现实意义.咸阳师范学院学报,1995(5):52-55.
[10] 丁士昭.工程项目管理[M].北京:高等教育出版社,2017.
[11] 贾广社,崔家滢,刘东.以学习者为中心的MOOC建设模型探新——以工程项目管理MOOC为例.高等工程教育研究,2019(2):194-200.
[12] 吴式颖,李明德.外国教育史教程[M].3版.北京:人民教育出版社,2015.

以微信公众号为平台的微课结合 PBL 在耳鼻咽喉头颈外科教学中的初步探索

◎ 车 娜 金 玲 刘双喜 杨 军 褚旭霞

摘 要 本文探讨了以微信公众号为平台的微课结合以问题为基础的学习(Problem Based Learning, PBL)教案在耳鼻咽喉头颈外科教学中的应用及效果。选取 2013、2014 级同济大学医学院临床医学专业学生共 79 人,2014 级 38 名学生为 A 组(实验组),2013 级 41 名学生为 B 组(对照组),A 组采用微课结合 PBL 教学法,B 组采用传统的讲授法,应用在耳鼻咽喉头颈外科咽喉部分教学(共 6 个学时)。通过教学满意度评分、随堂考核成绩两种方法进行评价,统计分析两组学生的得分。A 组在二项观察指标得分均高于 B 组,二者差异有统计学意义($P<0.05$)。可见以微信公众号为平台的微课结合 PBL 教案在耳鼻咽喉头颈外科咽喉部分教学中取得较好的教学效果,值得推广。

关键词 耳鼻咽喉头颈外科学 微信公众号 微课 PBL 教案

随着医学教学方法的改革深入,教育专家认识到传统教学方法有一定缺陷,新的教学方法尤其是以问题为基础的学习(Problem Based Learning,PBL)教学法已在多学科的教学中体现出优势,但是也存在着"水土不服"的现状[1]。我们有必要探索符合我国国情的 PBL 教学方式,促进 PBL 教学质量的提高[2]。由于耳鼻咽喉头颈外科的解剖特点及疾病特点,传统讲授法传授相关知识点难度较大,耳鼻咽喉头颈外科在大部分医学院校中为选修课或考察课,课时紧张,知识面较宽广。为了达到更好的教学效果,我院在耳鼻咽喉头颈外科咽

* 同济大学附属同济医院教学改革基金,编号:2016JGKT01。

作者简介 车娜,同济大学附属同济医院耳鼻咽喉头颈外科,主治医师,硕士。
金玲,同济大学附属同济医院耳鼻咽喉头颈外科,硕士。
刘双喜,同济大学附属同济医院耳鼻咽喉头颈外科,硕士。
杨军,同济大学附属同济医院教育处,硕士。
褚旭霞,同济大学附属同济医院教育处,本科。
余少卿,同济大学附属同济医院耳鼻咽喉头颈外科,博士后,本文通讯作者。

分教学中进行改革,采用以微信公众号为平台的微课结合 PBL 案例的教学方法,并探
其教学效果。

一、对象与方法

1. 研究对象

选取 2013、2014 级同济大学医学院临床医学专业学生共 79 人,2014 级 38 名学生 A 组(实验组),2013 级 41 名学生为 B 组(对照组)。

2. 实验方法

A 组采用的是以微信公众号为平台的微课结合 PBL 教学法,B 组采用的是传统的讲授法,应用在耳鼻咽喉头颈外科咽喉部分教学(共 6 个学时)。

A 组以微信公众号为平台的微课结合 PBL 案例具体实施:①耳鼻咽喉头颈外科教研室录制了“急性会厌炎”“咽喉部的检查法”微课,创建微信公众号(图 1),将微课发布在公众号上推送给学生,学生线上预习,对耳鼻咽喉头颈外科急重症“急性会厌炎”和咽喉部的解剖及检查法有初步了解。②教研室编写了 PBL 教案“不一样的咽喉痛”,同步发布在微信公众号上,学生可以提前熟悉案例(图 2)。③在课堂上引导同学,从咽喉部分的解剖开始分析,将咽喉部分的疾病通过 PBL 案例“不一样的咽喉痛”这个以症状命名的案例进行学习,将咽喉部分疾病的诊断、鉴别诊断等内容进行了统一学习,培养学生的临床思维。

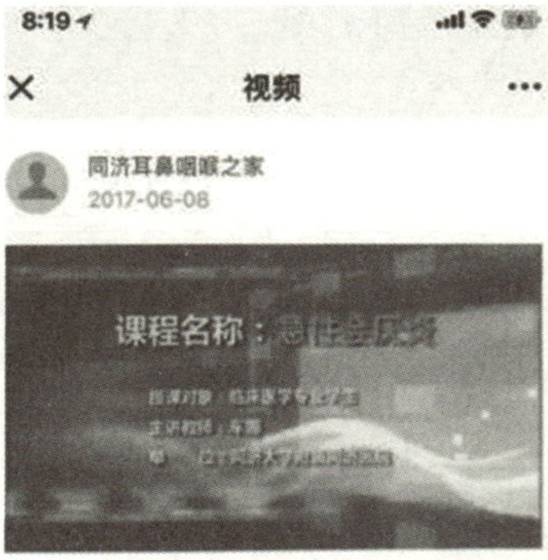

图 1　微课示意图

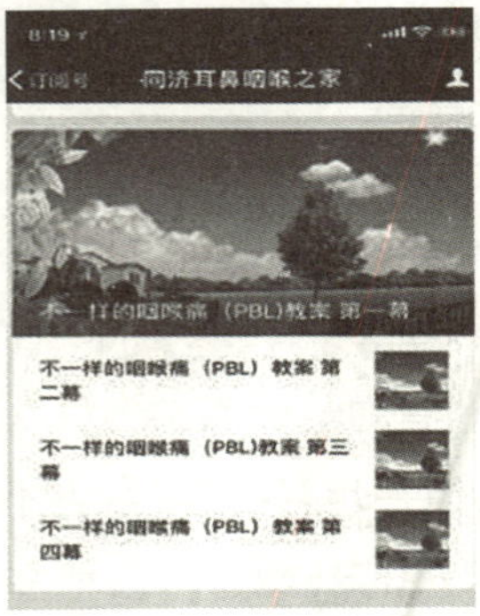

图 2　PBL 案例示意图

B 组采用传统讲授法:咽喉部解剖学习,咽喉部疾病学习,咽喉部检查法学习。

3. 评价方法

采用教学满意度评分、随堂考核成绩两种方法进行评价,总分均为 100 分。

4. 统计方法

应用 SPSS 22.0 统计软件,两组数据间对比采用随机对照 t 检验,$P<0.05$ 时差异有统计学意义。

教学理论与实践

疫情当下开展线上教学的探索

——以工程项目管理课程为例

◎ 汤永净　关贤军

摘　要　疫情当下，开展线上教学十分紧迫和必要。本文对线上线下混合式教学模式构建与实施进行了探索，以工程项目管理课程为例，通过分析各类学习平台中的相关资源，结合课程的教学目标及教学基本要素，考虑适当的实践教学，进行理论与实践相结合的教学设计和教学实施，拟根据后续的教学评价进行动态控制和更新。该教学模式对高校其他课程应对紧急和突发情况的线上线下混合式(装配式)教学具有一定的借鉴意义，也是当前教学改革的一种尝试。

关键词　线上线下混合式教学　慕课　教学基本要素　工程项目管理

一、引言

2020 年 2 月 2 日，教育部提供了疫情防控期间的 22 个在线课程平台，这是停课不停学的有效举措。

能做到这一点，得益于近年来“互联网＋”教学建设的积累。2015 年 10 月，国务院提出的《统筹推进世界一流大学和一流学科建设总体方案》中明确指出：“加强创新教育，大力推进个性化培养，全面提升学生的综合素质、国际视野、科学精神和创业意识、创造能力”，并指出“加快推进人才培养模式改革，推进科教协同育人”是实现改革任务的关键环节之一。为了培养大学生的自主性学习能力和创新能力，不同层次的高校都提出教学教育改革的理念和思路，在这种理念的要求和指引下，混合式教学越来越受到青睐和重视。混合式教学就是要把传统教学方式的优势和在线教学的优势结合起来，既要发挥教师引导、启发、监控

作者简介　汤永净，同济大学浙江学院土木工程系，教授。
关贤军，同济大学经济与管理学院，副教授。本文通讯作者。

教学过程的主导作用，又要充分体现学生作为学习过程主体的主动性、积极性与创造性。在混合式教学中，各类平台开始建设 MOOC(Massive Open Online Course)，实现资源共享。据不完全统计，国内 22 个在线课程平台提供了 20 000 余门在线课程，为疫情下快速开展线上教学提供了大力支持。本文选择了相对热门的 4 个在线教育平台[1-4]，共 11 所学校开设的“工程项目管理”课程作为研究对象(表 1)。

表 1　工程项目管理课程 MOOC 资源

在线平台	学堂在线	中国大学 MOOC	智慧树	学银在线
开设学校	武汉大学	同济大学	山东大学	江西建筑职业技术学院
	中业大学	河海大学	嘉兴学院	甘肃建筑职业技术学院
	河北大学	北京交通大学		
		兰州交通大学		

通过分析各校对“工程项目管理”课程的描述，对比各校课程学习目标、课程特色、教学大纲等信息，发现同济大学丁士昭教授主持的“工程项目管理”MOOC 课程重视基本理论、基本知识和基本技能的教学，系统性强，属国家精品课程，“学习强国”平台上也提供了全套 MOOC 教学视频。鉴于同济大学开设的 MOOC 具有诸多优势，确定其作为浙江学院土木工程专业三年级学生的线上学习资源。

由于 MOOC 的大规模和开放特征使得 MOOC 的学习者人数过多且学习者差异太大，教师无法为有需要的学习者提供及时、优质、个性化的学习指导服务，且工程项目管理课程具有较强的理论性和实践性，为了达成理想的教学效果，需要构建合理的教学模式[5-8]。教学模式是组织教与学，实现教学目标的重要途径。教师对教学模式的选择、运用，是在师生互动中促进学生进行概念学习、发展创新思维、增强问题解决能力、团队协作精神以及形成正确社会角色意识的重要环节。

二、线上线下混合式教学模式构建

本课程依据教学重构的理论基础、教学设计共同的基本要素以及布鲁姆教学目标分类理论，采用线上线下混合式教学方法构建教学模式。教学重构的理论基础包括：检索性学习理论、精熟学习理论、双主教学理论和连通主义学习理论[6]。教学设计共同的基本要素是：教学目标分析、学习者特征分析、教学环境设计、教学模式和策略的选择与设计以及教学设计结果的考评(教学评价)[6]。线上线下混合式教学模式将 MOOC 教学方法和教学视频融入课堂教学环节，作为传统教学模式的一种补充。线上线下混合式教学流程如图 1 所示。

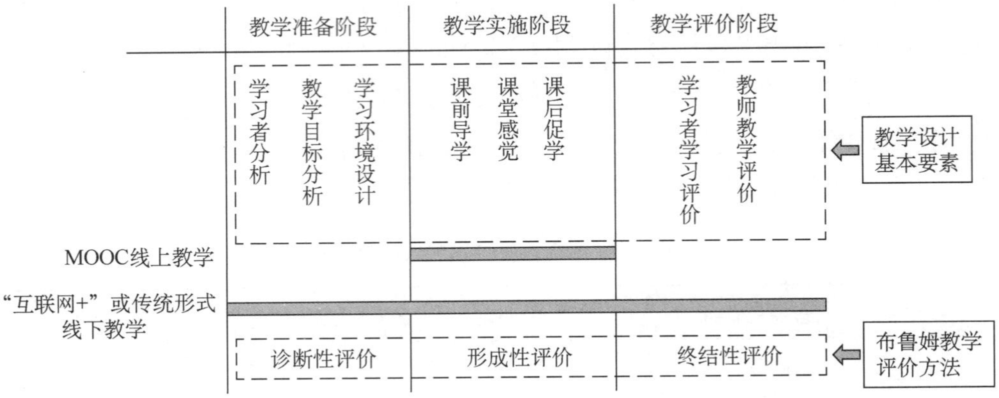

图1　线上线下混合式教学流程

图1表示教学过程包括教学准备、教学实施和教学评价三个阶段。当前形势(停课不停学)下,教学实施阶段采用MOOC线上教学手段,“互联网＋”或者传统教学手段主要用于教学准备阶段和教学评价阶段,也可作为线上教学方式的补充。无论采取何种教学手段,各阶段的教学仍然包含传统的教学基本要素及传统的教学评价方法。

布鲁姆教学评价贯穿整个课程学习过程,总称为过程评价,包括诊断性、形成性和终结性评价。诊断性评价是为了解学生是否具有教学目标所必需的基础知识和技能[9],在学期开始或开始前对学生进行的“已有必要学习”“现有情感状态”和“一般认知能力”的调查;形成性评价在于了解教学的结果,探究教学所存在的问题,以便对教学工作进行调整,其指导思想是采取频繁的反馈,对学生进行适当的帮助;终结性评价是为了解学生通过一学期的学习,是否达到教学总目标的要求,确定学生达到的水准和彼此间的相对地位,作为比较全面的总结性评定。终结性评定同时具有对教师的反馈作用。结合一级注册造价师考试需求的教学评价,根据布鲁姆的“以目标达成度为中心,注重适应并发展每个人能力”的教学评价理论,采用诊断性、形成性和终结性三阶段评价方法,最终评分以课外实践或延展性评价、形成性评价和终结性评价得分(百分制)的20%,40%和40%计入百分制总成绩。

三、线上线下混合式教学模式实施

以课程第1章“工程项目管理概论”为例,教师结合线上MOOC教学视频和教材[10],在线下准备教案,总结过去二十多年的教学经验、相关参考资料和学生的认知规律[11-12],明确教学目的、教学内容、达成目标之后,整理文档给学生作为课前准备或课堂导学的补充(表2)。

表 2 “第 1 章　工程项目管理概论”教学作用及主要内容和建构知识体系表

<table>
<tr><td colspan="3">1 工程项目管理概论</td></tr>
<tr><td colspan="3">教学目的:对整个课程的引导</td></tr>
<tr><td rowspan="3">1.1
讲解教学内容</td><td>1.1.1</td><td>分析项目的含义和特点</td></tr>
<tr><td>1.1.2</td><td>解释“工程管理”和“工程项目管理”的基本概念</td></tr>
<tr><td>1.1.3</td><td>分析项目实施的各参与方(投资方、开发方、设计方、施工方等)项目管理的任务和特点</td></tr>
<tr><td>1.2
建立知识结构</td><td colspan="2">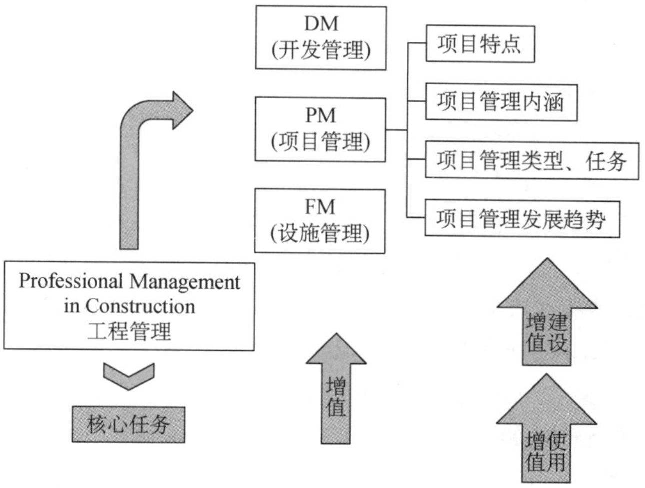
</td></tr>
<tr><td rowspan="5">1.3
掌握知识点</td><td>1.3.1</td><td>没有明确目标的建设工程不是项目管理的对象</td></tr>
<tr><td>1.3.2</td><td>工程管理包括的范畴及核心任务</td></tr>
<tr><td>1.3.3</td><td>工程项目管理的含义</td></tr>
<tr><td>1.3.4</td><td>项目各参与方管理的目标和任务</td></tr>
<tr><td>1.3.5</td><td>项目全生命周期管理的含义和意义</td></tr>
</table>

线上教学时,学生以 MOOC 视频为主,重点学习表 2 中所列的教学内容。视频之后,针对表 2 中的学习目标(知识结构和知识点)可进行形成性教学评价(图 1),如果不达标可进行线上或线下辅导,让学生知晓在项目管理学中,项目是指一个过程,而不是过程完成后形成的成果,项目管理的任务是对这个过程进行控制和管理,即项目管理的核心任务就是项目的目标控制[10]。

四、结语

不管是疫情当下,还是互联网的发展,不管是从国家高等教育的最终目标,还是从学生自我成长的需求来讲,现阶段 MOOC 平台下的教学势在必行。根据工程项目课程的具体要求，选择“学习强国”平台中的工程项目管理课程的MOOC。以学生为中心、因材施教，采用线上MOOC教学和线下的讨论和工程实践的混合式教学将有助于提高教学效果、合理利用学习时间。

参考文献

[1] 学堂在线. www.xuetangx.com. [2020-02-06].
[2] 中国大学MOOC. www.icourse163.org. [2020-02-06].
[3] 智慧树. www.zhihuishu.com. [2020-02-06].
[4] 学银在线. http://xueyinonline.com/. [2020-02-06].
[5] 殷子寓. MOOC学习者学习效果的影响因素研究[J].高等建筑教育,2019,28(3):149-157.
[6] 吴美玉,易祯,王聿良.MOOC+SPOC混合教学模式重构研究[J].教学研究,2019,42(6):80-85.
[7] 张晓芹.高校体验式创新实践教学模式的构建与实施[J].教学研究,2016,39(1):93-97.
[8] 王怡,房琳.基于学生自主学习能力培养的建构主义教学模式探究[J].教学研究,2018,41(4):4-11.
[9] 杨小峻.布鲁姆的教学评价理论及其现实意义.咸阳师范学院学报,1995(5):52-55.
[10] 丁士昭.工程项目管理[M].北京:高等教育出版社,2017.
[11] 贾广社,崔家滢,刘东.以学习者为中心的MOOC建设模型探新——以工程项目管理MOOC为例.高等工程教育研究,2019(2):194-200.
[12] 吴式颖,李明德.外国教育史教程[M].3版.北京:人民教育出版社,2015.

以微信公众号为平台的微课结合 PBL 教案在耳鼻咽喉头颈外科教学中的初步探索*

◎ 车　娜　金　玲　刘双喜　杨　军　褚旭霞　余少卿

摘　要　本文探讨了以微信公众号为平台的微课结合以问题为基础的学习(Problem Based Learning，PBL)教案在耳鼻咽喉头颈外科教学中的应用及效果。选取 2013、2014 级同济大学医学院临床医学专业学生共 79 人，2014 级 38 名学生为 A 组(实验组)，2013 级 41 名学生为 B 组(对照组)，A 组采用微课结合 PBL 教学法，B 组采用传统的讲授法，应用在耳鼻咽喉头颈外科咽喉部分教学(共 6 个学时)。通过教学满意度评分、随堂考核成绩两种方法进行评价，统计分析两组学生的得分。A 组在二项观察指标得分均高于 B 组，二者差异有统计学意义($P<0.05$)。可见以微信公众号为平台的微课结合 PBL 教案在耳鼻咽喉头颈外科咽喉部分教学中取得较好的教学效果，值得推广。

关键词　耳鼻咽喉头颈外科学　微信公众号　微课　PBL 教案

随着医学教学方法的改革深入，教育专家认识到传统教学方法有一定缺陷，新的教学方法尤其是以问题为基础的学习(Problem Based Learning，PBL)教学法已在多学科的教学中体现出优势，但是也存在着“水土不服”的现状[1]。我们有必要探索符合我国国情的 PBL 教学方式，促进 PBL 教学质量的提高[2]。由于耳鼻咽喉头颈外科的解剖特点及疾病特点，传统讲授法传授相关知识点难度较大，耳鼻咽喉头颈外科在大部分医学院校中为选修课或考察课，课时紧张，知识面较宽广。为了达到更好的教学效果，我院在耳鼻咽喉头颈外科咽

---

* 同济大学附属同济医院教学改革基金，编号：2016JGKT01。

作者简介　车娜，同济大学附属同济医院耳鼻咽喉头颈外科，主治医师，硕士。
金玲，同济大学附属同济医院耳鼻咽喉头颈外科，硕士。
刘双喜，同济大学附属同济医院耳鼻咽喉头颈外科，硕士。
杨军，同济大学附属同济医院教育处，硕士。
褚旭霞，同济大学附属同济医院教育处，本科。
余少卿，同济大学附属同济医院耳鼻咽喉头颈外科，博士后，本文通讯作者。

喉部分教学中进行改革，采用以微信公众号为平台的微课结合 PBL 案例的教学方法，并探讨其教学效果。

一、对象与方法

1. 研究对象

选取 2013、2014 级同济大学医学院临床医学专业学生共 79 人，2014 级 38 名学生 A 组（实验组），2013 级 41 名学生为 B 组（对照组）。

2. 实验方法

A 组采用的是以微信公众号为平台的微课结合 PBL 教学法，B 组采用的是传统的讲授法，应用在耳鼻咽喉头颈外科咽喉部分教学（共 6 个学时）。

A 组以微信公众号为平台的微课结合 PBL 案例具体实施：①耳鼻咽喉头颈外科教研室录制了“急性会厌炎”“咽喉部的检查法”微课，创建微信公众号（图 1），将微课发布在公众号上推送给学生，学生线上预习，对耳鼻咽喉头颈外科急重症“急性会厌炎”和咽喉部的解剖及检查法有初步了解。②教研室编写了 PBL 教案“不一样的咽喉痛”，同步发布在微信公众号上，学生可以提前熟悉案例（图 2）。③在课堂上引导同学，从咽喉部分的解剖开始分析，将咽喉部分的疾病通过 PBL 案例“不一样的咽喉痛”这个以症状命名的案例进行学习，将咽喉部分疾病的诊断、鉴别诊断等内容进行了统一学习，培养学生的临床思维。

图 1　微课示意图

图 2　PBL 案例示意图

B 组采用传统讲授法：咽喉部解剖学习，咽喉部疾病学习，咽喉部检查法学习。

3. 评价方法

采用教学满意度评分、随堂考核成绩两种方法进行评价，总分均为 100 分。

4. 统计方法

应用 SPSS 22.0 统计软件，两组数据间对比采用随机对照 t 检验，$P<0.05$ 时差异有统计学意义。

二、结果

A 组学生的教学满意度、随堂考核成绩均高于 B 组，二者差异有统计学意义，$P<0.05$（图 3）。

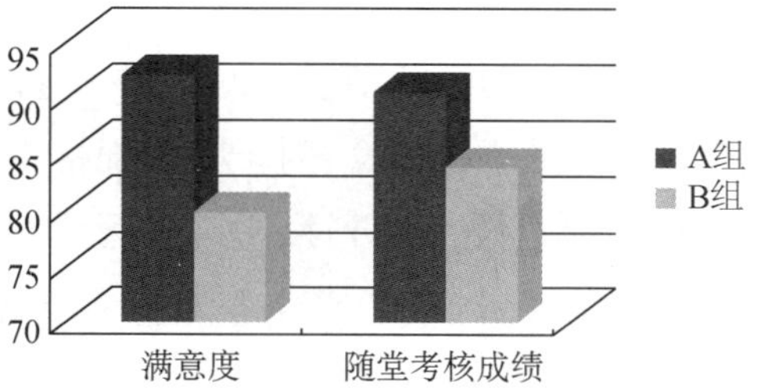

图 3　微课结合 PBL 案例与传统讲授法效果比较图（单位：分）

三、讨论

1. 耳鼻咽喉头颈外科教学面临的问题

随着近年来各大医学院校临床医学专业调整，我国的耳鼻咽喉头颈外科教学存在以下问题：①繁多的课程内容与教学时数不匹配，我院耳鼻咽喉课时数仅有 34 学时，但是耳鼻咽喉头颈外科的教科书（第八版）共 9 篇，84 章，454 页；②解剖复杂，多数解剖隐匿复杂，不够直观，学习难度大；③学生重视程度不够，认为耳鼻咽喉头颈外科是专科，不一定会从事该专业，将来用到的可能性小[3]。但实际上，耳鼻咽喉头颈外科是掌管呼吸通道的第一道门槛，在三级医院的重大抢救、全院性会诊中，耳鼻咽喉头颈外科医师是必到现场的，我们是上呼吸道通畅的有力保障，如果患者发生“喉梗阻”，死亡率极高。

在医学发展日新月异的时代，正确选择和深化教学方法改革，有助于教学水平的提高和教育目的的实现[4]。常规的 PBL 教学法，是以医学生为主体，以小组讨论为形式，在辅导教师的参与下，围绕某一医学专题或具体病例的诊治等问题进行研究的学习过程，是强调以医学生为主体，提倡以发现问题、解决问题为目的的启发、讨论式教学[5]。但在实际操作时师生常常受到时间协调及教室等空间的限制而无法充分展开问题。其次，PBL 教学要求教师具备严密的逻辑思维和良好的组织管理的能力，能控制课堂节奏；要求学生具有良好的自主学习能力及自制力，师生均需要利用大量时间准备资料[6-7]。在准备资料过程中医学生如果出现偏离 PBL 教案的教学主题时，会大大降低 PBL 教学的实际效果。因此，在 PBL 教学的实践过程中，尤其学时较少的科目中开展时，需要根据实际情况进行调整，提前做一些引导性的工作。微课即以媒体形式展示的围绕某个知识点或教学环节开展的简短、完整的教学活动。其目的是教师通过精心的设计，使医学生的自主学习获得最佳效果[8]，它的优点是短小精悍，可随时反复观看，效果立竿见影；缺点是知识是碎片化、不系统，不适合长期学校教学，可以作为学校教学的辅助手段。

2. 以微信公总号为平台的微课结合 PBL 案列的优势

①可以部分解决课时数不足的问题，突破了传统教学的时空限制，实现教学的可重复性、自主性。②通过微课及 PBL 案例，有助于调动学生的学习兴趣。通过“咽喉部的检查”微课，让医学生对复杂的咽喉部解剖有了立体概念，对于咽喉部检查有了直观的认识；通过“急性会厌炎”微课，让医学生明白了本学科的重要性，提高了医学生的学习兴趣，多数医学生均表示在微课“急性会厌炎”后第一次听说“咽喉痛会痛死人”！课后问题“为什么会死亡?”及“如何死亡?”带着这些问题，学生会更有兴趣进行“不一样的咽喉痛”PBL 案例的学习分析。达到了以“急性会厌炎”“咽喉部的检查”微课为引导，以 PBL 案例为拓展和延伸的教学方法。③培养学生的临床思维，在保证教学质量的前提下充分挖掘了学生的学习潜力，培养了医学生自主学习的能力，提升了医学生发现问题、解决问题的能力；提高了课堂效率，通过解剖、检查、案例的讲解，将咽喉痛的诊断、鉴别诊断进行了统一学习，培养了学生的临床思维。④依托微信网络平台，学生可借助手机随时随地学习相关课程，根据自己的情况安排学习时间、选择学习内容，便于学生进行自主学习[9]。

3. 微课结合 PBL 案例教学法的思考

微课结合 PBL 案例教学法也存在一些不足，还需要不断改进和完善：学生观看微课的效果很难控制，自律性差的学生、自主学习能力差的学生可能在播放微课的时候做其他事情，并未真正投入学习中，导致学习效果较差，为解决这一问题，进一步提高医学生的自律性及自主学习能力，我们尝试在微课后通过问卷星设计了配套试题，督促学生学习完微课后，进行小测验，考察学习效果；PBL 教学法对教师的专业知识水平、计算机应用能力、心理学知识及课堂掌控能力提出了更高的要求，但是耳鼻咽喉头颈外科教师大多由临床医生担任，承担着繁重的医疗工作，因此，制作高品质的微课、编写高质量的 PBL 教案，而且微课的内容需要与 PBL 教案有一定的衔接性，这需要付出更多努力，故此目前仅有一个案例，并未在全部课程中进行改革。

在耳鼻咽喉头颈外科咽喉部分教学中开展以微信公众号为平台的微课结合 PBL 案例教学法，与传统授课法比较，取得了较好的教学效果，但本研究样本量有限，教学效果评估标准尚存一定的局限性，需要在其他部分的教学中进一步验证。

作者贡献说明：车娜负责“急性会厌炎”微课制作、PBL 案例的编写及课程执行；余少卿负责课程总体设计，提出专业发展建议；金玲负责咽喉部检查法微课制作；刘双喜协助课程的执行；杨军负责微课及 PBL 案例的审阅；褚旭霞负责医学生的分组安排。

参考文献

[1] 葛荣明,邱海鸥,金玲.耳鼻咽喉头颈外科教学中的10项教学改革举措[J].临床耳鼻咽喉头颈外科杂志,2011,25(22):1009-1011.

[2] 梅文瀚,马骏,张蕾,等.临床医学专业学生以问题为基础学习评分结果的比较分析[J],中华医学教育杂志,2016,36(3):413-415.

[3] 孔维佳,乐建新,陈建军,等.七年制临床医学专业耳鼻咽喉科学教学体系的改革与思考[J].中国听力语言康复科学杂志,2004,23(1):10-13.

[4] 冯慧娟.现代教学方法改革的趋势[J].卫生职业教育,2005,23(1):67-68.

[5] 董樑,周澄蓓,胡冰.关于中澳医学教育中"问题导向学习"教学模式应用的比较与启示[J].西北医学教育,2015,23(6):967-970.

[6] 刘云儒.PBL 教学法在医学教育中的应用及存在的问题[J].中国科教创新导刊,2010(16):149.

[7] DEMIROREN M, TURAN S, OZTUNA D. Medical students'self-efficacy in problem-based learning and its relationship with self-regulated learning[J].Med Educ Online,2016,21(3):30049.

[8] 李育娴,张介平,秦颖,等.微课在高等医学教育中的应用和体会[J].基础医学与临床,2015,35(10):1443-1446.

[9] 沈林霞,马青变.基于微信平台的微课教学在急诊专科培训中的应用研究[J].中华医学教育探索杂志,2017,16(4):411-414.

“双一流”术语英译接受度调查*

◎ 叶雨薇　徐雪洋　杨飞悦

摘　要　“双一流”建设是在2015年所提出的高校建设新方案。当前,“双一流”的术语翻译存在多种版本,官方的英译版本并没有得到广泛使用和普及。据此,本文对“双一流”的术语各种翻译版本的接受度展开调研。最后建议术语翻译应该采用官方提供的版本,以促进国际学术交流。

关键词　双一流　术语英译　接受度

“双一流建设”是“世界一流大学和一流学科建设”的简称。“双一流”的术语翻译除了官方版本“Double First-Class”外,中国知网上还能查到其他五种表达:“Double World-Class”“Double Tops”“Double First-Class”“Double First-Rate”与“First-Class” (表1)。[1-9]本文就“双一流”术语的各种英译的接受度进行调查。

表1　“双一流”不同英译方式在知网的出现次数

被引次数最多作者	期刊名称	单位	翻译方式
周光礼	教育研究,2016-05期	中国人民大学教育学院	Double World-Class
侯甲子等	教育教学论坛	吉林大学材料科学与工程学院	Double Tops
马廷奇	国家教育行政学院学报,2016年-09期	武汉理工大学	Double First-Class
徐健晖	大学图书情报学刊,2017-02期	长沙环境保护职业技术学院	Double First-Rate
刘勇	图书情报工作,2017-09期	浙江农林大学图书馆	First-Class

* 本文系华东理工大学2016年全国艺术科学规划项目“中国少数民族电影翻译及其数据库建设”(16BC035)、2019年度USRP、本科教育教学改革项目“大学生英语教学案例库建设及课堂运用研究”以及继续教育发展项目“成人教育英语教学案例库建设及课堂教学运用实践”的阶段性成果。

作者简介　叶雨薇,华东理工大学资源与环境工程学院环境工程系2018级本科生。
徐雪洋,华东理工大学资源与环境工程学院环境工程系2018级本科生。
杨飞悦,华东理工大学化工学院油气储运工程系2018级本科生。

（续表）

翻译方式	在知网出现的总次数	首次使用	作者单位
Double World-Class	125	王洪才.重庆高教研究,2016-01 期	厦门大学教育研究院
Double Tops	71	翟亚军,朱志媛.高等理科教育,2016-01 期	华北电力大学高等教育研究所
Double First-Class	667	蔡宗模,吴朝平,杨慷慨.重庆高教研究,2016-01 期	重庆文理学院期刊编辑部
Double First-Rate	725	郑波.北京教育(高教)2016-03 期刊	中国传媒大学教务处
First-Class	223	蔡宗模,吴朝平,杨慷慨.中国高等教育学会院校研究分会会议论文集	重庆文理学院期刊编辑部

一、研究方法及研究过程

（一）研究方法

本研究主要采用定量定性相结合的方法对“双一流”术语的英译及其英译接受度展开调查。具体情况如下。

(1) 首先采用文献法,通过查询中国知网数据库,了解“双一流”的不同翻译方式,并列表比较使用率。同时,查找与本课题相关的文献阅读了解。

(2) 运用问卷调查法,设计问卷,通过大范围的抽样调查,获得有关“双一流”概念的大众认可度与了解度、对于术语不同翻译方式的接受度等原始数据,为统计分析作基础。

（二）研究过程

我们首先以“双一流”为核心,从民众了解度、民众认可度、术语不同英译方式接受度入手进行问卷设计。本问卷共设 11 个问题,这些问题包括受访者基本信息、是否认可并了解“双一流”及了解途径、更认同的翻译方式与选择依据等。

之后我们对问卷的信度和效度进行检测。随机抽样 10 份问卷进行信度分析,得到克隆巴赫系数为 0.671,大于 0.6,说明此问卷结果可以接受。将问卷进行效度分析,得到 KMO 值为 0.642,大于 0.6,说明结构效度较好。巴特利特球形度检验显著值为 0.000,说明数据适合做因子分析。

我们选择不同身份、不同地区的人们作为调查对象收集数据,并将全部调查对象分为“学生”“教育相关工作者”与“社会其他工作人士”三个群体分别分析。我们通过问卷星发放问卷,本次调查共回收 401 份问卷,其中有效问卷为 399 份,问卷有效率为 99.5%。

二、研究结果及分析

本次调查结果显示:①城市化程度高的地区较小城市而言,对“双一流”翻译的官方术语的了解程度比例略低。②总体而言,知晓“双一流”官方翻译的人并不多,尤其是教师与研究生,对此了解甚少。③“双一流”学校的师生较“非双一流”学校师生而言,对于官方英译的了解度更高。④选择“双一流”翻译时,大多数人的选择依据是“凭语感”进行选择。

具体结果和分析如下。

(一) 不同地区受访者对“双一流”英译的选择

在问卷调查中,我们发现不同地区的受访者对于翻译的选择情况有所不同,呈现出城市化、国际化程度越高,对官方英译了解越少的现象。

从生活地区来看,北上广深、港澳台地区与其他省会城市对于官方术语的知晓度没有非省会地区高。如表2所示,北上广深、港澳台地区与其他省会城市选择率最高的选项并非官方选项,非省会地区则对于官方翻译的选择率较高,但东北地区与华北地区也出现了对官方翻译零选择。由此可见民众对“双一流”术语的关注普遍不高,并且城市化程度越高的地区对其的了解更少。城市化程度越高的地区,人们对于未来发展的选择面更加广泛,是否考上“双一流”大学并不是传统思想中“决定命运”的因素。而在城市化程度不高的地区,传统思想的保留度也较高,更好的学历是帮助人们争取未来诸多机遇的一种途径。因此会出现“地区城市化度越高,对‘双一流’了解越少”的现象。

表2 不同地区受访者对“双一流”英译的选择

英译 地区	Double World-Class	Double Tops	Double First-Class	Double First-Rate	First-Class	其他	小计
北上广深	35(20.35%)	50(29.07%)	50(29.07%)	25(14.53%)	11(6.40%)	1(0.58%)	172
其他省会城市(除选项1外)	25(24.75%)	28(27.72%)	24(23.76%)	18(17.82%)	6(5.94%)	0(0.00%)	101
东北地区非省会城市	3(60%)	1(20%)	0(0.00%)	1(20%)	0(0.00%)	0(0.00%)	5
西北地区非省会城市	9(18%)	13(26%)	17(34%)	7(14%)	4(8%)	0(0.00%)	50
华北地区非省会城市	0(0.00%)	1(16.67%)	0(0.00%)	5(83.33%)	0(0.00%)	0(0.00%)	6
华东地区非省会城市	10(26.32%)	6(15.79%)	17(44.74%)	4(10.53%)	0(0.00%)	1(2.63%)	38

（续表）

英译 地区	Double World-Class	Double Tops	Double First-Class	Double First-Rate	First-Class	其他	小计
华中地区非省会城市	0(0.00%)	3(23.08%)	4(30.77%)	4(30.77%)	1(7.69%)	1(7.69%)	13
华东南地区非省会城市	0(0.00%)	0(0.00%)	4(80%)	1(20%)	0(0.00%)	0(0.00%)	5
西南地区非省会城市	2(40%)	1(20%)	2(40%)	0(0.00%)	0(0.00%)	0(0.00%)	5
港澳台地区	0(0.00%)	1(25%)	1(25%)	0(0.00%)	2(50%)	0(0.00%)	4

（二）不同身份受访者对“双一流”英译的选择

在所有受访者中，除初、高中生与其他社会工作者，其他人群对官方英译的了解度都不高。或许是初、高中生面临将来的升学压力，对相关政策的文件阅读量更多，而一部分社会工作者作为这些学生的家长，也对其多有了解。

表3呈现了不同身份对术语英译的了解度差异，研究生以上及教育相关工作者对于官方英译方式最不了解；初、高中生与其他社会工作者对官方翻译最为了解；大学生对官方英译了解程度一般。初、高中学生有将来升学择校的需求，而一大部分其他社会工作者也是中学生的父母，因此对于“双一流”相关政策与文件了解程度较高，见过官方翻译形式的机会也较大。大学生、研究生及以上与教育工作者对于学校的归宿大多已尘埃落定，因此在官方术语翻译的选择上正确率偏低。

表3　不同身份受访者对“双一流”英译的选择

英译选择 受访者身份	Double World-Class	Double Tops	Double First-Class	Double First-Rate	First-Class	其他	小计
初、高中学生	11(28.21%)	9(23.08%)	12(30.77%)	6(15.38%)	0(0.00%)	1(2.56%)	39
大学生	27(18.75%)	37(25.69%)	39(27.08%)	30(20.83%)	10(6.94%)	1(0.69%)	144
研究生及以上	4(12.12%)	14(42.42%)	8(24.24%)	5(15.15%)	2(6.06%)	0(0.00%)	33
教育相关工作	7(30.43%)	4(17.39%)	7(30.43%)	3(13.04%)	2(8.70%)	0(0.00%)	23
其他社会工作者	35(21.88%)	40(25%)	53(33.13%)	21(13.13%)	10(6.25%)	1(0.63%)	160

（三）受访者所处学校是否为“双一流”对“双一流”英译的选择

对于大学生、研究生与教育相关工作者这三类受访者而言，“双一流”学校的师生对官方英语了解度更高。

表 4 体现了所处学校对术语英译的了解度差异，此题针对大学生、研究生及以上与教育相关工作者进行统计。数据表明，“双一流”学校的学生对于官方英译方式的选择率更高，可见“双一流”大学的在校师生对自身高校建设的相关政策更为关注，“双一流”大学对其在校师生的宣传工作也是提高师生对“双一流”关注度的原因之一。

表 4　受访者所处学校对“双一流”英译的选择

英译 / 是否为“双一流”学校	Double World-Class	Double Tops	Double First-Class	Double First-Rate	First-Class	其他	小计
是	20(19.42%)	27(26.21%)	29(28.16%)	19(18.45%)	7(6.80%)	1(0.97%)	103
否	18(18.56%)	28(28.87%)	25(25.77%)	19(19.59%)	7(7.22%)	0(0.00%)	97

（四）“双一流”术语英译接受度调查及五种翻译方式比较

虽然选择官方翻译“Double First-Class”的受访者最多，但除了“First-Class”的选择率较低之外，选择“Double World-Class”“Double First-Rate”与“Double Tops”的受访者也不在少数。绝大部分受访者的选择依据是“凭语感”，而“意思是否接近”也是不少受访者选择翻译的依据。

从大众的普遍角度而言，如图 1 所示，选择官方翻译“Double First-Class”的受访者虽然最多，但也仅为 29.82%，选择率并不显著。“First-Class”由于缺少“双”的元素，因此选择率最低；选择“Double First-Rate”与“Double World-Class”的受访者也不少；而“Double Tops”凭借其简洁直观的表达方式成为除官方英译以外选择人数最多的翻译方式。从专家学者的角度来看，由表 1 数据分析可知，虽然“Double First-Class”在文献中最早被使用，但到目前为止，出现次数最多的反而是“Double First-Rate”。与一般群众的选择不同的是，“Double Tops”的使用率却非常低，仅有 3.92%。

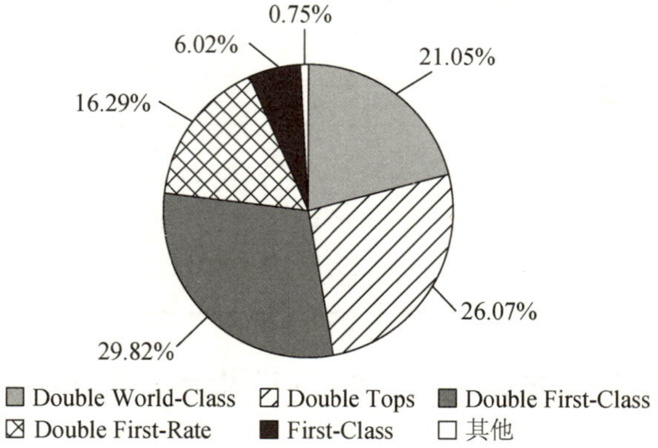

图 1　不同英译方式选择率

由图 2 可见,大多受访者都是凭语感选择的翻译方式,其次是选出意思最贴近的翻译方式,也有部分人因为翻译结构美观而做出选择,仅有 5.51%的受访者见过官方翻译。

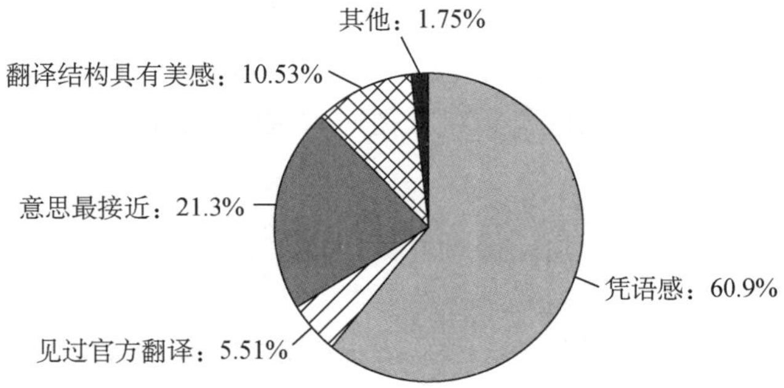

图 2　选择翻译方式的依据

五种翻译方式的存在必有其理由,但他们与官方翻译相比仍有不完美之处。如表 5 所列,"First-Class"虽然形式简洁,读起来朗朗上口,但其缺少了"双"的元素,在词义上欠考虑。"Double World-Class"能够体现建设"世界"一流大学与一流学科的目的,但"World-Class"在翻译中体现的只是"世界级"的意思,无法体现"一流"的概念。"Double Tops"形式简洁美观,也能体现出"一流大学"与"一流学科"两者兼要的意味,但"Top"常被译为"最顶端的",词义太过宽泛,无法准确呈现"一流"的概念。"Double First-Rate"是在除官方英译的其他翻译方式中意思较为贴近的选项,它与官方翻译"Double First-Class"仅一词之差,虽然两者皆能翻译成"一流",但"class"相比"rate"而言更强调"阶级"的概念,且"class"译为"等级""阶级"时大多用于描述特定群体与类群,因此相比"rate"而言更专业与正式。而"Double First-Class"作为官方英译方式,从问卷数据可以看出,其不仅在意思上最为贴切,在结构上也具美感。

表 5　选择某种翻译方式的原因

X\Y	凭语感	见过官方翻译	意思最接近	翻译结构具有美感
Double World-Class	53(63.10%)	3(3.57%)	19(22.62%)	9(10.71%)
Double Tops	65(62.5%)	3(2.88%)	24(23.08%)	10(9.62%)
Double First-Class	70(58.82%)	8(6.72%)	29(24.37%)	11(9.24%)
Double First-Rate	40(61.54%)	7(10.77%)	10(15.38%)	7(10.77%)
First-Class	14(58.33%)	1(4.17%)	3(12.5%)	5(20.83%)
其他	1(33.33%)	0(0.00%)	0(0.00%)	0(0.00%)

三、结语

"双一流"的官方英译方式为"Double First-Class",在所有翻译方式中,民众对其的接受度最高。它的意思最贴近,结构上也具有美感,体现了术语翻译的专业性。我们建议中国知网上更多学术期刊的“双一流”翻译应该统一并规范,最好采用官方提供的术语翻译。毕竟术语翻译的规范与统一,代表我国学术界严谨细致的形象,彰显中国特色,同时能够进一步促进国内外学术交流。

感谢华东理工大学外国语学院吴碧宇教授对本课题研究的悉心指导。

参考文献

[1] 蔡宗模,吴朝平,杨慷慨,等.全球化视野下的“双一流”战略与地方院校的抉择[J].高等学校文科学术文摘,2016(2):196-196.

[2] 侯甲子,窦艳丽,孙国恩,等.“双一流”背景下《聚合物材料研究方法》双语教学实践与探索[J].教育教学论坛,2019(25): 103-105.

[3] 刘勇.“双一流”建设背景下高校图书馆服务 ESI 学科建设的内容与策略[J].图书情报工作,2017(9): 53-58.

[4] 马廷奇.“双一流”建设与大学发展[J].国家教育行政学院学报,2016(9):9-14.

[5] 王洪才.“双一流”建设的重心在学科[J].重庆高教研究,2016(1):7-11.

[6] 徐健晖.“双一流”建设背景下高校图书馆学科服务创新研究[J].大学图书情报学刊,2017(2):55-58.

[7] 翟亚军,朱志媛.新理念:关于我国大学学科建设问题的若干思考[J].高等理科教育,2016(1):27-30.

[8] 郑波.围绕“双一流”建设创新我国高等教育管理体制机制[J].北京教育(高教),2016(3):8-11.

[9] 周光礼.“双一流”建设中的学术突破——论大学学科、专业、课程一体化建设[J].教育研究,2016(5): 72-76.

高校管理

大数据时代高校教师数据素养现状调查与策略研究

——基于重庆六所高校的调查分析*

◎ 胥 炜

摘 要 数据素养是大数据时代高校教师必备的核心素养之一,同时也是高校教师改进教学方式方法,制定教学决策,开展个性化教学的重要依据之一。文章通过问卷调查对重庆市6所高校教师数据素养认知、数据需求、数据获取和组织方式、数据处理和评价方式进行分析。研究发现,高校教师对大数据时代数据作用持肯定态度,但是数据素养意识淡薄;高校教师大数据分析和处理技能较弱,而且获取数据方式较为传统。高校应通过完善教师数据素养培训机制、评估考核机制、打通数据开放共享渠道、搭建数据学习共同体等途径改善高校教师数据素养现状。

关键词 教育大数据 数据素养 高校教师

国务院于2015年9月印发了《促进大数据发展行动纲要》,明确指出要建立“用数据说话、用数据决策、用数据管理、用数据创新”的决策管理机制[1]。2016年教育部颁布的《教育信息化“十三五”规划》指出,要“提升教师的信息素养”,培养教师利用大数据开展教学分析和学习情况分析,并针对学生个性特征因材施教的教学能力”[2]。由此可见,国家高度重视大数据开发与应用,特别是在教育领域如何有效应用大数据资源为教育教学服务。

随着大数据时代的来临,教育领域内每时每刻都产生着海量与教育教学息息相关的静态和动态数据。深度挖掘隐藏在数据背后的丰富价值,以此为高校教育教学提供实践依据,构建高水平人才培养体系,全面提升人才培养质量,这将成为大数据时代高校教师面临的巨大挑战和机遇。

* 2018年度重庆市社会科学规划博士项目“基于协同育人的高校课程思政实践路径研究”(项目编号2018BS102)。

作者简介 胥炜,重庆工商大学发展规划处讲师,教育学博士,主要从事高等教育研究。

一、高校教师数据素养内涵

对于数据素养的界定，目前尚未达成共识，研究者们普遍通过以下三个维度来反映数据素养：①能够理解、使用和管理科学数据的能力[3]；②对教学数据具有高度的敏锐性，深知教育教学数据的重要意义，熟知数据的来源渠道，并熟练掌握数据收集方式和处理方法，关注教师、行政管理人员和学生在工作和学习中产生的各类数据[4]；③对数据收集、分析、处理并能有效利用数据进行决策的能力。

高校教师包括专业技术岗位、管理岗位和工勤技能岗位三类主要人员[5]。有研究者认为，高校教师为从事教学工作的专职教师以及来自企业的兼职教师。本研究的高校教师指在高校担任教学工作的专职教师，在高校中占比最大，某种程度而言，决定着高校人才培养的质量。

数据素养是大数据时代高校教师必备的核心素养之一，同时也是高校教师改进教学方式和教学方法，制定教学决策，开展个性化教学的重要依据。对于高校教师数据素养的概念，本研究引用美国数据质量运动的教师数据素养的定义，“高校教师根据专业角色和应当承担的责任，持续有效并且符合伦理道德地通过正规渠道合理获取、解释和运用来自学校内部的各种数据，通过这些数据制定个性化的教学方式，从而提高学生的学习能力和生存能力”。[6]

二、调查工具与对象

（一）问卷的编制与测量

本研究采用问卷调查法，自编高校教师数据素养调查问卷。运用文献法、访谈法和要素分析法初步确定 5 个维度共计 48 个项目。为了保障问卷质量，在正式测试之前进行了预测，通过预测对项目进一步筛选，运用 SPSS 22.0 进行统计分析，经过多次筛选，删掉负荷因子小于 0.4 的 15 个题目，最终保留 33 个项目作为正式问卷的选项。

（二）研究对象

数据来源于 2018 年 9—10 月对重庆大学、西南大学、重庆邮电大学、重庆工商大学、重庆医药高等专科学校等六所大学进行问卷调查和访谈。调查过程如下：第一，在综合考虑学校性质、学校类型等因素基础上选择学校；第二，对调查人员进行培训，以便能够准确传达试题的本义；第三，问卷回收后，进行筛选，剔除无效问卷。本次调查共发放问卷 390 份，其中回收有效问卷 344 份，问卷有效回收率为 88%。研究样本的基本信息：男教师 130 人,占 37.79%,女教师 214 人,占 62.21%。本文将调查对象——高校教师按职称分为四类:教授、副教授、讲师、助教,各自比例分别是:教授 4.65%,副教授 14.53%,讲师 53.49%,助教 27.33%,人员构成包含了高校四个职称级别和 13 种学科门类。调查结果基本反映了高校不同职称、不同专业、不同年龄结构教师的数据素养基本状况。本研究所揭示的高校教师数据素养现状,对提高大数据时代高校教师的数据素养具有现实意义和借鉴价值。

三、调查结果与分析

(一) 数据素养意识状况

1. 数据素养认知

调查数据显示(表 1),29.65%的高校教师“了解”我国大数据发展战略,其中仅有 1.16%的高校教师“非常了解”;仍有 46.51%的高校教师对大数据发展战略“不了解”;22.67%的高校教师对大数据发展战略处于“一知半解”的状态。总体而言,高校教师对数据发展战略不甚了解,这将影响高校教师对数据的运用。

表 1　高校教师对大数据战略的认知

大数据发展战略认知	频率	百分比
非常了解	4	1.16%
了解	102	29.65%
不了解	160	46.51%
非常不了解	78	22.67%

2. 教学信息收集的重要性认知

当问及高校教师认为收集各种教学相关数据进行分析对促进教学的作用时,如表 2 所示,有 2.33%的教师选择“没有任何作用”;有 34.3%的教师选择“有一点作用”;有 46.51%的教师选择“作用较大”;有 16.86%的教师选择“作用非常大”。调查数据显示,大部分教师认为,期末考试后做试卷分析对下一轮本课程教学有促进作用,其中有 43.02%的教师认为“作用较大”,有 15.12%的教师认为“作用非常大”,但是仍有 3.49%的教师认为“没有任何作用”。总体而言,绝大部分教师认识到教学信息收集对教学的促进作用。通过交叉列联表分析发现,性别、年龄、职称与教学信息收集重要性认知没有显著性差别。

表 2　教学信息收集的重要性认知

教学信息收集的重要性认知	频率	百分比
没有任何作用	8	2.33%
有一点作用	118	34.3%
作用较大	160	46.51%
作用非常大	58	16.86%

（二）数据需求分析

1. 在教学过程中运用数据分析改进教学的需求分析

调查数据显示，73.26%的高校教师认为，在教学过程中运用数据分析对改进教学方式方法、教学内容、教学进度有帮助，其中 23.26%的高校教师在教学过程中对运用数据具有“强烈需求”；有 3.49%的教师认为“没有必要”在教学过程中运用数据。这主要因为这部分教师不太了解数据发展战略，对数据运用不熟悉，也还未认识到其重要性。访谈中了解到，一部分教师对大数据战略不了解。

2. 在教学过程中教学数据支撑意愿分析

调查数据显示，有 68%的高校教师“愿意”在教学过程中收集教学数据综合评判学生，其中有 9.6%的高校教师“有强烈意愿”在教学过程中收集教学数据作为评判学生的依据。但是仍然有 7.6%的高校教师表示“不愿意”在教学过程中收集教学数据，他们认为对学生的评判不用刻意收集相关信息，平时的表现就可以知晓。此外，26.6%的高校教师认为在教学过程中收集教学数据的“意愿一般”，他们对教学数据收集意愿不太强烈。

（三）数据获取和组织分析

1. 教学科研中获取数据的方式分析

调查数据显示，在教学科研活动中，有 69.77%的高校教师使用的数据是自己收集、加工处理的；有 56.69%的高校教师使用自己收集的数据同时也使用他人的实验数据作为研究基本素材；仅有 30.23%的高校教师局限于使用他人调查结果或科学研究所获得的基础数据作为研究素材。说明大部分高校教师习惯运用自己亲手收集的数据进行教学和科研，仅有少部分的教师习惯运用静态的和动态的大数据。

图 1 为教师获取一手数据的主要途径。网络搜索和网络调查为教师获取教学和科研数据的重要方式。其次，对相关人员的访谈成为教师获取数据的常用方式。通过移动设备感知学生状态和一卡通采集数据的教师相对较少。可见，高校教师在大数据时代采集数据方式有待进一步加强，大数据时代应该着重强化运用静态的和动态的海量信息。

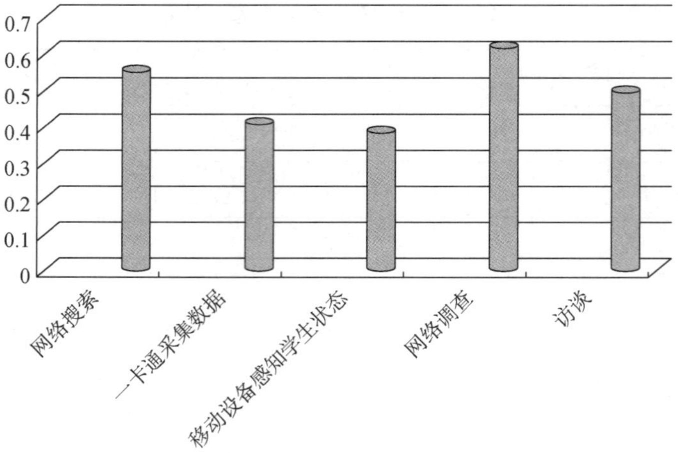

图 1　一手数据主要的获取途径

2. **数据储存方式分析**

调查数据显示，66.7%的高校教师采用传统的方式储存教学科研数据，如硬盘、U盘和移动硬盘，仅有34.3%的教师采用云盘储存数据。访谈中了解到，大部分教师对于云盘的运用还不太熟悉，习惯运用传统的方式储存教学科研数据。

（四）数据处理和评价分析

1. **数据整理方式分析**

当问及收集到的数据在使用前进行哪些整理，41.28%的教师选择“数据规范化”，14.53%的教师选择“数据清理”；40.7%的教师选择“数据整合”；仅有3.49%的教师选择“不进行任何处理”。如图2所示，大部分高校教师在数据使用之前都有对数据进行归类、整合、规范数据的良好习惯，他们深知，有序的数据对于数据使用具有重要意义。

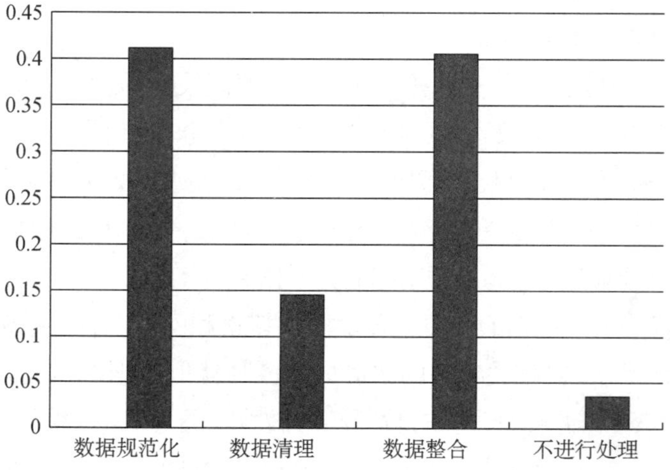

图 2　数据整理方式

2. 选用数据分析软件情况

当问及在教学和科研过程中，运用哪些现成软件进行数据分析时，46.51%的教师采用EXCEL，41.28%的教师运用SPSS分析，5.23%的教师选用SQL Server软件，2.91%的教师选用My SQL进行分析，仅有4.07%的教师选择“其他”选项。从统计结果可以看出，大部分教师采用EXCEL和SPSS分析软件。

3. 数据分析方式选择情况

调查数据显示，有23.84%的教师选择分类讨论，有8.72%的教师选择聚类分析，有16.86%的教师选择关联分析，45.35%的教师选择统计分析，仅有3.49%的教师选择预测分析，有1.74%的教师选择“其他”选项。从统计结果来看，选择预测分析的比例相对较少，选择较多的属统计分析，可见，大部分教师将收集的教学数据仅仅用于现状统计。

4. 对分析结果的运用

从描述性统计发现，对分析结果的运用，教师希望运用到“教学准备”的比例是12.21%，希望运用到“课堂教学”的比例为30.23%，希望运用到“课后作业训练”的比例为7.56%，希望运用到“科研创新”的比例为20.93%，希望运用到“教学研究”的比例为27.91%。大部分教师都希望将数据分析结果运用到课堂教学中，从某种程度上来说，高校教师较为注重教学工作。

（五）数据技能提升分析

1. 数据技能提升方式分析

调查结果显示，有61.05%的教师选择“通过网络平台进行在线学习”，“自己购买图书学习”的教师比例达46.51%，有56.98%的教师选择“向其他教师请教学习”，选择“参加校内外相关培训”的教师比例为52.91%。提升数据技能的方式选择多样化，总体而言，通过自学和向他人学习结合为主。

2. 希望学习数据分析方法

调研发现，47.67%的高校教师希望学习数据关联分析方法，58.72%的教师希望学习数据统计分析方法，44.77%的教师希望学习数据可视化分析，42.44%的教师希望学习数据预测分析，30.23%的教师希望学习文本数据分析。可以看出，大部分教师对于数据分析方法的学习需求较为强烈。

四、思考与建议

通过对重庆市六所高校教师数据素养现状的调查结果分析得出如下结论：①大数据时代高校教师已经意识到科学数据的重要意义，但是绝大部分高校教师使用数据意识较为淡薄。②高校教师对大数据时代数据作用持肯定态度，对其发展趋势较为清楚，对其利弊有一定认识。③高校教师获取数据的方式较为传统，对大数据时代的数据信息获取方式很少作深入思考。④高校教师认为教育教学过程中产生的各种动态和静态数据对教学工作和科研工作具有极为重要的意义，而且他们愿意为提高自身数据素养而努力。⑤高校教师对大数据分析和处理技能很弱，主要是由于不会使用新兴的大数据分析处理技术。

可见，重庆市高校教师数据素养整体偏弱，大数据时代数据素养亟待提升。笔者通过与大数据智能化方面的教育专家交流、访谈重庆市高校部分教师以及查阅文献等途径，提出以下三点数据素养培养的建议。

（一）政府：制定数据素养政策，为高校教师数据素养的发展提供政策保障

政府制定政策是地方高校行动的指南，如果能从政府层面着手制定数据素养政策或提供高校教师数据素养的标准，高校教师就有了行动的指南，从而能够按照政策照章执行，在实践行动层面更为有力。

政府层面从两个方面提供政策保障，其一，对教育领域的数据使用加大经费投入。例如美国在2012年政府投入2亿美元，颁布“大数据研发计划”，提出“通过正规渠道获取、处理宏大而繁杂的数据信息，从而获得对教育教学和科研工作有利的知识和技能，进而促进教育教学方式的转变”等相关任务[7]。美国耶鲁大学、哈佛大学、斯坦福大学等世界知名大学也陆续启动教育大数据相关的研究计划，欧盟在数据基础设施方面投资1亿多欧元，并将数据信息化基础设施作为Horizon 2020计划的优先领域之一[7]。我国国家发改委2012年12月将数据分析软件开发和服务列入专项指南。教育部已经出台《国家教育管理信息系统建设总体方案》，强调要构建国家层面的基础性教育数据库，以便为各级各类教育的改革发展提供数据支撑[8]。政府层面可以像国外重视数据价值一样，高度重视数据资源，不仅在政策上制订方案，而且在财政方面加大投入力度。其二，将数据素养纳入高校教师绩效考核指标。倘若将数据素养纳入考核指标，务必引起高校教师的高度关注，从而能够全面提升高校教师数据素养能力。美国早在2014年就对19个州的教育工作者资格认证与项目审批中对教师数据素养提出明确的要求[9]。构建高校教师数据素养能力考核制度，需要确定详细和可操作的评价指标；还需要制定不同学科、不同教育阶段的高校教师数据素养标准，为高校教师数据素养考核提供参考。

（二）社会：营造良好的数据文化氛围，为高校教师数据素养的发展提供环境保障

社会层面可以从三个方面着手提高教师数据素养。一是发挥社会舆论导向作用。社会要坚持正确的舆论导向，营造积极的数据文化氛围，进一步普及和提高全民数据素养。针对目前高校教师数据素养缺失现状，社会层面可以充分发挥新闻媒体、社会化媒体、自媒体例如微信、微博等传播途径，有效引导高校教师关注和提升自我数据素养。二是将数据

素养纳入全民信息素养教育体系。在教育系统中从基础教育到高等教育，甚至包括社会教育纳入数据素养有效推进数据素养教育，全方位提高教师数据意识，改变教师数据观念，有力推进教师在教育教学过程中有效利用数据平台的数据进行分析，从而能够解读学生的学习现状和学习特点，制定个性化的学习策略，有针对性的提高学生成绩。三是建立学校数据支持文化。鼓励企业研发教育大数据产品，例如线上大数据平台，辅助教师教育教学活动。学校可以通过教育服务外包的形式，发挥企业的专长，让专业人士从事专业工作，为高校研发出性能稳定的教育管理服务软件和服务平台，从而为教师数据素养能力的发展提供较好的环境文化。

（三）高校：完善数据素养机制体制建设，为教师数据素养的发展提供制度保障

大数据时代高校教师数据素养的提升有助于高校教师专业化发展，高校教师专业化发展程度直接关乎高校人才培养质量。在“双一流”建设背景下，高校之间的竞争也就是人才培养质量的竞争，为此，高校应该高度重视教师数据素养能力的发展。学校可以从以下四个方面提供有力的制度保障。

首先，完善教师数据素养培训机制，拓宽高校教师数据素养提升路径。培训是教师成长的重要途径之一，同时也是高校教师数据素养能力提升最为迅速的方式。相关研究表明，对于新教师而言通过创建和促进数据驱动教学，并为教师提供足够的数据资源，让教师学习和工作都充分利用数据资源，并且运用数据评估教师专业成长，这将在某种程度上极为有力地提升教师的数据素养[10]。学校为教师提供多元化数据素养培训机会，从培训主办单位而言包括国培、省培和校内培训，以及数据素养专题的学术年会；从培训的方式而言，包括线上培训和线下培训；从培训的内容而言，包括数据素养的基础知识、基本技能、实际操作；从培训的策略而言，可以根据高校教师专业特点，分学科分专业进行，并且把握培训的进度，从简单到复杂，从理论到实际操作，高校教师更加注重实际操作运用技巧，可以加大实际操作部分的培训力度。学校需要建立教师数据素养培训机制，通过大数据技术分析教师培训需求，不定期为教师举行相关培训，为教师提升数据素养能力提供制度保障。

其次，完善评估考核机制，制定量化教师数据素养标准。高校教师需要与时俱进，转变理念，迎接和拥抱大数据时代的来临，要学会使用现代信息技术，将大数据信息应用到管理、教育、教学过程中。学校层面也需要从制度的角度加以约束，完善教师考评机制，制定量化教师数据素养标准。标准制定可以从三个方面考虑：一是教师数据素养意识层面；二是教师运用信息技术操作方面；三是运用数据信息创新教育教学层面。标准建立会在一定程度上促进教师有意识提升自身数据素养意识和能力。

再次，打通数据开放共享的融通渠道，搭建数据流通桥梁。大数据时代，数据开放和共享是一种理念，同时也是一种需求，而且更是促进大数据应用的重要方式。打通数据开放共享融通渠道，可以从三个方面入手。一是高校内部数据的开放共享。目前而言，高校内

部数据还相对独立,因此,高校内部首先需要打通数据共享渠道,让数据能够在学校内部自由流通。高校信息化办公室可以通过大数据技术搭建综合数据管理平台,将学校内部分散于各个部门各个学院的数据有机整合,从而打破校内各部门之间数据彼此独立、自成系统的局面,并鼓励和引导校内教师对这些数据进行深度挖掘和开发,将这些海量数据用于教学和科学研究。二是高校之间的数据开放。同类高校之间可以开放部分数据,便于教师之间相互交流学习,同时可以找出自身学校在教师培训、教学方式、课程设计、教学评价等方面的不足之处。三是高校还应加强与政府部门的数据共享,高校将教育管理中的各类数据与政府部门政务公开的数据进行对比分析,从而为政府部门的教育决策咨询提供有力的数据支撑。

最后,搭建数据学习共同体,构建大数据文化生态。高校为教师数据素养提升提供全方位的支持,不仅从政策方面予以支持,而且从各个细节入手,甚至为教师搭建数据学习共同体,积极营造良好的数据文化氛围,构建大数据文化生态。鼓励教师之间进行跨学科交流与合作,如同为学生开设通识教育一般,引导文科、理工和工科教师相互合作,取长补短。特别是文科和理工科教师之间相互学习,共同进步。可以以项目为依托,搭建数据学习共同体,相互学习,共同发展。

大数据的功劳在于唤醒大家的数据意识和觉悟,使之融入新时代,拥抱“大数据”[11]。大数据时代,社会需要营造数据文化氛围,高校需要建立健全数据素养体制机制,为发展教师数据素养提供制度保障,教师需要转变观念,逐步树立大数据思维意识,成为数据运用者,进一步提升教育教学质量。

参考文献

[1] 国务院.促进大数据发展行动纲要[EB/OL].[2017-01-02].http://www.gov.cn/zhengce/content/2015-09/05/content_10137.htm.

[2] 教育部.教育信息化“十三五”规划[EB/OL].[2017-01-02].http://www.moe.edu.cn/srcsite/A16/s3342/201606/t20160622_269367.html.

[3] Jian Q, D'Lgnazio J . Lezrned From a Two-Year Experience in Science Data Literacy Education. IATUL Proceedings, New Series,2010:10.

[4] 缪其浩.大数据时代:趋势和对策[J].科学(上海),2013(4):25-28.

[5] 张欣著.高等教师分类激励机制研究[M].北京:经济管理出版社,2010.

[6] Data Quality Campaign. Teacher Date Literacy: It's About Time[EB/OL].(2014-06-30) [2017-06-30]. https://2pido73em67o3eytaqlcp8au-wpengine. netdna-ssl. com/wp-content/uploads/2016/03/DQC-Data-Literacy-Brief.pdf.

[7] 张进良,李保臻.大数据背景下教师数据素养的内涵、价值与发展路径[J].电化教育研究,2015,36(07):14-19+34.

[8] 邹太龙.大数据时代高校教育管理的可能走向及实现路径[J].高教探索,2017(11):10-16.

[9] Data Quality Campaign. Data for Action 2014: Paving the Path to Success[EB / OL].[2015-01-21]. http://dataqualitycampaign.org/files/Data For Action2014.pdf.

[10] Diana Nunnaley. Professional Development to Build Data Literacy: The View from A Professional Development Provider P[J]. The Journal of Educational Research & Policy Studies, 2013, 13(2): 16-20.

[11] 张诚,何先刚."大数据"理念与媒体转型发展[J].重庆工商大学学报(社会科学版),2016,33(01):104-108.

我国预算绩效管理体系的发展沿革和高校实践探索*

◎ 葛钰杰　朱　理　朱志良

摘　要　建立健全高校预算绩效管理体系是提升高校资源配置能力、提高资金使用效率的基础，可为实现高校的内涵发展提供有效支持。本文从国家法规、政策实施等多个层面综述了我国预算绩效管理的发展过程及政策法规的沿革，比较了国外部分发达国家的预算绩效管理实践和理论研究情况，分析了我国预算绩效管理体系改革发展中面临的主要问题及挑战，提出了高校预算绩效管理体系建设中值得进一步思考的问题。本文可为进一步推动高校预算绩效管理的研究和实践提供有益的参考。

关键词　预算绩效　绩效管理体系　政策沿革　高校实践

一、我国预算绩效管理的发展过程及政策法规沿革

我国对建立预算绩效管理体系的探索由来已久，相关的预算绩效管理理论及实践，随着改革开放的不断深化处于不断发展过程中。2003 年，中共中央《关于完善社会主义市场经济体制若干问题的决定》出台，开启了我国建立预算绩效评价体系的历史。自此，全国人大、中共中央、国务院、财政部及其所属司局，分别以法律、部门规章、行政规章等形式从不同的层面和角度对预算绩效管理的顶层设计、原则等进行了规范，制定了三十余个相关政策、意见、办法。2014 年全国人大常委会在修改《中华人民共和国预算法》时以法律的形式提出讲求绩效是预算安排的基本原则之一，体现了国家对于预算绩效管理的高度重视。党的十九大报告提出建立全方位、全过程、全覆盖的预算绩效管理体系，全面实施预算绩效管

* 同济大学“中央高校基本科研业务费专项资金”项目(项目编号:22120190018)。

作者简介　葛钰杰，同济大学财务处预算科副科长。
朱理，同济大学财务处预算科副科长。
朱志良，同济大学财务处处长，环境学院教授、博士、博士生导师。本文通讯作者。

理。这一系列法规文件的出台为后续各级政府、事业单位的预算绩效管理工作的推进指明了方向。

（一）国家层面的预算绩效管理政策法规沿革及发展过程

从国家层面法规颁布和总体战略部署来看，我国绩效管理改革到目前位置大致可以分为三个阶段。

阶段	时间	发展阶段
第一阶段	2003—2007 年	预算绩效理论提出的萌发阶段
第二阶段	2008—2013 年	预算绩效评价的试点探索阶段
第三阶段	2014—2018 年	预算绩效管理体系变革发展阶段

2003 年，中共第十六届中央委员会第三次全体会议在《中共中央关于完善社会主义市场经济体制若干问题的决定》中提出了实行全口径预算管理，第一次在中央层面提出建立预算绩效评价体系，随后，各级各部门开始推进有关工作。

2008—2013 年的第二个阶段，党中央通过多次会议提出“推行政府绩效管理和行政问责制度”“完善政府绩效评估制度”“推进政府绩效管理，提高政府公信力和执行力”等理念，并在十八届三中全会上特别强调了推进绩效管理的重要性。

2014 年，《中华人民共和国预算法》修改，国家以法律的形式确定绩效原则在预算管理中的重要地位。随后，《关于深化预算管理制度改革的决定》（国发〔2014〕45 号）和《实行中期财政规划管理的意见》（国发〔2015〕3 号）对绩效管理目标、评价和结果的应用提出了明确的指导性原则。2017 年，在党的十九大报告中提出全面实施绩效管理，为进一步推动相关改革指明了方向。

2018 年，《中共中央、国务院关于全面实施预算绩效管理的意见》发布，要求力争用 3～5 年时间，基本建成全方位、全过程、全覆盖的预算绩效管理体系，对全面实施预算绩效管理做出了科学的顶层设计和重大部署，标志着我国预算绩效改革进入新阶段。

（二）财政部层面相关政策制度的沿革和发展

2005 年，财政部印发《中央部门预算支出绩效考评管理办法（试行）》（财预〔2005〕86 号）为部门预算支出绩效考评提供了具有基础性、相对全面的执行依据。2009 年，财政部印发《财政支出绩效评价管理暂行办法》（财预〔2009〕76 号）对财政支出评价主体、对象等各方面进行详细规定，同年发布的《关于进一步推进中央部门预算项目支出绩效评价试点工作的通知》（财预〔2009〕390 号），对试点中如何规范绩效评价工作提出了明确要求和详细说明。

经过两年试点，财政部于 2011 年颁布了《财政支出绩效评价管理暂行办法》（财预

〔2011〕285号），提出要建立更加科学、合理的绩效评价管理体系，规范并细化了绩效评价工作的程序、提出建立绩效评价档案制度。《财政部关于推进预算绩效管理的指导意见》（财预〔2011〕416号）指出，逐步建立“预算编制有目标、预算执行有监控、预算完成有评价、评价结果有反馈、反馈结果有应用”的预算绩效管理机制。《预算绩效评价共性指标体系框架》（财预〔2013〕53号）提供了项目支出、部门整体支出和财政预算三类绩效评价的共性指标体系框架。《中央部门预算绩效目标管理办法》（财预〔2015〕88号）对有关绩效目标的定义、设定、审核、批复、调整与应用等作了全方位的规定。

2018年，财政部在关于贯彻落实《中共中央国务院关于全面实施预算绩效管理的意见》的文件中，要求重点突出绩效导向、执行加强绩效监控、决算开展绩效评价、评价结果刚性约束和绩效管理范围升级五个方面的工作，加快建成全方位、全过程、全覆盖的预算绩效管理体系。

（三）财政部针对不同行业有关预算绩效管理的政策沿革及发展

在预算绩效改革推进过程中，财政部根据不同行业特点出台了相应的绩效评价管理办法，比如《中央级教科文部门项目绩效考评办法》（财教〔2005〕149号）、《经济建设项目资金预算绩效管理规则》（财建〔2013〕165号）、《金融类国有及国有控股企业绩效评价暂行办法》（财金〔2009〕3号）等，这些特定行业文件的出台为落实预算绩效管理的全覆盖打下了良好的基础。

二、国外预算绩效管理理论和实践的发展过程

西方发达国家较早就开始重视政府预算的绩效管理，美国、日本、英国、澳大利亚等国家已进行了多年的实践和探索，形成了各具特色的预算绩效管理模式和考核评估体系，对我国预算绩效管理体系的建设具有一定的借鉴和参考价值。国际上有关预算绩效管理大致可以分为以结果为导向、以质量和满意度为核心、基于目标和产出框架等几种流派。

美国是最早提出预算绩效概念的国家。随后，美国以立法的形式确立了政府绩效管理制度。美国非常注重绩效成果的应用，国家绩效评估委员会建立了一套能够反映政府公共活动效能的指标体系、评价标准和量化方法，通过绩效目标、评价及结果公开，在赋予部门更大预算执行权的同时强化其责任[1]。

英国的政府预算绩效评估最早出现在1968年，其预算绩效管理体系变革一直以政府为主导。1987年，著名的《改变政府管理：下一步行动》报告对政府的职能进行了分类，分为公共政策进行分析、制定和评估和公共服务。1990年，英国政府相继推行了“公民宪章运动”“竞争求质量运动”和“政府现代化运动”，将侧重点由最开始追求经济效率转向了质量效益和民众满意度，逐步确立了强调公共服务效益、资金使用价值和服务对象满意的导向[2]。

新西兰和澳大利亚两国的预算绩效管理体系都在政府会计和政府预算中引入了权责发生制，同时要求相关部门不仅在年终，而且在每月结束、年中时也需提交绩效报告。

德国采用精细的立法对政府预算进行控制。德国《基本法》《基本原则法》《联邦预算法》等一系列法律规范对预算原则作出详细的规定。德国的预算编制做得非常细致，严格控制各部门的预算支出规模。与此同时，德国实行严格的预算监管制度。在绩效管理方面，德国无专门用于预算绩效管理的框架体系，而是充分运用了欧洲通用的绩效评估框架，从九个方面对公共部门绩效进行评估[3]。

日本的预算绩效评价体系较为特殊，主要为政策评价，以三年为一周期，对政策评价的目的、原则、对象、方针、方法及报告制度进行了系统规定[4]。在预算管理方面，预算虽无明确的《预算法》进行规范，但是《日本国宪法》规定了财政及预算的基本原则，《财政法》《会计法》《国库法》等十多个法律对日本预算管理过程中的各种细节进行约束，保证了预算管理的有序进行。

综观上述国家的预算绩效管理制度或政策体系，不同国家都根据本国的实际情况和管理需要建立了相应的绩效管理体系，各有特点。例如，美国在预算绩效领域发展时间最长、成果应用最广泛，但在实践过程中也碰到了诸多绩效目标难以量化、量化成本过高的问题；德国采用严格的预算编制方法使得预算管理灵活性不足；日本偏重用政策保障预算实施，着重于会计监督、政策施行效率；在服务于政府的公众满意度为导向方面，英国走在前列，但是公众满意度难以被量化和科学评估，同样亟待进一步改革，才能真正提高资金使用效益。

三、我国预算绩效管理体系改革面临的主要问题及挑战

经过多年的探索和发展，我国初步构建了预算绩效管理的框架，取得了不少实质性的进展，但是，对照中共中央国务院关于全面实施预算绩效管理的意见要求，还有诸多差距，全面实施预算绩效管理是政府治理方式的深刻变革，是一项长期的系统性工程，涉及面广、难度大。政府部门之间、单位之间推进情况差异很大，从高校等单位落实层面看，以下方面值得关注。

（一）全面重视程度不够

很多单位缺少顶层设计。目前，很多单位都还没有制定本单位的预算绩效管理办法，总体上对建立预算绩效管理体系的重视程度不够[5]。建立预算绩效管理体系涉及各单位发展规划、资产、财务、人事、组织、人才培养、科研管理等多个部门，需要相关方面协同配合、齐抓共管。在实际工作过程中，很多单位对这项工作认识不到位，重视程度不够，采取的措施不力，缺乏预算绩效管理体系的长期规划和系统考量。仅按照上级文件要求，授权财务部门等个别部门依托很有限的力量进行落实，或直接委托社会中介服务机构完成财政

预算绩效方案或绩效目标自评的任务。多数单位尚未开展真正意义上的预算绩效评估工作，未能将绩效评估结果应用于预算管理。因此，总体看，我国包括高校在内的单位预算绩效管理工作尚处于起步阶段。

（二）预算绩效指标的科学性、合理性不足

财政部的一系列文件对我国逐步建立起一套以产出、效益、满意度为导向的预算绩效目标管理制度和考核评价体系提出了指导性的意见。但是，这些文件是国家层面对绩效评价体系的原则性阐述，比较笼统，难以顾及各个地方或单位的特点，缺乏对于具体目标的细化规范。目前各地预算绩效指标设定的具体操作，主要由资金使用单位自行设定，少报、漏报、错报的现象普遍存在；另一方面，资金使用单位在设定过程中容易出现设定容易达到或者用已经达到的绩效指标来应付检查的倾向，而上级也难以结合实际判断绩效指标的科学性、合理性。

（三）科学的预算绩效评价体系尚未建立

财政部发布《关于进一步推进中央部门预算项目支出绩效评价试点工作的通知》（财预〔2009〕390 号），标志着我国逐步启动对部分专项建立了绩效评价制度。在各地先行先试的基础上，国家对预算绩效管理提出了全面推行的总要求。目前预算绩效的评价还处于试点阶段，资金管理单位不定期对各单位的预算绩效自评报告进行调研与核实，起到一定的促进作用；但是，对绩效评价的具体实施方案尚未形成通用性的、统一的科学框架，尚未出台针对于不同经费的预算绩效评价的实施细则。预算绩效成果尚未充分应用于资金管理过程中，部分单位的资金分配主要参考预算执行进度进行统筹，对项目成本、项目成果相关的因素考虑较少，容易产生逆向激励现象。

（四）预算执行和绩效目标实现过程缺乏跟踪机制

财政部推进的基于国库集中支付制度，使得我国实现了国家层面对财政国库资金的动态监控；但是，对于非财政性资金等款项，主要由各单位根据国家相关文件或合同等自行管理，对执行目标的全过程管理比较欠缺。如何更好对接单位事业发展目标和重点工作，如何加强统筹管理、提升资金使用的效率，如何对执行过程进行及时的控制和调整，如何将绩效评价结果应用到后续预算管理及考核中，都需要进一步的改革和完善，绩效管理有很大的提升空间。

四、我国高校预算绩效管理体系研究现状

（一）高校预算绩效管理体系研究关注的主要领域

许多学者对于高校预算绩效管理体系进行了不同程度的研究与尝试，随着中共中央国

务院关于全面推进预算绩效管理的意见发布，为提升高校内涵发展的管理水平，近年相关的研究越来越多。2007年以来，业界对于高校预算绩效管理体系的研究，主要是紧跟国家大政方针的出台，特别是绩效管理的概念进入预算法后，研究成果数量快速增长。这些年发表的研究论文主要聚焦预算绩效管理、高校预算、绩效评价、支出绩效等方面。

（二）关于高校预算绩效管理体系的研究

我国对于高校预算绩效管理体系的研究，早期仅停留在预算绩效重要性的认识方面。近年来，业界对于高校预算绩效管理研究形成了初步的框架。例如，对高校预算绩效管理评价的原则与方法的讨论，包括采用"定量分析与定性分析相结合""自评与专家评相结合"等方法，评价指标从学校和院系两个层面设定；有研究认为需要重构当前基建财务核算体系、改进预算编制方法、优化会计制度；有人提出应设置合理的绩效目标、对全过程进行监控、建立激励约束机制、完善相关配套措施的建议，强调预算绩效管理的全过程性；也有人认为应从评价目标、评价主体、评价流程、评价指标等方面构建来评价指标体系框架；有学者认为，预算绩效管理应重点关注预算总量控制、落实部门收支责任和绩效责任、建立激励和约束机制、健全公开和监督机制等。

（三）关于高校预算绩效管理体系指标构建的研究

我国对高校预算绩效考核指标体系研究尚不成熟，缺少深入、系统的研究。早期的预算绩效管理体系指标仅限于财务层面，主要为财务性指标。2014年起，研究者开始采用较成熟的分析框架来架构高校预算绩效管理体系，例如层次分析法、专家调查法等。总体来说，关于高校预算绩效管理体系指标的研究有了一定的进展，但主要还是停留在现有的较适用于企业的分析框架中，对高校的特点考虑不足，获得认可度不高，适应性不强。

（四）我国高校预算绩效管理存在的问题及挑战

1. 会计期间与高校教学工作实际时段的不匹配

我国会计期间与教学工作期间存在显著的时间差。会计期间为公历1月1日至12月31日，高校所有的资金管理、预算绩效管理也按照会计期间安排，而高校的教学期间为每年的9月1日到下一年的8月31日。很多新一学年的教学任务才开始启动，年底就需要评估整个自然年度的绩效结果，四个月的投入产出偏差会对高校预算绩效的整体评估产生较大的影响。对于很多大型基建修缮项目，考虑到尽可能降低对高校正常运转的影响，通常安排在寒暑假期间，后续进行竣工决算、验收等还需一段时间，在资金使用上无法按平常的序时进度予以要求，影响了高校预算绩效的科学评价与管理。

2. 高校预算绩效指标体系尚未健全

高校是一个多目标的复杂组织体系，目前在用的多是以产出、效益和满意度为中心的简单化指标框架，该框架在具体指标值上各高校可参考的材料不多，特别是一些效益指标（比如管理水平提高、文化传承广泛性等）很难做出精确的考量，增加了指标设定和评价的难度。同时，目前高校使用的绩效指标框架应用范围较窄，主要是国家财政性资金，而学校自筹资金、部门整体收支、政策绩效等还未形成完整、成熟的预算绩效指标框架体系，亟待进一步完善。

3. 高校预算绩效指标选定容易出现短视化倾向

现行的预算绩效管理体系是以年度为单位考核高校预算绩效情况，所以在预算绩效目标设定方面，会选取适合在一年以内达成的短期目标，体现为将本部门其他类似或相关项目已达成或即将达成的目标设定为预算绩效指标，出现短视化倾向，使得经费投入应产生的效果与实际出现偏离。而不论是高校的教学活动还是科研活动，所产生的社会效益可能需要长达几年甚至十几年才能体现出来。

4. 高校预算绩效评价及应用体系尚不成熟

高校对预算绩效评价工作组织架构尚不明确，目前无专门机构负责预算绩效评价工作，仅仅由高校某职能部门（大多数情况为财务、发展规划部门）兼而任之，在将整个预算绩效评价体系应用于整个学校方面，需要更高层面的协调和管理。在预算绩效评价方面，绩效评价指标及权重、评分标准在不同的预算绩效评价或检查中各不相同，缺乏通用规范，不同的预算绩效评价工作结果可比性较低，不利于资金管理部门对经费的统筹安排。预算绩效评价结果的应用更是一个难题，涉及人事制度改革等方方面面，是一个需要不断探索的课题，对于评价结果的应用范围、应用方式、应用结果反馈等，尚未有成熟的框架体系。

五、高校预算绩效管理体系研究展望

高校预算绩效管理体系作为高校全面预算管理的重要组成部分，有助于高校提升管理水平、提高资金使用效益、更好实现学校发展规划和战略目标。根据国内外相关管理的实践和学术研究结果分析，结合国外部分发达国家的经验及教训，考虑我国高校实际情况，我们认为，以下方面值得开展进一步的深入研究。

一是建立和完善高校预算绩效指标库。围绕现代高校的功能定位，结合长短期发展目标，结合高校人才培养、教学科研、学科建设的实际，借鉴国外先进管理经验和绩效评价工具等，重点关注中国特色一流大学建设的人才培养、科学研究、师资队伍建设、国际交流、文化传承等几大核心任务特点，构建多个适用于不同专项、不同类型高校、不同资金来源的预算绩效指标库，提出共性与个性化相结合、科学合理的指标体系，设定一批可量化或者评判较为方便的非量化指标，以便于高校进行统一的预算绩效申报与评价。

二是构建科学合理的高校预算评价体系框架和应用办法。基于国家规定，明确高校在预算绩效评价工作中的具体责任和自主权，对于高校预算绩效评价的主体、客体、原则、内容和方法等进行进一步的研究,需要对不同类型高校、不同学科、不同项目建立分类评价框架体系;应通过大量的预算管理实践,验证预算绩效评价结果的适用性,不断优化预算绩效评价体系,提升预算绩效管理质量。

参考文献

[1] 任晓辉.美国联邦政府的绩效预算改革历程及启示[J].财政监督,2012(19):27-32.
[2] 预算评审和绩效评价课题组.英国预算绩效管理特点及启示[J].中国财政,2018(22):72-75.
[3] 孙迎春.欧洲通用绩效评估框架的发展及启示[J].国家行政学院学报,2006(06):91-93.
[4] 财政部预算评审中心.中国财政支出政策绩效评价体系研究[M].北京:经济科学出版社,2017.
[5] 赵际骎.高校绩效预算管理现状与对策研究[J].会计师,2018(13):73-74.

同济教育管理硕士论坛

促进上海民办教育发展的几点思考

◎ 毕晓娇

摘　要　最近几年，上海市相关部门对民办教育的发展进行了统一规划，并针对上海市民办教育的实际情况出台了相应的政策，为其今后的发展提供了政策依据。目前，我国政府和相关部门对上海民办教育的发展提供了一定的政策支持和财政支持，有效促进了上海民办教育的发展。但是要想尽快地提高上海民办教育的发展规模和质量，则需要和上海经济环境发展情况相结合，从民生出发，降低改革难度。从整体上看，在新的政策环境下，上海民办教育迎来了新的机遇和挑战，在本文中将梳理民办教育发展面对的机遇和挑战，并提出发展工作的重点，如加大对民办教育的财政、福利支持力度，提高民办教育的办学自主性，解决民办教育合理回报问题，重视教师的培训和专业发展等，为今后上海民办教育的发展提供一定的参考和借鉴。

关键词　上海　民办教育　机遇　挑战　发展重点

2017年，我国出台新版的《中华人民共和国民办教育促进法》(以下简称新《民办教育促进法》)，我国司法部并制定了相应的实施条例，这也意味着我国民办教育进入了新的发展时期。随着《民办教育促进法》的落实和推进，上海民办教育可望得到快速的发展，包括教师福利的提高、教育资源的利用率提高等。本文试图通过对上海民办教育的发展进行梳理和整合，发现其存在公办优质教育的扩大与提高、素质教育现实化的大趋势、税费负担变化导致的挑战等现象，希望为今后上海民办教育的进一步发展提供借鉴。

一、上海民办教育发展现状

20世纪80年代，中国民办教育兴旺起来。多年来，随着我国社会经济不断发展、市场

作者简介　毕晓娇，上海光华学院剑桥国际中心，教务处主任；同济大学职业教育学院教育管理硕士研究生，主要研究方向为中西方教育对比。

经济的发育程度逐渐成熟,民办教育的创办形式以及层次正在不断规划、调整、提升,早已从一开始的非学历文化补习班覆盖到生命周期的各个阶段以及社会生活的所有领域。2017 年新出台的《民办教育促进法》以及 2018 年、2019 年对民办教育方面作出的修订,目的就是促进我国教育事业的发展,对教育事业进行加强管理①。不论是在分类管理改革、规范集团化办学,还是在限制公办学校品牌输出方面,都强调要符合中国特色社会主义新时代的发展要求[1]。目前,上海民办教育发展现状主要有两方面特点。

(一)生源规模大

上海市属于我国经济发展比较迅速的地区,人口密度大。国家为了更好地提升教育质量,对部分地区的民办教育进行改革试点,从而吸收相关的经验。自上海民办教育开始改革以来,据有关资料统计,上海民办幼儿园中的人数占此年龄段在校生数的 1/3,民办高校在校人数占了此年龄段人数的 1/5。通过这一连串的数字,我们可以发现上海的经济发展比较迅速,同时外来人口也比较多,接受民办教育的学生数量越来越多,占全体学生数量的比重也不断提高。可以说,上海民办教育已经成为了上海教育事业中的一大重要组成部分。目前,我国在制定教育方面的法律和政策时,都会考虑民办教育的发展。随着民办教育的不断发展,不仅可以推动我国教育改革的进程,同时还会影响到上海教育改革的总方向。

(二)发展稳定

从目前上海民办教育状况来看,其发展趋势越来越稳定。从 2005 年开始,我国就制定了各项规章制度对民办教育和公共教育之间的关系进行协调,促进二者的合作和科学竞争[2]。自我国《民办促进法》出台以后,上海民办教育开始进入到成熟阶段,在国家的引导下,其得到了有序的发展,已经成为我国教育事业的重要组成部分。

在民办教育发展过程中,虽然各级政府和相关部门出台了多项政策来促进和巩固民办教育的发展,但是也遇到了一些比较棘手的困难。根据目前上海民办教育的发展状况,只有积极应对这些挑战,才可以实现长期发展,从而改善上海市的教育环境。

二、上海民办教育发展的机遇

上海民办教育的发展离不开国家政府部门的支持,上海市委及其他有关部门开始对民办教育进行整顿,对民办教育的发展持支持和鼓励态度。同时还实施了多项优惠政策,这对上海民办教育来说是一个机遇,利用好这个机遇,就可以让上海民办教育更上一个台阶,

① 全国人大常委会.中华人民共和国民办教育促进法(2018 修正)第一条.2018-12-29.

更好地为上海群众发展提供优质的教育资源。

（一）国家政策的鼓励与支持

我国长期存在着优质教育资源供给不足以及教育资源分布不均衡问题。民办教育高速发展的同时，问题凸显，许多机构盲目扩张，放松对办学质量的追求，在教育教学、立德树人方面开始松动。为了减少民办教育领域的问题，我国对《民办教育促进法》进行了修订，对修订后的《民办教育促进法》进行分析，可以发现，我国教育部门鼓励民办教育进行分类管理改革、规范集团化办学、限制公办学校品牌输出，预示着民办教育加强管理的时代[3]。在党的十九大后，教育部等 14 个国家部委还联合发文鼓励社会力量兴办教育，促进民办教育健康发展。

到 2018 年为止，上海市民办教育发展的专项资金，已经从之前的 4 000 万元增加到现在的 4 亿元。专项基金的增加表明了国家对民办教育的关注度，持续在提高同时也促进了上海民办教育的发展。自 2017 年《上海市人民政府关于促进民办教育健康发展的实施意见》出台以后，上海市相关部门就非常重视民办教育的管理，打算以“先选择再过渡”的形式对民办教育进行一定的整改和管理，并且根据不同类型的学校进行了相应的区分，让民办教育和公办教育的发展更加有序化。

（二）人才需求量大，教育需求增加

在现代社会中，已经进入了知识经济时代，而时代发展离不开信息，这也充分说明在生产和管理等方面，其主要的发展趋势就是智能化、信息化、知识化以及科学化，这对劳动者的素质要求越来越高。同时，随着人们生活水平的不断提高，教育的需求也不断提高，“终身教育”理念也受到了越来越多人的认可。在现代社会中，人在教育上的投资比重都呈现增加的趋势，这也是目前社会发展的趋势。但是，我国出资进行建设的公办院校是有限的，只能满足一部分人的需求。在这种环境下，民办教育开始成为社会发展的重点，其最根本的目标就是为社会培养高素质、高水平的劳动力。

（三）法律政策环境的大改善

在 2017 年新修订的《民办教育促进法》中，将之前禁止民办教育学校营利的法律进行了修改，在新修订版本中提出了民办教育是今后教育行业发展的重点，也是实现教育改革的主要内容[4]。在该政策中，丰富了民办教育办学许可的范围，加入了教育培训机构以及营利性学校，同时为一些社会力量、民间资本投入到民办教育行业中提供经费支持、政策扶持等。对于民办学校而言，可以根据新修订《民办教育促进法》来选择自身的经营是否营利，通过这种方式不仅可以突出非营利性民办学校的公益性，提高政府对其扶持的力度，促进其快速发展，还可以确保民办教育在市场发展过程中，始终坚持公益性。

三、上海民办教育发展迎来的挑战

目前上海民办教育的改革正在如火如荼地展开,在其发展过程中,也遇到了很多的机遇和挑战,只有将二者统筹兼顾,才能确保上海民办教育得到顺利的发展。

(一) 公办优质教育的扩大与提高

根据数据显示,在2002年时我国中小学优质教育资源有限,占整体教育资源的比重仅有2%。同时,这些优质资源的分布极不平衡。所谓"物以稀为贵",一些具有优质教育资源的学校受到了社会的追捧,其收费价格也越来越高。可以说公办优质教育资源的不足,为民办教育的发展提供了机遇[5]。但是,现在公办学校也在通过合并、改造、提升等形式,不断扩大优质教育资源,在政府的扶持下,也获得了均衡性的发展。从整体上看,公办优质学校和资源的数量越来越多,很多之前选择优质民办学校的人,会选择公办优质教育。随着公办优质教育资源的规模越来越高,其竞争力也随之提高。对于民办学校而言,其竞争成本也越来越高。在这种情况下,民办教育的特色是什么?策略是什么?这都是其急需解决的问题。面对公办优质教育的扩大与提高等挑战,民办教育需要提高自己的教育水平,同时降低经营成本,这都是其今后发展的必经之路。

(二) 素质教育现实化的大趋势

目前,我国教育行业改革正在快速推进,很多人都认为要想提高教育的有效性,必须要减少应试教育的影响,全面开展素质教育。这也充分说明,我国素质教育已经不仅仅局限于理论阶段,同时也开始进入教育实践过程。为了适应素质教育的发展,公办学校也开始开展特色化教育。和民办教育相比,公立学校的起点高,发展速度快,这势必会提高民办教育的成本,影响其竞争优势。这对民办教育而言,无疑是一个极大的挑战。

(三) 税费负担变化导致的挑战

根据我国2017年修订的《民办教育促进法》可以得知,一些民办学校可以根据自己的意愿选择是否成为营利性民办学校。如果其一旦变更为营利性民办学校,就需要进行财务清算,同时根据法律依据对学校财产的权属重新进行划定,缴纳相应的税费,重新进行登记[6]。在未修订之前,很多民办教育学校是非营利性学校,依据非营利性的性质,这些学校享受了大量的税收优惠政策以及土地出让金优惠等,甚至很多学校的用地都是无偿获得的。在《民办教育促进法》修订以后,如果一些非营利性民办学校想要转变为营利性民办学校,那么其前期得到的优惠是否要返还,返还方式是什么,这也是目前民办学校发展的关键问题。在修订之前,很多民办教育机构碍于政策对于"营利"的禁止,无法注册。虽然修订以后，民办教育机构可以具有营利性，但是需要进行财务清算，将各个财务权属进行划定①，同时还有的民办教育机构为了逃税，会继续违法办学。

四、促进民办教育发展的几点建议

民办教育要想长期稳定地发展下去，就必须要抓住机遇，积极应对挑战，从而确保各项法律和政策的落实。

（一）加大对民办教育的财政、福利支持力度

民办教育要想发展得更加长久更加稳定，就必须要探寻出适合自己发展的一条道路，这也需要政府加大对民办教育的资金补助。从整体上看，国家扶持是民办教育发展的主要动力。根据《民办教育促进法》的规定可以得知，对于县级以上的人民政府而言，其可以成立民办教育的专项资金，从而为民办教育的发展提供资金支撑[7]。同时对于一些有较大贡献的民办教育集体和个人而言，政府可以为其提供一定的表彰和奖励，从而促进民办教育的发展，并且能够吸引更多的人来重视民办教育，保证民办教育事业的落实和发展。例如，民办教育通过企业年金等方式改善民办教师行业的社保待遇，促进民办教育优质资源的发展和稳固，提升民办教师在教学过程中的幸福感和满足感，充分调动其教育学生的热情和自信。国家不仅要支持民办教育的发展，更要规范民办教育的发展，唯有规范才能够让民办教育走的路更长。在进行财政支持的同时也要确保党对民办教育的领导性，完善和建立一套完整的民办教育质量监督与评价体系，促进上海民办教育的健康发展。

（二）提高民办教育的办学自主性

从整体上看，政府可以实现教育资源的高效配置，从而促进教育的整体发展。但是，如果政府的约束力较大，就会直接影响学校的活力，不利于学校工作的展开。和公立学校相比，民办教育的自主性更高，需要提高自身的独立性，根据市场的需求来调整自身的教育方式，提高市场的竞争力。在修改后的《民办教育促进法》中，准许民办教育机构为营利性机构。所以，为了促进民办教育的发展，必须要保证机构法人治理结构的完善性和科学性。对于学校而言，要将权利进行下放，董事会要给予一定的校长权力，校长也需要给予教师相应的权力，从而给民办教育的从业人员一定的自由空间，这样不仅可以提高资源利用率，同时还可以充分利用社区和社会资源等。根据我国 2017 年修订的《民办教育促进法》可以发现，我国政府提倡社会各界都参与民办教育。对于教育部等相关部门而言，需要监督民办学校来构建内部法人治理结构，为民办教育今后的发展奠定基础。

---

① 全国人大常委会.中华人民共和国民办教育促进法(2018 修正)第五十四条.2018-12-29.

（三）解决民办教育合理回报

在修订后的《民办教育促进法》中，最大的突破就是承认了民办教育的营利性。但是，在实际操作中，配套的执行政策还不够完善，为这也影响了民办教育行业的投资发展情况，很多出资人害怕投资得不到回报。因此，在今后的发展中，需要以新《民办教育促进法》为原则，转变民办教育的办学理念，在消除民办教育投资人鼓励的情况下，解决其合理回报问题，允许其按照真实意愿，重新选择是否要求合理回报，并同意其修改学校章程。

（四）重视教师的培训和专业发展

对于教育行业，教师水平是影响教学效果的关键因素。随着公共优质教育的发展，民办教育要想保持其优势，就必须要重视对教师进行培训，促进其专业发展。例如可以让教师进行“个人反思”“案例研究”“专家引领”等活动，及时发现教学过程中的问题，并和同事、专家进行交流，解决教师在专业发展过程中碰到的问题，提高其发展水平。

五、总结

《中华人民共和国民办教育促进法》的出台，给上海民办教育的发展带来了大量的机遇和挑战。对于上海市民办教育而言，需要抓住机遇，提高资源的利用率，从而提高改革的效率和效果。在发展过程中，挑战总是不可避免，因此上海民办教育要在新《民办教育促进法》的指引下，制定多种对策来应对挑战。从整体上看，上海民办教育不仅要高度重视机遇，同时还需要将要面临的挑战。近年来《实施意见》与《管理办法》的提出，对民办学校以及其他民办教育机构实行非营利性和营利性分类管理，确保已设立的民办学校实现平稳过渡也是民办教育中的重中之重。

从整体上看，上海民办教育的发展和上海经济发展的趋势呈现一致性。要想促进上海教育的发展，必须要把公办教育和民办教育有机结合起来。换言之，上海民办教育的发展可以为上海整体教育事业的发展起到一定的促进作用。

参考文献

[1] 周海涛，景安磊，刘永林.助力支持和规范民办教育发展[J].教育研究，2017(12)：38-41.

[2] 李盛兵.中国民办教育发展的问题：中美比较的视角[J].华南师范大学学报：社会科学版，2018(6)：26-28.

[3] 廖祖权，林淑贞，高倩莲，等.民办教育教师专业发展的实践研究[C]//教师教学能力发展研究科研成果集(第十六卷).2018.

[4] 陈大向.差异办学,创新跟进——《民办教育促进法》修订对民办高中的新挑战[J].四川教育,2017(4):56-58.
[5] 王江璐.民办教育政策演变下的政协提案特点分析——基于上海的考察[J].教育学术月刊,2019(6):78-79.
[6] 吴华,王习.营利性民办学校应该享受税收优惠[J].中国教育学刊,2017(3):14-18.
[7] 李欣逸.浅析我国民办教育的现状及改革[J].祖国,2017(17):171.

家长指导幼儿数学能力发展现状的调查研究

◎ 盛雅敏

摘　要　幼儿数学能力的发展既是幼儿数学学习的目标，又是数学学习的起点，对于幼儿数学教育的开展起着至关重要的作用。发展幼儿数学能力不仅仅是幼儿园工作者的任务，家长在这过程中也起着至关重要的作用。为了提高家长指导幼儿数学发展的能力，促使家园更加有效的合作，我们需要了解家长在指导幼儿数学能力发展的现状及相关影响因素。本研究采用随机抽样的方法，选取幼儿园小、中、大班共156位幼儿家长为研究对象，通过问卷调查法、访谈法，研究家长对于幼儿数学教育的认识和态度以及幼儿家庭中开展数学教育活动的实际情况。在对数据进行量化分析的基础上，总结家长指导幼儿数学能力发展活动中存在的问题并进行讨论分析，提出科学合理的建议。

关键词　家长指导　幼儿数学能力发展　现状

一、问题的提出

（一）研究缘起

目前我国的幼儿数学教育主要在幼儿园中进行，近年来人们也越来越倡导在生活中以及在游戏中进行数学教育。家庭生活在幼儿的生活中占很大的一部分，所涉及的数学问题也有很多，因此，家庭数学教育对于幼儿数学教育有重大的意义。家庭轻松融洽的氛围能给幼儿营造更加自然、真实的环境。目前关于幼儿数学教育的研究主要集中在教师教法、教学课程设计等方面，对于家庭中的数学教育研究很少。本文调查研究家长指导幼儿家庭数学教育的现状，分析其存在的一些问题并提出建议，为幼儿的家长在日常生活中进行数学教育提供参考，幼儿园老师也可以通过本研究了解目前幼儿家庭中数学教育的现状，有利于家园合作，共同促进幼儿数学能力的发展。

作者简介　盛雅敏，浦东新区绿洲幼儿园中级教师；同济大学教育管理研究方向硕士研究生在读。

（二）研究问题

基于以上研究背景，本研究将运用访谈法和问卷调查法对家长指导幼儿数学能力发展现状进行研究。具体研究问题如下：

(1) 家长指导幼儿数学能力发展现状如何及其影响因素有哪些？

(2) 探讨提高家长指导幼儿数学能力发展的途径。

二、研究方法

（一）问卷调查法

在查阅相关文献及理论研究资料的基础上设计调查问卷并利用“问卷星”互联网软件向幼儿园家长发放问卷，并于回收后进行数据统计。由于是通过互联网发放问卷，发放份数不可控，最后回收问卷 156 份，有效问卷 156 份。通过问卷调查回收到的数据，我们将由此力求明晰家长指导幼儿数学能力发展的现状。

（二）访谈法

为了确保家长能在充分理解问卷项目内容的基础上进行填写，在研究过程中我们共计对 15 名幼儿园家长、教师及管理者进行了访谈，被访者对初始问卷条目提出自己的想法和修改意见。访谈开展前研究者事先拟定好了访谈提纲，每次访谈时间平均持续在 30～45 分钟。在访谈过程中访问者会适时根据受访者的回答临时生成相关问题进行追问。

三、研究过程

首先，进行文献检索。围绕家长对幼儿数学能力的意识形态及家长指导幼儿数学能力发展的内容和途径两方面进行相关理论经验整理和分析，为研究奠定坚实的理论基础。

其次，设计初步的访谈提纲和调查问卷。在对 12 名幼儿园教师进行集体访谈的基础上了解家长自主参与幼儿园教育管理的现状；从教师层面了解家长目前指导幼儿数学能力发展的内容和途径有哪些等。在此基础上初步形成包含 29 个条目的家长指导幼儿数学能力发展现状的调查问卷。

再次，修改原始问卷。首先研究者在幼儿园中层管理人员、园长的协同帮助下对初始问卷进行检验，删除了一些不符合操作性定义的条目。然后，邀请幼儿园各年龄段的一些家长对问卷进行评定，并对未明确表达或不适当的表达项目进行修改，以提高问卷的适用性。在此基础上我们形成了由 14 个条目构成的家长指导幼儿数学能力发展现状的正式问卷。问卷采用量表的形式对家长指导幼儿数学能力发展现状的三大维度进行调查:家长指导幼儿数学能力发展的相关意愿和认识、家长指导幼儿数学能力发展的内容和途径、家长指导幼儿数学能力发展的影响因素。

四、研究结果

在自行编制的《家长指导幼儿数学能力发展现状调查研究问卷》基础上对家长指导幼儿数学能力发展现状进行调查,主要从家长自身基本情况及指导幼儿数学能力发展现状两方面进行考察,然后对问卷进行统计归类,进行描述性分析。

(一)幼儿家长的基本情况调查

研究者利用“问卷星”互联网信息技术向幼儿园家长随机分发调查问卷,共收到156位幼儿园家长的反馈。问卷第一部分是了解幼儿家长的基本情况,调研情况如表1所列。

表1 调查对象的基本情况

题项	选项	频数	百分比
1. 您的孩子所在的年级( )	小班	84	53.85%
	中班	43	27.56%
	大班	29	18.59%
2. 我是孩子的( )	父亲或母亲	156	100%
	爷爷或奶奶	0	0.00%
	其他监护人	0	0.00%
3. 我的最终学历( )	初高中或中专	6	3.84%
	大专	12	7.69%
	本科	89	57.05%
	研究生及以上	49	31.41%
4. 我家庭的子女数( )	1个	99	63.46%
	2个	56	35.9%
	3个	1	0.64%
	4个以上	0	0.00%
5. 我( )园级、年级、班级家委会成员	是	45	28.85%
	不是	111	71.15%

（续表）

题项	选项	频数	百分比
6. 除去周末，作为主要负责孩子教育的一方家长平均每天指导幼儿学习的时间是（　）小时	0 小时	1	0.64%
	0～0.5 小时	24	15.38%
	0.5～1 小时	87	55.77%
	1～1.5 小时	5	3.21%
	1.5～2 小时	32	20.51%
	2 小时以上	5	3.21%
	不定时	2	1.28%

由表 1 可知，从幼儿所在班级比例来看，参与本次调查的家长来自小班的父母居多，总占比为 53.85%，参与调查的大班年龄阶段的幼儿家长人数（N=29）相对较少，说明大班家长对于参与幼儿园调查类活动的兴趣较低，小班家长对于此次家教指导活动的调查较感兴趣。

参与调查的幼儿家长都是父母（N=156），比例高达 100%，说明在家庭幼儿教育工作中主要还是父母占主导地位。

从受教育程度上来看，参与调查的父母亲的受教育程度都比较高。由数据可知，参与调查的幼儿家长中拥有本科学历的家长人数最多（N=89），占总人数的 57.05%；其次是具有研究生以上学历的人（N=49），占总人数的 31.41%；具有大专学历的幼儿家长（N=12），占比为 7.69%；受教育程度为初中、高中或者中专的人数占比总共为 3.84%。

参与调查的家庭中独生子女的家庭（N=99）占比最大，为 63.46%，有二宝的家庭（N=56），占比为 35.9%，有三个孩子的家庭（N=1），占比为 0.64%。

在参与幼儿园活动方面，参与调查的家长中是幼儿园各级家委会成员（N=45）占比达 28.85%，（各班固定 8 名家委会成员，平均每班 28 名幼儿，家委会人数占班级总人数 28.6%），非家委会成员（N=111）占比为 71.15%。

除去周末，作为主要负责孩子教育的一方家长平均每天指导幼儿学习的时间配比上 0.5 小时～1 小时人数最多（N=87），占比高达 55.77%。其次是 1 小时以上（N=42），占比 26.93%。指导幼儿学习时间小于 0.5 小时的家长人数（N=24），占比 15.38。另外有 1 名家长表示日常中不指导幼儿学习，2 名家长在指导幼儿学习上没有固定时长。

（二）家长指导幼儿数学能力发展现状调查

问卷第二部分为家长指导幼儿数学能力发展现状调查。研究包括三个方面：家长指导幼儿数学能力发展的意愿和认识、家长指导幼儿数学能力发展的内容和途径、家长指导幼儿数学能力发展的影响因素。为了说明各年龄段家长指导幼儿数学能力发展现状的具体情况，本研究对156名幼儿家长的参与现状整体情况根据不同年龄段进行分类描述性统计。考虑到不同年龄段下参与调研的家长人数不一致，我们用各个维度上的均值进行分析。

1. 家长指导幼儿数学能力发展的意愿和认识上的表现

家长指导幼儿数学能力发展的意愿是影响家长意愿的重要影响因素。只有愿意参加才能指导家长参与到家园合作工作中，统计结果如表2所列。

表2 家长指导幼儿数学能力发展现状在家长参与意愿上的状况

维度	题项	标准	小班	中班	大班
参与意愿与认识	您是否愿意参与到幼儿园指导家长借助游戏形式培养幼儿数学思维能力发展的合作研究活动中（ ）	非常愿意	58.33%	53.49%	51.72%
		比较愿意	29.76%	32.56%	27.59%
		一般	10.71%	13.95%	13.79%
		不愿意	1.19%	0%	6.9%
	仅限学龄前阶段，您认为幼儿的数学能力发展是否重要？您会在1～5之间打几分？	重要	4.4	4.51	4.59
	您认为在发展幼儿数学能力有效性方面，家庭教育和学校教育之间对幼儿影响的比重是？	家庭重要	51.0%	52.6%	52.4%
		学校重要	49.0%	47.4%	47.6%

从表2可知，家长指导幼儿数学能力发展的现状中家长参与幼儿园指导的意愿较高。所有参与调查的家长中，有55.77%的家长表示非常愿意参与幼儿园的指导活动，其中小班家长（$M=58.33$）参与意愿最强，其次是中班（$M=53.49$），大班意愿最低（$M=51.72$）。这表明小班家长希望得到来自幼儿园方面的家教指导愿望最为迫切，这促使他们非常乐意参与幼儿园活动。大班孩子由于面临幼升小的问题，大部分家长将指导孩子的更多精力转移到校外的教育机构中，从而降低了参与幼儿园指导活动的意愿。这一点也反映在家长对幼儿阶段发展数学能力重要性的认识上，迫于升学压力，大班家长认为幼儿发展数学能力的重要程度要高于小、中班家长。“在发展幼儿数学能力有效性方面，家庭教育对幼儿影响大还是学校教育对幼儿影响大”三个年龄段的家长都表示家庭教育的影响（$M=51.7$）要略大于学校教育对幼儿的影响（$M=48.3$），说明家长对家庭教育和学校教育之间的关系有一个正确的定位，在促进幼儿数学能力发展方面，家庭和学校起着同等作用。

在指导幼儿数学能力发展过程中，家长对幼儿数学领域的学习特点、学习内容认知程度也将影响着家长指导幼儿的有效性，表3统计了家长对于幼儿学龄前阶段应掌握的数学能力和可开展的数学活动的认识。

表 3　家长指导幼儿数学能力发展现状在家长参与认识上的状况

维度	项目	名称	均值	排序
参与意愿与认识	您认为幼儿阶段的数学能力培养应重点关注哪个方面?	对学习数学感兴趣	93.59	1
		掌握数学知识概念	50.00	4
		学会加减运算	33.33	5
		发展逻辑思维能力	91.03	2
		学会解决生活中的问题	73.08	3
		其他	0.64	6
	您所知道幼儿数学活动的内容有哪些?	数数	96.15	1
		数序	65.38	5
		计算	60.90	6
		比较	85.26	3
		测量	36.54	9
		统计	35.26	10
		分类	71.15	4
		模式	21.79	11
		推理	48.08	8
		图形	86.54	2
		空间	50.00	7
		其他	1.28	12

从表 3 可知,家长认为幼儿阶段的数学能力培养应重点关注“对学习数学感兴趣”(M=93.59)和“发展逻辑思维能力”(M=91.03),其次是“学会解决生活中的问题”(M=73.08),“掌握数学知识概念”(M=50.00)和“学会加减运算”(M=33.33)则排在最后两位。从中可看出,家长对幼儿数学能力发展的认知符合国家颁布的《3～6 岁儿童学习与发展指南》中数学领域方面对幼儿发展提出的要求,旨在培养幼儿对学习数学的兴趣,能用数学思维解决生活中的问题,感受数学的有趣和有用。

在对幼儿有哪些数学活动内容的认知方面,数数(M=96.15)、图形(M=86.54)、比较(M=85.26)是家长所熟知的内容,分类(M=71.15)、数序(M=65.38)、计算(M=60.90)、空间(M=50.00)是家长稍了解的内容,而推理(M=48.08)、测量(M=36.54)、统计(M=35.26)、模式(M=21.79)则是家长不太熟悉或认为不太适宜于幼儿阶段学习的数学活动内容。由此表明,家长对于幼儿数学活动内容的认知还是较片面的,认为类似于数数、图形、比较等这些较显性、低阶思维的数学活动适合于幼儿开展,而推理、测量、统计此类隐形、高阶思维的数学活动适宜于年龄更大点甚至是小学的孩子学习。此外,对于模式这一数学活动家长普遍认识度较低,这在今后的家教指导过程中需要引起注意。

研究者在访谈中通过对家长"您认为各年龄段的幼儿数学能力应发展到何种阶段,请举例"的调研,用关键字词频分析的方法了解到家长对小班(图1)、中班(图2)、大班(图3)幼儿应发展的数学能力认知有了一定的了解。

图1　家长对小班幼儿数学能力认知词频分布图

图2　家长对中班幼儿数学能力认知词频分布图

从图1～图3中可知,绝大部分家长对于各年龄段幼儿应发展的数学能力水平有一个正确的认识,小班幼儿发展的数学能力主要放在"数数"和"数字"上,中班幼儿发展的重点则开始转向"简单的加减法""分类"上,大班幼儿发展的重点则是"加减运算""推理""空间"等。但从图中也不难发现,虽然家长对于各年龄段幼儿发展的数学能力方向有一个清晰的定位,可是对于发展程度的认识仍存在一些偏差,如家长认为中大班幼儿可发展100以内的运算能力,这显然不符幼儿数学学习年龄特点。

图3　家长对大班幼儿数学能力认知词频分布图

2. 家长指导幼儿数学能力发展现状在家长指导内容与途径上的表现

幼儿数学教育的内容是实现幼儿数学教育目标的载体和媒介,家长指导幼儿数学能力发展的方式方法也将直接影响到幼儿数学能力发展的程度。研究者通过问卷及访谈的形式对家长在指导幼儿数学能力发展上内容与途径的现状进行了调查。

表4　家长指导幼儿数学能力发展现状在家长指导内容上的状况

维度	名称	小班均值		中班均值		大班均值		全园均值	
		开展过哪些数学活动	较注重哪方面数经验的发展	开展过哪些数学活动	较注重哪方面数经验的发展	开展过哪些数学活动	较注重哪方面数经验的发展	开展过哪些数学活动	较注重哪方面数经验的发展
指导内容与途径	数数	94.05	70.24	95.35	53.49	100.00	55.17	95.51	62.82
	数序	58.33	46.43	53.49	25.58	68.97	44.83	58.97	40.38
	计算	51.19	29.76	81.4	58.14	93.1	65.52	67.31	44.23

（续表）

维度	名称	小班均值		中班均值		大班均值		全园均值	
		开展过哪些数学活动	较注重哪方面数经验的发展	开展过哪些数学活动	较注重哪方面数经验的发展	开展过哪些数学活动	较注重哪方面数经验的发展	开展过哪些数学活动	较注重哪方面数经验的发展
指导内容与途径	比较	73.81	71.43	81.4	53.49	96.55	62.07	80.13	64.74
	测量	9.52	9.52	37.21	13.95	51.72	34.48	25.00	15.38
	统计	17.86	21.43	30.23	13.95	44.83	34.48	26.28	21.79
	分类	57.14	48.81	69.77	41.86	72.41	65.52	63.46	50.00
	模式	5.95	8.33	18.60	13.95	13.79	17.24	10.90	11.54
	推理	29.76	54.76	55.81	62.79	44.83	58.62	39.74	57.69
	图形	77.38	63.1	72.09	44.19	79.31	37.93	76.28	53.21
	空间	19.05	29.76	41.86	41.86	48.28	41.38	30.77	35.26
	其他	0.00	1.19	4.65	0.00	10.34	0.00	3.21	0.64

由表4可知，“数数”“比较”“图形”“计算”“分类”“数序”依次是家长在日常生活中较多开展的指导活动，“推理”“空间”“统计”“测量”“模式”是家长在指导上容易忽略的活动的内容。与“较注重哪方面数经验的发展”数据相比较，发现家长在“推理”（开展过活动 $M=39.74$，注重该经验发展 $M=57.69$）“空间”（开展过活动 $M=30.77$，注重该经验发展 $M=35.26$）两个数学能力上的数据有明显浮动，表明家长虽然在日常生活中较少对幼儿在“推理”“空间”上的指导，但仍抱有强烈愿望想让幼儿发展这两方面的能力。在“数数”（开展过活动 $M=95.51$，注重该经验发展 $M=62.82$）这一能力上家长的期望值与实践活动频率成反比，表明虽然“数数”是家长平时指导频率最高的活动，但并不是家长感兴趣的培养内容，这有可能是由于家长没有其他数学教学活动的专业指导策略，只能开展类似“数数”这类较简单的活动，家长需要更多发展幼儿其他数学能力方法策略的指导。

从年级组层面来看，小班家长对“比较”“数数”“图形”“推理”几个活动较注重，其中“推理”（开展过活动 $M=29.76$，注重该经验发展 $M=54.76$）；“空间”（开展过活动 $M=19.05$，注重该经验发展 $M=29.76$）；“统计”（开展过活动 $M=17.86$，注重该经验发展 $M=21.43$）是家长比较想要获得指导的内容。中班家长对“推理”“计算”“数数”“比较”几个活动较重视，其中“推理”（开展过活动 $M=55.81$，注重该经验发展 $M=62.79$）是中班家长较想获得指导的内容。大班家长开展过的数学指导活动比较全面，主要集中在“计算”“分类”“比较”“推理”“数数”，其中“推理”（开展过活动 $M=44.83$，注重该经验发展 $M=58.62$）；“模式”（开展过活动 $M=13.79$，注重该经验发展 $M=17.24$）是家长比较想要获得指导的内容。

表 5　家长指导幼儿数学能力发展现状在家长指导途径上的状况

维度	名称	小班均值	中班均值	大班均值	全园均值
指导内容与途径	游戏	95.24	93.02	93.10	94.23
	练习册	41.67	48.84	75.86	50.00
	在线学习	25.00	32.56	20.69	26.28
	线下教育机构	14.29	18.6	41.38	20.51
	生活中的偶发事件	64.29	58.14	51.72	60.26
	其他	0.00	4.65	6.9	2.56

由表 5 可知，家长指导幼儿数学能力发展现状在家长指导途径上使用较多的是“游戏”（$M=94.23$），其次是“生活中的偶发事件”（$M=60.26$）和“练习册”（$M=50.00$），表明家长在育儿理念上与时俱进，有一定的科学育儿理念。这在家长访谈中也有所体现，如有的家长提到“在发展幼儿数学能力的时间活动中，我发现结合生活的方式更有效，比如数数，在家中玩分糖果或者水果的游戏，从而让孩子了解到计算，比较多少的数字运用”。“小班或理解能力较弱的孩子，可以通过简单易懂的游戏方式循序渐进地进行指导。中大班或理解能力较强的，可以直接用文字或书本进行指导。”同时通过“游戏”和“生活中的偶发事件”发展幼儿数学能力也符合我园制定的特色课程理念，家园理念相通能顺畅地促进今后的家教指导工作。从各年龄段数据来看，大班家长虽然心里仍清楚“游戏”和“生活”是幼儿学习的最佳方式，但迫于幼升小压力及功利心，通过“练习册”和“线下教育机构”的方式来发展幼儿数学能力的比例要高于小中班。

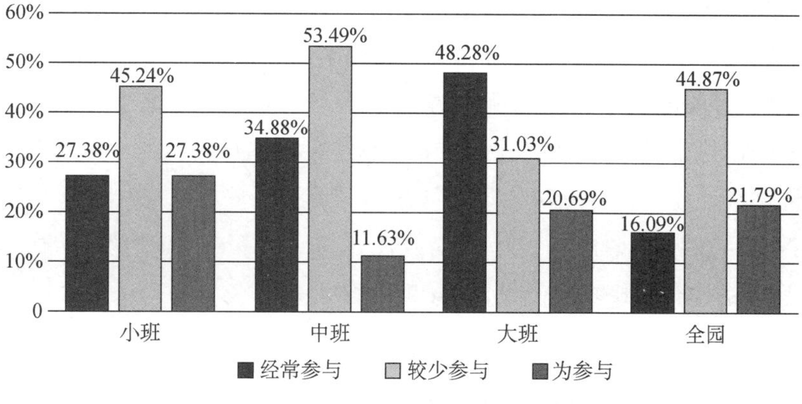

图 4　家长参与幼儿园公众号亲子游戏指导活动占比情况

从图 4 可看出，虽然幼儿园利用公众号平台每周一次向家长推送生活化亲子数学游戏指导内容，但家长参与的程度普遍较低。从访谈中了解到家长参与的频率之所以不高的原因，一是“工作时间太忙，经常出差，无暇顾及孩子的教育”；二是“公众号平台的互动性较弱，家长无法与教师面对面交流，导致游戏过程中遇到一些问题不知如何解决，从而降低了参与的兴趣”。这表明学校在指导家长工作中要考虑家长时间安排上的实际情况，控制好参与活动的频率。另外在指导过程中虽然公众号能更广泛地推广家长指导的经验，但在家园互动性上有所减弱，对于有疑问的家长要提供沟通交流的平台。

3\. **家长指导幼儿数学能力发展现状在影响家长指导因素上的表现**

为了更好地在今后的工作中开展对家长有效的育儿指导，提升家长指导幼儿的能力，就需要对家长在指导幼儿数学能力发展上存在的影响因素进行了解，其中包括促进家长指导幼儿数学能力发展的因素和阻碍家长指导幼儿数学能力发展的因素，以及家长比较感兴趣的指导形式。

图 5　促使家长指导幼儿数学能力发展的主要因素关键字词频分布

通过与家长访谈中的词频(图 5)分析得知，能促使家长去指导幼儿数学能力发展的主要因素是“孩子的兴趣”“数学这门学科的重要性”以及“升学的压力”。如家长所说：“幼儿对数学活动的兴趣，对于数学的好奇心和兴趣是家长重视孩子数学能力培养的重要因素之一，当然，希望自己宝贝不落后于同龄小朋友也是一方面。”此类家长具有较为民主、开放的教育理念，根据幼儿兴趣选择幼儿的培养目标和内容，一切以孩子为出发点。另有一部分家长认为：“我觉得数学思维的培养极为重要，生活离不开数学，数学是生活的必需技能。家长很有必要结合实际提前让幼儿感知数学的培养，灵活对数字的运用从而发展小朋友的逻辑思维能力。”数学这门学科在生活中的重要性及实用性是这类家长比较关注的，逻辑思维培养的目标促使家长关注指导幼儿数学能力的发展。“学好数理化，走遍天下都不怕。为了顺利过渡幼升小，希望孩子获得数学的基本概念，以后能够顺利进行小学以及后续的数学方面的学习。”这类家长出于孩子今后升学的考虑，希望获得相关经验的指导从而能帮助幼儿更好地进入下一阶段的学习。

在阻碍家长指导幼儿数学能力发展的因素方面，从访谈中的词频统计(图 6)中可知，“时间”“精力”“工作”是阻碍家长指导幼儿能力的主要因素。如一位家长说道：“我工作路程远，到家比较晚，到家的时候孩子都睡了。平时工作太忙，周末的时候就想好好休息，有时候也是自己懒惰，就更没时间精力去指导孩子了。”由于大部分家长都是双职工，根据表 1 统计数据，平时大部分家长能花在指导幼儿学习的时间上平均在半小时到一个小时之间，除去其他领域学科及幼儿兴趣爱好的指导，能在幼儿数学能力培养上花的时间的确是微乎其微。另外除去“时间”因素，家长对于“幼儿数学能力的指导方法”经验缺失也是阻碍家长指导的一个因素。一位家长在访谈中表示：“数学本身具有

图 6　阻碍家长指导幼儿数学能力发展的主要因素关键字词频分布

抽象性，对幼儿数学能力发展的特点和对应指导方法又不了解，在指导中较难做到与孩子共情(理解孩子的困难)，在与幼儿进行沟通学习时有时会遇到多次解释介绍后幼儿还是不理解的情况。”

表 6　家长指导幼儿数学能力发展现状在家长感兴趣的研究形式上的状况

维度	名称	频次	平均值
影响因素	讲座	65	41.67
	活动展示	130	83.33
	经验交流	102	65.38
	其他	10	6.41

由表 6 可知，家长对“活动展示”($M=83.33$)和“经验交流”($M=65.38$)类的研究形式比较感兴趣，另外有一部分家长补充表示可以开展一些“专题答疑”“亲子游戏探讨”类的活动。

（三）家长指导幼儿数学能力发展现状存在的问题与建议

根据家长指导幼儿数学能力发展现状的调查可以看出，家长在参与幼儿数学能力发展指导的状况总体良好，但也存在一些问题。家长普遍表示非常愿意指导发展幼儿数学能力，但由于工作、时间等因素能真正做到指导幼儿发展的家长人数较少。另外在幼儿数学教育理念上家长有较正确和科学的认识，但在具体某个年龄段该发展到的程度认知还不够准确。我们将基于对不同家长参加指导幼儿数学能力发展进行的问卷调查和访谈结果，分析家长在指导幼儿数学能力发展过程中存在的问题并提出改进建议。

1. 家长指导幼儿数学能力发展意愿与认识上的问题与建议

随着信息的普及和高速流转，越来越多的家长能第一时间获取最先进的幼儿教育理念，许多家长也意识到家园合作的重要性。由表 2 可知，绝大部分家长表示很愿意参与幼儿园的指导家长发展幼儿数学能力的研究活动，但由于升学压力及家长对幼儿知识性方面越来越高的要求，家长参与幼儿园活动的意愿从小班到大班逐班递减。

此外家长虽有较先进的教育理念，知道幼儿数学教育的目的是培养幼儿对学习数学的兴趣，能用数学思维解决生活中的问题，感受数学的有趣和有用(表 3)，但在具体的数学分支内容及各年龄段可以掌握的数学能力和程度的认知上有所偏颇。如家长普遍认为幼儿阶段能开展的数学活动包括数数、图形、比较，分类、数序、计算和空间，而推理、测量、统计则是家长不太熟悉或认为不太适宜于幼儿阶段学习的数学活动内容。而模式这一数学活动是家长认识度最低的，这在今后的家教指导过程中需要引起注意。此外，家长虽能根据幼儿年龄选择适宜的数学活动，如小班孩子学习重点可放在数数上，中、大班则是计算，但在学习发展程度认识上对幼儿年龄来说较难，如家长认为中班应学习 20 以内的加减法，大班甚至可以学习 100 以内的加减法。

笔者建议，在开展幼儿园家教指导活动中，教师可以先对家长理念认识上的不足进行指导和修正，帮助家长了解学龄前阶段幼儿数学知识体系包括哪些，以及针对不同年龄段的幼儿，应掌握的数学教育目标是什么，使家长明确不同年龄段的指导幼儿数学能力发展的方向。此外要通过促使家长发现幼儿园家教研究活动的价值，从而激发大班家长参与研究活动的兴趣。

2. 家长指导幼儿数学能力发展内容选择上的问题与建议

数数、比较、图形、计算、分类、数序依次是家长在日常生活中开展较多的指导活动，推理、空间、统计、测量、模式是家长在指导上容易忽略的活动的内容(表 4)。另外“数数”虽然是家长平时指导频率最高的活动，但并不是家长感兴趣的培养内容，这有可能是由于家长没有其他数活动的专业指导策略，只能开展类似“数数”这类较简单的活动。

从年级组层面来看，小班家长在“推理”“空间”“统计”方面的指导技能较欠缺。中、大班家长对“推理”方面的指导策略较缺失，同时也是他们最感兴趣的一个数学活动内容。

从数据(表 4)中不难发现，家长虽然在日常生活中较少对幼儿在“推理”“空间”上的指导，但仍抱有强烈愿望想让幼儿发展这两方面的能力。

笔者建议，结合能促进家长指导幼儿数学能力发展的因素(图 5)：孩子的兴趣、逻辑思维、幼小衔接，设计适合各年龄段开展的亲子数游戏活动方案。在具体数学内容选择上，契合家长日常指导中缺失的活动，可以多开展关于“推理”“模式”方面的数学游戏研究，如利用模式进行推理，既引起了家长对模式的兴趣和认识，又能满足家长对幼儿推理能力指导的愿望，小班可增加针对“空间”内容的指导。

3. 家长指导幼儿数学能力发展途径上存在的问题与建议

家长在指导幼儿数学能力发展途径上注重通过“游戏”和“生活中的偶发事件”发展幼儿数学能力，符合我园制定的特色课程理念，家园理念相通能顺畅地促进今后的家教指导工作。但从各年龄段数据来看，大班家长虽然心里仍清楚“游戏”和“生活”是幼儿学习的最佳方式，但迫于幼升小压力及功利心，通过“练习册”和“线下教育机构”的方式来发展幼儿数学能力的比例要高于小、中班(表 5)。

对于幼儿园现有的利用公众号平台向家长指导亲子数学游戏形式，家长普遍是接受的，但参与度较少(图 4)。从访谈中了解到家长参与的频率之所以不高的原因是：工作忙和公众号互动性较弱。公众号在宣传游戏玩法上可以起到很好的推广和示范性，但如果家长在游戏中遇到一些问题或有进一步的想法时无法及时与教师进行探讨，互动体验感较弱，从而降低了家长参与的兴趣和积极性。

笔者建议，学校在指导家长工作中要考虑到家长时间安排上的实际情况，控制好参与活动的频率。另外多提供一些家校能面对面互动的活动，既能使家长及时提出指导幼儿数学能力发展过程中心中的疑惑和想法，又能使教师及时捕捉到家长指导过程中的反馈信息，从而更有针对性地去指导家长发展幼儿数学能力。

关于提升幼师职业认同感的研究

◎ 盛 杰

摘 要 幼师职业认同感是决定幼师发展的关键，将直接影响幼师工作的积极性。研究表明幼儿园教师的职业认同感越高，越能认可和热爱自己从事的幼儿教育职业，并从中获得满足感。目前社会对幼师职业认同感普遍偏低，导致幼师自身对工作存在质疑。文章将从影响幼儿教师职业认同感的多方因素出发，针对幼教工作中存在的实际问题，提出有效解决策略，促进社会及其个人对幼师职业认同感的形成与建立。

关键词 幼师职业 职业认同 社会认同 个人认同

学前教育是基础教育的组成部分，是终身教育的奠基阶段。然而社会对幼师职业认可度偏低，认为幼师只是陪幼儿每天玩耍，还有寒暑假，无任何专业技能可言，同时，较低的薪酬和待遇也让幼师自身对自己的职业产生了否定的情绪。这样不利于我国学前教育的发展，也关系着我国教师队伍的稳定性发展。幼师需要对自己的价值和对幼儿的影响有全面的认识，才能不断提高自身的职业素养，为教育事业做出贡献。对此，我们必须增强社会对幼师职业的认同感，以此坚定幼师们的职业信念，完善职业素养。

一、研究方法

（一）文献资料法

本文通过文献资料法，即对国内外各种与幼儿园教师职业认同感研究相关的文献资料进行了收集、阅读、整理与归纳，了解了一般概念与理论，从而为本文撰写提供理论依据。

（二）访谈法

为了更好地获得相关数据信息，本文通过访谈法进行调研。所谓访谈法，是通过和受

作者简介 盛杰，上海浦东新区金钥匙幼儿园教师，同济大学教育管理研究方向硕士研究生在读。

访问对象之间的口头交流来得到相关信息的一种方法。所选谈话环境必须是无干扰的、安全温馨的环境，如此可以确保访谈中，双方可以自由轻松地交流沟通，从而获得更全面详细的信息。

本次访谈包括三部分内容：第一，受访者基本情况了解，其均为幼儿园一线工作的教职工。第二，受访教师当前所面临的疑惑与困难，如职业技能方面遇到的难题等。第三，受访教师对于幼教职业的表现与感受，如职业归属感，职业价值观等。

本次访谈选取有代表性的10名幼儿园教师进行一对一访谈，对幼儿园职业认同感提出的表现与感受问题进行深度访谈，使得本文在深入分析幼儿园教师职业认同感的情况下，研究更加生动和真实。

二、影响幼师职业认同感的因素分析

（一）缺少对幼儿园教师职前职业素养的培训

幼儿教师职业认同是指幼儿教师对其所从事职业的社会价值所持有的看法和社会对该职业的评价、期望的一致。学前教育专业学生自身对幼教职业的认同是教师情感最持久的源动力，是从事幼教职业的基本心理准备。

老师1：我本科的时候就读的学前教育专业，父母希望女生毕业后能找一份稳定的工作。我在本科的阶段读了很多关于幼儿心理学、幼儿园课程、钢琴等必备的专业技能方面的知识，确实每天跳跳唱唱，自己也觉得课程比较有趣。但是我对将来自己到底该如何做好一名合格的幼儿园老师还是比较迷茫的，也或许是缺少实践吧，对将来自己的职业发展道路也是一头雾水。关于专业性的课程在本科阶段还是读了很多的，但对将来如何去做概念不清晰。

老师2：大学读了师范专业，毕业后好像除了老师也没有更多的职业选择了，当时自己也年轻，对自己将来要从事什么职业也没有过多的想法。在幼师岗位工作3年，产生了一定的职业倦怠，没有去企业任职过，总想着自己是不是还能开拓其他的领域就职。

老师3：我们在学生时代学习了很多幼儿的专业知识，学校也会有机会让我们去优质的幼儿园进行实践参观，其实自己对幼儿园的工作还是喜欢的，因为可以一直和可爱的小朋友们在一起挺开心的。但我有时也会对将来职业规划道路感到迷茫，要和来自不同家庭的家长打交道，要做三十个孩子的孩子王，也不知道自己是否真的能够胜任这样的工作。

根据对刚入职教师及有过工作经验的老师的访谈，我们可以得出，在学前教育专业学生的培养过程中，除了传统的幼儿教育理论和技能的培养，缺少了学前教育专业学生坚定的职业信念和职业理想的培养。

良好的职业认同感能够让学前教育专业学生提前对幼儿教师这个职业有正确的认识

和态度，能够有目的地为将来从事的职业做好知识和能力方面的准备，能够顺利地度过从业之初的适应阶段，尽快进入幼儿教师的角色，因此在学前教育专业学生的教育中加大职业认同的培养力度就显得尤为重要。这样才能将我们学前教育专业学生的在校学习与就业相衔接，更好地体现人才培养的针对性和实用性。

（二）社会对幼师职业的误解

在很多人心里，认为幼师的工作就是带带孩子、玩玩游戏，觉得幼师这个职业非常轻松，也不像中小学一样有固定的课程。事实上，幼师们的工作并不轻松，往往需要身兼多职，超负荷运转。从幼儿入园的那一刻起，幼师们就打起了精神开展丰富的一日生活，除带班外，通常被各种会议、培训、教学计划、说课等事情占据。幼师不仅需要学习专业知识，强化理论基础，还要在实践教学的过程中通过各种自我学习和参加培训不断提升自己，不仅要教学一流，而且要具有教育心理学的基础，集各种才华艺术于一身，最重要的是幼师这个职业需要十足的爱心、耐心、细心和专心。幼师不只是在园内看管孩子，而且要对幼儿进行教育，提高幼儿的智慧，使幼儿具备良好的学习能力。[1]

老师 4：作为一名幼儿园基层的老师，我们每天 7 点 30 准时到岗，开展幼儿的一日生活，每天的案头资料不断，还要外出培训，校内外展示课不间断。但到了有些家长心中，幼儿园老师不就是带带小孩子，毫无专业技能可言，有些外部的评价确实让我对自己的职业产生了强烈的反感。

老师 5：无论是任教哪个学龄段的老师，都是值得被尊重的。但是现在的家长自身学历很高，认为有资格能够对老师的教学模式以及专业性提出质疑，使得我们在开展活动时产生了很多的阻碍，这其实也是出于社会对学前教师职业的误解。

老师 6：我从事学前教育工作已有 6 年的时间了，期间换过领导，每任领导都有自己的教学理念与想法，我们则不停地翻新，不停地做无用功。有时候就会有强烈的职业倦怠感，开始不认可自己的职业，没有一个明确的目标，毕竟没有个硬性指标来证明学前老师到底教得好还是不好。

学前班是做小学预备的地方，不像中小学可以用班级的成绩或升学情况等因素来衡量老师教学质量的好与坏。幼儿的一日生活中也是需要教师对孩子生活上的照顾与指导，许多人就把幼师的工作相比于保姆，然而幼师明显对孩子的未来负有更大的责任，她们将孩子的人格与未来的人生作为教学的目标，培养孩子们的良好的习惯和品德的塑造。

（三）基层教职工工资待遇问题

幼儿园的薪酬待遇对教师的职业认同感也是有很大影响的。提及教师工作，许多人的第一反应就是薪酬低，难以维持正常的生活开销。这就导致很多“双一流”大学的学生不愿留在一线教学中工作。一般情况下，待遇较好的学校，能够提高教师的归属感，也很容易激发老师的责任心，使教职工自然而然的投入到教学当中。

老师7：提到教师职业，很多人就会与低收入画上等号，可确实，身边的朋友在企业里拿着丰厚的薪酬，而我也是辛勤工作收入却不及朋友的一半，有时候是会有想自己是不是选错职业了。同学聚会免不来会谈及工资的问题，我就低头不语，从薪酬中感受到自己的职业不被认可。

老师8：我是一名华师大学前教育本科毕业的老师，以分数来衡量我的学业水平的话，当初也算是优等生了。当我的工资条拿回家，被家人看到，顿时被嘲弄了一番，因为教师较低的薪酬，开始认为读书好有什么用？选对专业才能够实现自我价值吧？这就大大降低了幼师在我心中的职业认同感，起因就是低收入让我有了种职业不被认可的挫败感。

由此可见，工资待遇虽不能起到绝对性作用，但成为优秀人才选择职业或者选择专业的考虑点。人们都会把教师比作蜡烛，燃烧自己点亮了别人。又或是蜜蜂，辛勤的工作不求回报，但薪酬低的问题也是确实存在的，这也降低了大众对教师职业的认同感。

三、提升幼师职业认同感的策略

（一）增强新入职幼师职业综合素养的培训

职业认同的培养离不开专业素养和职业能力的提高。首先，幼儿园要培养新入职幼师的专业意识，使他们对自己的职业角色有正确的了解。在职业技能方面，可以采用多种形式的培训，将一些实用技能传授给新手教师。例如老带新的方式帮助新入职教师尽快适应本职的工作。其次，可将最新的幼儿教育政策和理念及时传达给幼师，增强职业信心和职业期待。最后，加强对教师的心理疏导工作，关注教职工的心理健康状态，帮助教师树立正确的职业价值观，认识到幼师承担的责任和使命。[2]职业规划与职业生涯辅导是学生职业心理素质教育的重要载体，职业心理素质发展的前提是对职业具备良好的认知能力。目前在校生对职业普遍缺乏客观理性的认知，导致就业过程中出现问题。[3]对此，职业生涯规划课程可邀请一线幼教工作者进行现场交流，确保学生对职业有更直观、清晰的认识。已有研究表明，目前在校生职业价值观某种程度上缺失严重，仅有少数学生拥有坚定的对理想职业追求的信念，大部分学生择业时易与同伴攀比，薪资高、待遇好成为学生衡量工作好坏的标准，这一现象不利于个体职业生涯长远发展。[4]因此，在当下多远价值互相渗透的时代背景下，有必要强化学生职业理想信念教育。

幼儿园要强化幼师入职培训工作，确保培训目的明确，培训内容有针对性和可行性，注重幼儿园教师的专项能力培训，从幼儿园教师需求与实际出发来进行活动的合理安排。幼儿园领导者必须正确引导幼儿园老师树立正确的职业观念，对自身教师角色重新定位，明确工作目标与职业方向，做好工作规划。

（二）加大政府对学前教育工作的重视与宣传，提高社会地位并解决薪资问题

社会支持对幼儿园教师职业认同有显著的影响，幼儿园教师对所从事职业的看法与感受及其表现出的行为，与外部环境的影响是分不开的。在社会中有稳定的人际关系网络和支持来源，获得多方面力量的足够支持，能够提高幼儿园教师的职业认同感，在情感、期望和价值观上趋向“自我认同”，从而形成积极的职业心理。[5]政府要协助提高幼师的社会地位，给予教师情感上的支持，承认幼师工作的意义和价值，为教职工营造轻松，愉快的工作氛围，让他们以更饱满的热情和更积极的态度投入工作中。我们可以通过设置“幼师体验”活动，让家长轮流替班、感受幼儿园教师日常工作，也能更好地普及幼儿教育知识，从而使家长与幼儿教师建立良好信任的关系，以缓解家长对幼儿教师工作的质疑。

通过访谈，工资收入越高，职业认同感越强，因此，工资收入的增加会使得幼儿教师有更强的职业认同感。加强幼儿教师的专业意识，提高专业素质，从各方面支持教师的专业培训，让老师们能够自觉按照幼儿园教师专业标准来规范自己的教育行为，有利于增强幼儿园教师的职业认同感。

学前教育对幼儿有着深远的影响，教师需要对自己的价值和自己对幼儿的影响有全面的认识，才能不断提高自身的职业素养，为教学事业做出贡献。[6]

（三）适当减轻幼师工作强度，激发基层教职工的工作积极性

幼师的工作既有保育的要求又有教育的责任，工作时既要身体各部位不停运转，精神上也需高度紧张。并且平均每个幼儿教师每学期的案头工作高达19种之多，主要包括各种计划、记录及小结。这么多的案头工作挤占了幼儿教师许多的休息时间，花费了他们较多的精力，也占据了他们许多思考的时间、自由创造的时间和吸取新知识的时间，而且也加重了幼儿教师的工作压力和负担。因此笔者建议可以适当地减少不必要的案头工作，给予幼师更多时间和精力在提升自己的专业技能上，有更多的时间去陪伴孩子、了解孩子。

当然，幼师也需要做些有效的自我情绪调节，对工作当中的各方面压力正确排解，应正确看待，保持心态平和。学会理性思考化解问题与压力的方法，可以与他人之间进行积极的互动交流，将自身压力倾诉出来，有问题及时与组长联系沟通，起到将压力的效果，从而更加积极向上的开展工作。

四、结语

综上所述，提高幼儿园教师职业认同离不开社会各方面力量的支持，需要帮助幼师获得情感上的支持，承认他们工作的意义和价值，为他们营造轻松，愉快的工作氛围，让他们以饱满的热情和更积极的态度投入工作中。

影响幼师职业认同感的因素很多，我们要不断加强政府对幼儿教师的扶持力度，不断提高幼师的社会地位，增强幼师的职业意识和专业能力，减轻新入职幼师的工作压力，从而激发幼师工作积极性，提高幼师的职业认同感。首先，幼儿园教师需要进行自我的性格修炼，在遇到困难时可以向他人请教。其次，幼儿教师也要多参加集体活动，可以采取加入社会团体的方式，在互动中缓解压力体验乐趣。

参考文献

[1] 姚佳敏.新疆幼儿教师职业认同的研究[D].成都:四川师范大学,2018.

[2] 王照萱,张雅晴,程黎.幼儿园教师职业认同的测量及其与社会支持的关系[J].内蒙古师范大学学报(教育科学版),2019,32(10):61-69.

[3] 王姣艳,王辉.特殊教育教师职业认同的影响因素研究[J].中国特殊教育,2013(1):52-57.

[4] 吴琼.天津市公办幼儿园教师职业认同现状的调查研究[J].天津职业院校联合学报,2019,21(6):108-112.

[5] 李海萍,陈喜.论职业心理素质与职业选择[J].中国职业技术教育,2006(5):22-24.

[6] 李宁萍.高职学生职业心理素质与职业价值观教育研究[J].重庆电子工程职业学院学报,2016,25(5):4-6.

从理解到语用　提升课堂效能

——五星教学模式在小学语文课堂教学中的应用初探

◎ 周　游

摘　要　五星教学模式在"聚焦解决问题"的宗旨下，突出激活旧知、示证新知、尝试应用和融会贯通四个环节，旨在实现有价值、有效果、有效率和有吸引力的优质教学。本文探索五星教学模式在小学语文课堂教学中的应用，从系统教学设计入手，在学生对文本有深入理解的基础上，增强语言运用能力，有效落实三维教学目标和核心素养培养要求，切实提升课堂效能。

关键词　五星教学模式　小学语文　教学设计　课堂效能

一、问题提出的背景

教育部颁布的《义务教育语文课程标准》(2011年版)中明确指出，"语文课程是一门学习语言文字运用的综合性、实践性课程"。首次将"学习语言文字运用"提到了一个前所未有的新高度，引导教师在教学设计时充分考虑语言实践的必要性，转变传统的"以朗读促理解"的阅读本位教学理念，不断尝试新的教学模式，以提升课堂效能，提高学生运用语言的能力。在日常教学的过程中，如何激发学生的学习兴趣并提高学生的课堂参与度是有效开展课堂教学活动的第一步。尝试用不同的模式创设情境让学生以"解决问题"为导向，有目标、有方向地自发参与教学过程也是提升课堂效能的关键步骤。

基于单元目标的课程设计与实践背景，对教师系统教学设计能力提出了新的要求，这就需要教师将单元目标融入每节课的教学目标中，并形成一定的序列性。同时，这对教师以完整任务为统筹，依据不同的教学目标类型来开展针对性的教学能力也提出了更高的要求。

作者简介　周游，上海市宝山区实验小学，二级教师；同济大学在读教育硕士(教育管理方向)。

二、五星教学模式的内涵

五星教学模式也称"首要教学原理"或"五星教学设计",由当代国际著名教育心理学和教学设计理论家梅里尔(Merrill. M. D.)[1]于21世纪初提出。其主张考察各种教学原理共通的成分后,在"聚焦解决问题"的宗旨下,教学应该由不断重复的四阶段循环圈构成:激活旧知、示证新知、尝试应用、融会贯通,并提出教学要遵循5个原理和15个操作要点,还应辅以"指引方向""动机激发""协同合作"和"多向互动"四个教学环境因素的配合(图1)。

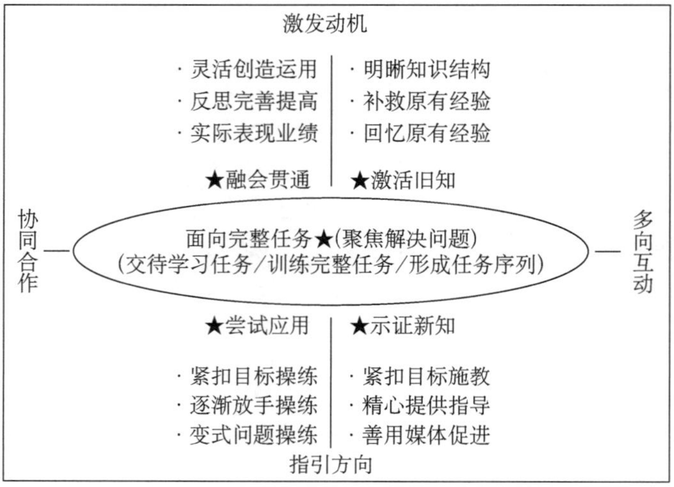

图1　五星教学模式要素

五星教学模式最大的特点就是以解决问题为导向,要求教学尽量贴近现实生活,为解决生活中的实际问题而实施。在教学开始前首先交待教学任务,为学生创设任务情境,激发学习动机,并形成相应的任务序列,使教学过程有方法、有步骤地开展。激活旧知是实施五星教学模式的关键一步,也是教学活动的导入阶段。激活旧知之所以重要,是因为任何新知识的学习都与学生已有的相关经验直接发生作用。示证新知指教师要通过一系列的讲解示范来帮助学生接触和领会新知识。强调要根据认知教学目标(学习结果的类型)来运用相应的教学策略,从而提升教学效能。尝试应用在教学过程中尤其重要,强调的是紧扣目标操练,所谓紧扣目标操练,是指教学目标(学习结果的类型)是什么,那么就进行什么样的尝试应用。尝试应用还有一个原则,就是要进行变式问题操练,变式问题操练与紧扣目标操练并不重复,指在不超过总的问题难度的前提下,有意识地变化问题的情境,以便凸显和澄清问题的本质,真正达到新知内化的目的。融会贯通是在尝试应用和提供反馈结束后,学生争取进一步熟练和迁移新知识,能够根据情境的变化来灵活运用新知识。

三、五星教学模式的实践过程

五星教学模式的概念进入国内后，引起了广泛关注，为教师在教学设计方面提供了新框架和新思路，现以笔者执教的《一座铜像》的教学片断为例，探索“五星教学模式”在小学语文教学中的运用。《一座铜像》为大家讲述了布鲁塞尔的一名小男孩于连在发现险情并断定是隐藏的敌人在搞破坏后，急中生智用自己的小便浇灭了导火线上的火花，拯救了整座城市和全城的老百姓。布鲁塞尔人民为了纪念他，便在中心广场上为他塑了一座铜像，供全世界前来布鲁塞尔游览的游客瞻仰。

（一）聚焦解决问题

本阶段的主要任务是：交待学习任务、训练完整任务和形成任务序列三部分内容。

在导入阶段，教师先带学生领略布鲁塞尔的美丽风光，有高大的三拱凯旋门、有热闹的中心广场、还有庄严雄伟的市政厅，最后将图片定格在一座光着身子的男孩铜像上，并告诉学生这是布鲁塞尔的标志性建筑。我们今天就要来当一回小导游，学着介绍这样一个特别的景点。要介绍这座铜像，除了要能正确形象地描述铜像的样子，还要了解铜像背后的故事并能把它说给其他人听。

课堂导入阶段，教师将本节课的学习任务向学生交代清楚，并形成任务序列。在激发学生学习兴趣的同时，让学生对接下来的学习任务有所了解并能根据相应的学习目标有目的性地进行操练和记忆。这样的语文教学将不仅停留在朗读和理解的层面，而是能调动学生的积极性，达到语言运用的目的。

长期以来，我们容易陷入一个误区，认为教学活动的多样性和丰富性是决定学生是否愿意积极地投入学习的重要因素。所以，教师始终秉持着“方法优先，媒体挂帅，活动精彩”的观念。然而，心理学的研究认为，学习者只有了解自己在学习中会遇到什么样的困难，在学习后会得到什么样的收益，权衡利弊之下他才会对究竟需要付出多大的心理努力或者心理投入做出决策。[2]所以，在教学开始前交待教学任务并不是一件可有可无的小事，它在一定程度上会影响学习的效果和进程。

（二）激活旧知

在示证新知阶段之前，复习一下相关知识，使学生轻松进入新知识的学习阶段，起到承上启下的作用。

在介绍这座铜像时，对铜像的外貌描写是学生比较熟悉的部分，而对于连如何发现险情到急中生智的过程是教学重点及难点。因此，教师出示课文第一小节，让学生自由阐述读懂了什么。在教学过程中，重视激活学生已经掌握的旧知，于是重点关注描写铜像外貌的句子：小男孩卷卷的头发，翘翘的鼻子，光着身子，正在撒尿，真是又调皮又可爱。最后由教师来小结，课文的第一小节就是从铜像的高度、样子和身份来介绍的。经过朗读理解后，让学生试着看图片从这几方面来介绍铜像。

课文所在单元的单元目标是用各种方法理解词语。此前，学生已经能够熟练掌握各种方法理解不同的词语意思，因此在帮助学生理解于连发现险情的危急过程时，抓住“迸跳”“干涸”“夺目”等词语，用已经学过的各种方法来理解词语，达到理解句子的目的，完成激活旧知的部分。

（三）示证新知

在这一阶段讲述具体的新知识。之前在激活旧知阶段复习了人物外貌描写的顺序及理解词语的各种方法。接下来，就要在理解的基础上进行语言运用的操练部分，也是小学语文课堂常见的教学环节——复述训练。抓住关键点：于连经过一个小院子时，忽然闻到“一股浓烈的火药味”，发现“一道夺目的火星迸跳着”，看见“一条又长又粗的导火线”，而这条导火线不仅在“干涸”的深沟里，而且还“连着市政厅的大火药库”，情况非常的危急。教师的关键内容板书实际上就是为学生复述课文内容提供了支架系统，其实这也反映了教师对建构主义教学思想实质的一种把握。此时，教师可以提醒学生，想要当一位称职的小导游，第一步必须记清楚铜像背后的真实历史故事。接着，为了加深学生对当时情况危急的理解，教师需要不断创设情境、善用媒体促进，让学生感悟于连“急中生智”的了不起，激发对于连的崇拜与敬佩之情，让情感陶冶、复述策略训练融为一体。

（四）尝试应用

在学生能够正确复述小于连发现险情后急中生智，用自己的小便浇灭导火线上的火花的过程后，教师可以让学生进行小导游的角色扮演，看着这座铜像，从铜像的高度、样子和身份以及铜像背后的故事几个方面来为大家介绍这座铜像。在这一阶段，需要学生对所学的新知识能够进行应用，经过激活旧知和示证新知环节，在尝试应用这一环节，学生要开始进行语言运用实践，加深对新知的理解与掌握。

当前学校教学中存在的共同问题是没有提供有效的示证新知和尝试应用，很多教学采用简单的“讲—问—答”教学。事实上，一些教学设计中虽然没有示证新知，但配有尝试应用环节，并且在尝试应用中设计了矫正型反馈环节，也能够起到示证新知的效果。

（五）融会贯通

经过“聚焦解决问题—激活旧知—示证新知—尝试运用”几个阶段后，学生能够积累一定的方法介绍一座铜像，接下来就是最后的融会贯通阶段。教师让学生在课堂外也当一回小导游，按照课堂所学的如何复述故事的方法，在课文故事中找出关键词语，理清故事的发展顺序，说清楚事情的发展过程，为自己的家人介绍布鲁塞尔这座标志性建筑。并用教师给出的特定句式让学生在结尾处夸一夸小英雄于连，赞扬他临危不惧、机智勇敢的优秀品质。

此外，教师还组织学生进行“最佳小导游”评选活动，让学生讨论出几个世界著名的标志性景点进行介绍。经学生讨论，有北京长城、巴黎埃菲尔铁塔、埃及金字塔等。让学生查阅相关资料后，运用前四个阶段所学知识与方法尝试知识与技能的迁移，也能做到有方法、有步骤地介绍，真正达到语文灵活创作运用的终极目的。

四、五星教学模式应用的效果与反思

1. 创设问题情境，激发学生兴趣

根据五星教学模式设计的这堂课，能够在课堂伊始就极大地调动学生积极性，同时让学生在明确学习任务的前提下更加投入接下来的教学过程。因此，在进行五星教学模式教学时，教师需要为学生创设合适的问题情境，结合教学内容，将知识的学习与任务的解决结合起来，让学生在自主自发的状态下完成学习任务。

2. 统筹教学目标，精细环节设计

教学实施过程中，每个环节的设计都紧紧围绕“复述故事”这个完整任务，有步骤地层层推进教学任务，切实有效地训练学生知识技能的掌握程度。这有赖于五星教学模式独特的魅力和优势，是因为它将一组知识技能的掌握置于完整的任务中，既见整体，又见局部，将系统化设计的理念发挥得淋漓尽致。尽管五星教学模式在中小学教学领域仍处于尝试与探索阶段，但它并不神秘，一线教师完全可以在自己的课堂实践中创造性地运用它。

3. 选择合适课型，注重教学策略

在小学阶段的语文教学中，虽然五星教学模式并不适用于所有课程，但是它仍然可以为教师提供一种新的教学设计思路，以统筹的理念作为引领，在设置教学目标时能够以“聚焦解决问题”为出发点，注重分类教学策略，在教学中组织信息、练习与反馈，提供教学指导。这样的教学模式确实能够有效地提升课堂效能。

参考文献

[1] MERRILL M D. First principles of instruction [J]. Educational Technology Research and Development, 2002, 50(3): 43-59.

[2] 盛群力.五星教学过程初探[J].课程教材教法,2009(29):36.

混合式学习下小学语文传统文化“印痕”教育

◎ 曾　妮

摘　要　中华民族优秀的传统文化不仅是我国历史文明的见证，更是中华民族赖以生存和发展的基础。然而随着信息时代的发展和思想的更迭，西方的外来文化对我国传统文化造成了巨大的冲击。语文是兼具工具性和人文性的学科，与我国的传统文化之间具有非常紧密的联系，在新课改背景下，如何借助混合式学习的教学环境和教学手段，将中华优秀传统文化融入小学语文课堂教学，让学生主动接受传统文化，成为当下重要的课题。

关键词　混合式学习　传统文化　小学语文教学　“印痕”教育

20世纪中叶以来，随着互联网的发明和信息技术的发展，人类的学习方式也在发生变化。混合式学习作为近两年发展的一个新兴的学习模式，它的内涵引起了众多讨论。柯蒂斯·J.邦克(Curtis J.Bonk)认为，混合式学习是面对面学习和计算机辅助在线学习的结合[1]；玛格丽特·德里斯科尔(Margaret Driscoll)认为，混合式学习是多种网络化技术、多种教学方法与面对面的教师指导相结合的学习方式[2]；迈克尔·B.霍恩(Michael B. Horn)和希瑟·斯特克(Heather Staker)认为，混合式学习是一部分时间在学校接受正规的教育课程，一部分时间是自主控制学习时间、地点、路径或进度的在线学习[3]。可见，混合式学习不仅仅是指线上的学习，同时也包括传统的课堂教学，是多种教学环境的共同融合，在当下有着不可替代的教育作用。

一个国家的发展是以少年群体的发展为基石的，党的十八大以来，党和国家对民族传统文化的重视程度不断提高，作为党和人民的基础教育事业，小学语文教学应该积极践行国家的思想方针，更加重视传统文化教学，在混合式学习环境下，将传统文化“印痕”教育渗透在语文教学中。

作者简介　曾妮，上海市杨浦区六一小学，教师；同济大学硕士研究生在读(教育管理方向)。

一、混合式学习环境在小学语文教学中的作用

1. **有利于教学资源的共享**

随着信息时代的发展，教育也不可避免地迎来了信息化的变革。教师通过信息化技术，制作电子课件，将自己的教学资源上传至混合式学习的线上平台，可以增加教师之间教学资源的交互性，起到互相学习的作用，取长补短，优化课件，提升备课效率，促进教学优化。

2. **有利于学生为中心的理念实现**

建构主义学习理论认为，知识的获取并不是直接从外界转移到人的大脑，而是学习者将自己已有的知识运用到外部环境，并在相互作用的基础上通过意义建构而获得的。[4]教师通过采取信息化的技术手段，用图片、视频、音频等多种形式对教学内容进行不同层次的展示，可以满足不同层次学生的需求，促进学生最近发展区的发展，调动学生学习的积极性，让学生在合作、自主探究中学习，锻炼学生自主学习的能力，落实学生为中心的教育理念。

3. **有利于课堂教学效果的优化**

通过信息化资源的引入，可以营造良好的课堂教学氛围，通过给学生带来多种感官的体验来降低学生的学习难度，尤其对于小学阶段的学生而言尤为明显。并且，信息化的技术手段可以提高课堂效率，节省课堂时间。比如目前在以云课堂（Aischool）为代表的混合式学习中，统计功能就有其不可忽视的优势。通过让学生在平板电脑上对于教师推送的练习或调查自行投票，可以实时进行统计，数据直观精准，为教师对于学生的过程性评价起到了极大的帮助，从而提高课堂教学效果和效率。

二、小学语文教学中渗透中华优秀传统文化的重要意义

小学语文课堂应是培养学生人文素养的主阵地，然而在当前小学语文教学中，中华优秀传统文化的融入并不乐观。将教育的实用性和人文性分离开，过于重视教书却没有实现真正的育人，这显然是一个普遍性的大问题。如果教育从业者没有真正重视这个问题，对于学生而言，是一件相当危险的事情，这也给他们的人格发展埋下祸患和隐忧。[5]随着新课改的不断推进，对于小学语文提出了新的要求，要不断地加强传统文化教育，提升学生的人文素养。

三、混合式学习环境对于渗透传统文化“印痕”教育的帮助

1. **有利于更好地培养学生的爱国主义情怀**

小学语文部编教材中，许多课文都蕴含着中华优秀传统文化。其中，爱国主义情怀是

最为厚重的一环，作为中华优秀传统文化的核心，是所有情感态度价值观体系中最难内化为学生行为的。如何在教学过程中，将爱国主义情怀无声地“植根”在学生的心中，是一个难题。混合式学习环境就很好地解决了这个教学困境。

例如，在学习《为中华之崛起而读书》这篇课文时，四年级的学生其实是无法理解课文中的“中华不振”这个关键词语的，生活在太平盛世的他们很难感同身受，这对于学生理解课文是一个阻碍。在这个时候，教师就可以借助云课堂的技术插入一段视频，用来展示1898年时奉天租界的景象，还原课文中“街道上热闹非凡，往来的大多是外国人”的场景，并对“租界”景象进行适当补充：在租界里，洋巡捕拿中国人当活靶子，练习射击；中国人力车夫必须穿上像犯人一样的“号衣”；租界公园门口，竖立着“华人与狗不得入内”的牌子等影像资料，让学生通过直观感受和画面的冲击，认识“租界”，激发学生对于为什么当时中国会形成“租界”现象的质疑，此时教师再加以资料（文字、图片）的推送，让学生通过小组合作，借助云课堂平台有选择性地阅读相关“租界”的资料，了解当时中国落后，帝国主义国家通过不平等条约设立租界，借此来剥夺我国的国家主权和我国公民的人权的屈辱历史。这样一来，也更加有利于学生对于后文“中国女子的亲人被外国人的汽车轧死了，中国巡警不但不惩处肇事的外国人，反而训斥中国女子，围观的中国人敢怒不敢言”奇特现象的理解。在此基础上，再通过角色扮演的方式，将学生带入情境中：飞扬跋扈的外国人，崇洋媚外的中国巡警，可怜无助的中国女子，无可奈何的旁观者们，受到震撼的小周恩来和同学。让学生根据之前所了解到资料，结合课文内容进行合理想象，将课文中人物没有说出来的话、没有做出来的动作都说出来、做出来。这样一来，学生们自然能准确地捕捉到当时小周恩来的愤怒心情。在这样的混合式学习环境下，教师通过层层递进有目的的教学活动的引导，使学生在无意识中也明白了国家一旦落后就要挨打，国人就会任人鱼肉的道理，让学生增强了对于周恩来“为中华之崛起而读书”这句话的认可，形成好好读书，努力让自己的国家更强大的观念，真正从根本上内化了学生的爱国主义情怀。

2. 有利于更好地促使学生形成正确的价值观

在儒家倡导的“仁、义、礼、智、信”传统文化的基础上，我国提出了社会主义核心价值观，旨在明确当代公民应具备的素养和道德品质。小学语文教材中蕴含着很多做人的道理，传播了很多美好的道德品质，这些内容也是我国的传统文化。教师要充分挖掘这些内容，培养学生良好的品质和道德[6]。

例如，在学习三年级《手术台就是阵地》这一课时，教师可以借助以数字教材为代表的混合式学习环境，让学生在课前搜集白求恩的相关资料进行初步预习，并且将自己所查询的资料在数字教材的共享空间内进行共享，以便于所有学生都能够进行阅读，完善资料的充分性。在了解白求恩生活背景的前提下，教师就可以更好地在教学中渗透价值观，在学生自主质疑的基础上，通过借助信息化手段，还原当时战火纷飞的危险战场的环境，引导学生结合资料重点讨论为什么白求恩在当时的那种情境下，要这么坚定地选择留下来为伤员做手术。这样一来，通过帮助学生更好地理解“阵地”这个词语的意思，进而解答学生在课前提出的“为什么手术台也是阵地”的疑惑，让学生对于白求恩大夫不怕牺牲，坚守岗位的敬业精神以及救死扶伤的伟大国际主义精神有一个更为直观的感知，帮助学生在无形中也初步形成这样高尚的情感态度。

3. **有利于更好地激发学生对于国学的热爱**

我国的汉字历经五千年的演变，从甲骨文、金文、大篆、小篆、隶书、草书、楷书到行书，在演变的过程中其实蕴含着许多中华优秀传统文化。以“孝”字为例，“老”加“子”，寓意老人和孩子是互相支持，互相离不开彼此的。“孝”字在辞海中的意思是对父母尽心奉养并顺从。“百善孝为先”，可见孝道在我国传统文化中的重要地位。在课堂教学过程中，教师可以借助云课堂的混合式学习环境，以“孝”的字形为契机，通过云技术，实现字形的变化，从甲骨文演变到现在的简体字，让学生通过直观的感受，深入认识“孝”这个字的含义和由来，在此基础上，教师再向学生阐述中华民族孝道的传统文化及相关典故，使学生形成尊老爱老的意识。这样一来，既完成了语文的识字教学任务，帮助学生更好地记忆字形，又在无形中将传统文化渗透到学生的心中，激发学生对于国学文化的热爱，一举多得。

四、结语

传统文化在小学语文教学中的渗透是一个迫在眉睫的国家教育任务，作为基础教育工作者，必须贯彻党和国家的教育方针和政策，提高传统文化“印痕”教育在小学语文教育中的地位。同时，我们也应该与时俱进，借助混合式学习环境，为学生创设更加好的体验情境，让中华优秀传统文化在不知不觉中浸润学生的心灵，提升学生的人文素养。

参考文献

[1] 詹泽慧，李晓华.混合学习：定义、策略、现状与发展趋势——与美国印第安纳大学柯蒂斯·邦克教授的对话[J].中国电化教育，2009(12)：1-5.

[2] 金一，王移芝，刘君亮.基于混合式学习的分层教学模式研究[J].现代教育技术，2013，23(1)：37-40.

[3] 迈克尔·霍恩，希瑟·斯特克.混合式学习——用颠覆式创新推动教育革命[M].北京：机械工业出版社，2015.

[4] 杨维东，贾楠.建构主义学习理论述评[J].理论导刊，2011(5)：77-80.

[5] 张红丽.小学语文教学中渗透德育和美德的教育探析[J].课外语文(教研版)，2013(7)：139.

[6] 赵世方.浅谈如何在小学语文教学中渗透传统文化[J].读写算-素质教育论坛，2017(11)：53.

激发小学生数学学习兴趣的实践研究

——以J学校为例

◎ 曹　溯

摘　要　学习兴趣不仅是学生在学习过程中的强大驱动力，也是帮助学生学好一门学科的催化剂。在上海市中小学实施的“等第制评价方案”中，“学习兴趣”“学习习惯”“学业成果”是评价学生学业的三大模块，由此可见，学习兴趣在学生学习中的重要性。本文将通过笔者的教学实践经验，探索一套激发学生在数学学科上的学习兴趣方案，使学生提高学习的效率，养成良好的学习习惯，获得优秀的学业成果。

关键词　学习兴趣　小学数学　激发

一、研究的原因

（一）教育模式的不断改变

从20世纪90年代起，社会上对于传统教育体制的批评声此起彼伏，对于教育体制改革的呼声从来就没有停止过。国家和地方政府为了适应现代化社会发展的人才需要，出台了不少的改革政策，不断地推进教育体制的改革。

近年来，教学的模式一直在不断地改变。从原来饱受诟病的“填鸭式”教学模式，到强调以“学生为主体”的教学模式，再到目前正在实施的“双主”教学模式（教师为主导、学生为主体）。可以说，在先进的教育理念的影响下，我国的教育模式、教育体制一直在不断地改进，一直在朝着以“促进学生全面发展”的目标不停地努力。

让人乐见的是，不管教育模式如何改变，坚持学生在学习中的主体地位这一教育理念，一直为教育专家们所肯定，很多教师认同并且努力践行着这一理念。本文以学生为主体，在教学实践中就如何激发小学生数学学习兴趣这一课题进行了可行的探索。

作者简介　曹溯，上海市民办锦秋学校，年级组长；同济大学硕士研究生在读，教育管理研究方向。

（二）小学生的心理特点

小学生一般是处于7～12岁年龄段的儿童，他们天真、可爱、活泼好动，对外界事物有强烈的好奇心，求知欲强。不同阶段的小学生，其感知、注意、记忆、思维等心理特点也是在不断变化的。[1]其中，他们的认知、情感等技能都处在迅速发展的阶段。在这一年龄段中，他们学习知识的能力会随着其学习兴趣的激发而得到不同的发展。如果学生因为缺乏学习兴趣，产生厌学的心理，就会对其今后的生长、发展造成不可估量的伤害。因此，学习兴趣是学生学好任何一门学科的内驱力。[2]

（三）培养小学生学习兴趣的必要性

然而，不得不面对的现实是，小学生的注意力非常容易分散，这一现象导致他们的兴趣忽大忽小，易于改变兴趣的方向，在学习时三心二意，对任何事都难以保持长久的热情。兴趣是人对某一事物充满好奇心并有强烈的认知、探索欲望。换言之，兴趣是获取知识的开端，是求知的内在动力，是学习成功的源泉。[3]笔者认为，为了小学生在今后的学习、工作生涯上能有更好的发展，在数学学习中激发、培养小学生的学习兴趣非常有必要。如果小学生对学习数学有了兴趣，就会迸发出强烈的学习积极性，产生丰富的想象力，并能带来意想不到的学业成果。他们在数学学习过程中养成的良好的思维方式和学习习惯，为他们今后的成长、发展在态度上做了很好的准备。

二、研究的目的

笔者期望通过激发小学生数学学习兴趣的实践研究达到如下目的。

(1) 探究学习兴趣在教师的教学过程和学生的学习过程中的重要性，帮助教师提升教学、管理水平，促使学生养成自我学习的习惯。

(2) 改变传统的百分制评价方式，为“等第制评价”在实施过程中，如何评价学生的学习兴趣提供实践经验。

(3) 通过学习兴趣的培养，帮助学生建立良好的学习方法，提高学习效率，达成优秀的学业成果。

(4) 为其他教师的日常教学、管理提供可借鉴的经验。

三、J学校小学生数学学习兴趣的现状调查及分析

（一）调查概况

当前，人们对于教育的关注度越来越高。在教育体制改革的过程中，教学模式也在与

时俱进，突出表现在以“学生为主体”的教学模式正在逐渐替代传统的填鸭式教学模式，其目的就是促进学生的全面发展，使学生能成为现代化社会发展所需要的人才。

笔者通过认真学习、借鉴国内外先进的教育理念，以促进学生全面发展为目标，从学生的实际情况出发，充分尊重其内心的想法，综合运用文献研究、调查问卷、访谈等研究方法对J学校小学生数学学习兴趣的现状进行了调查。

上海市J学校是一所九年一贯制的民办学校，创建于2000年。学校目前有近1 000名学生，20个班级，近70名教职工。学校以“自强不息”作为校园文化主体精神，并以此来积极探索和建立一种以学生发展为本的自我体验、自我教育、自我服务、自主管理、自觉成长的特色教育模式，以“开发潜能、发展个性”为育人理念。学校近年来获得了“全国先进民办学校”“全国教育教学质量先进单位”等多项荣誉称号。

（二）调查结果

笔者通过对班级学生和家长的调查研究发现，有很大一部分学生对数学学习缺乏兴趣或者没有兴趣，真正对数学学科有兴趣的学生寥寥无几，只是迫于学业的压力和家长、教师的威权等原因，他们才不得不学。

据笔者所知，受传统填鸭式教学模式的影响，目前J学校的有些教师还没有深刻地理解国家对于教育体制改革的初衷，也没有认识到学习兴趣在学生学习过程中的重要性，他们在教学上唯分数、唯结果的观念尚未根本改变，对于学生学习兴趣的培养明显缺乏意识和方法。

在2016学年的新学期伊始，上海市在各中小学针对学生全面推行“等第制评价”，试图消除以百分制对学生进行学业评价所带来的唯结果、唯分数的消极影响。在新的评价方案的要求下，学校、教师等评价主体应该更加注重对学生学习过程的评价，让评价主体多元化，评价内容多维化。该方案在评价学生时采用“学习兴趣”“学习习惯”“学业成果”这三个模块对学生做全面的评价。然而，根据笔者近些年来在实际工作中对该评价方案的实施过程的观察，发现在关于学生学习兴趣评价方面的现状尚不尽如人意，主要表现在以下两点：

(1) 学生的“学习兴趣”难以定量地进行评价。在“等第制评价”方案实施、推进过程中，各评价主体如何对学生的学习兴趣做出准确的评价是一大难题，这也是影响“等第制评价”方案实施效果的主要因素之一。

(2) 教师对学生学习兴趣的培养未予足够的重视。虽然这些年来我们的教育理念在不断地改变，但是学校中有相当一部分的老师在教学模式上的改变不大，他们在平时的教学过程中，仍然是以教师为中心的填鸭式教学模式为主，学生的认知主体作用没有得到充分的体现，这就导致目前被大力倡导的“双主”教学模式在教学实践中没有真正落到实处。

四、激发小学生数学学习兴趣的实践过程

学生的学习兴趣,不仅是促进学生学好一门学科的一种催化剂,还是教师在教学、管理等工作中的有益帮手。笔者借鉴国内外先进的教育理念,并通过近几年的教学、管理经验,结合小学数学学科的特点,系统地提出了一套激发小学生数学学习兴趣的实施方案。下面,笔者将从评价内容及规则、奖品的选择、奖状的设置、奖状的颁发时间和奖状的颁发仪式五个方面来对该方案进行阐述。

(一)评价内容及规则

1. 日常评价的内容

日常评价的内容包括:学生的家庭作业完成情况、作业订正情况和课堂听课情况。

2. 评价的规则

(1)学生课堂听课情况。教师通过课堂观察,对学生在课堂上听课的认真程度做出评价,对评价结果为“不及格”者记录在案。其余学生的听课情况即为合格。

(2)家庭作业完成情况。教师在对学生的家庭作业进行批改时,主要根据学生家庭作业的完成率和正确率来评价学生的家庭作业完成情况,并及时把作业批改的结果按等第记录下来。

(3)作业订正情况。教师通过给予学生一定的时间以订正作业,观察学生是否在规定时间内完成订正。如果完成视为合格,如果在规定时间内没有完成则视为不合格,并且教师将及时记录评价结果。

3. 结果汇总

教师对学生一个星期的评价情况进行汇总,根据设置的获奖比例来确定获奖的学生名单,并给予奖励。

4. 特别说明

获奖名单的确定,不仅是根据评价结果的绝对结果,也会适当考虑学生的进步情况。对于班级的后进生,教师可以稍微放宽标准,通过前后记录的对比,只要他们有一定的进步,也可以予以奖励。

(二)奖品的选择

笔者通过查阅文献资料,与学生、家长访谈,向优秀的老师取经等方法,最终决定用奖状作为奖品。虽然老师的表扬、鼓励或者一些小的奖品也能让许多孩子开心,并产生一定的学习动力,但是对于这个年龄段的孩子,它们不具有长期的激励作用。另外,表扬、奖品等措施的覆盖面小,导致它们长期被少数的一些优秀学生所垄断,对大多数学生未必能起

到激励的作用。因此，笔者通过慎重考虑，并结合小学生的心理特点，最终选择了用奖状来激发学生学习兴趣，提高他们的学习积极性。采用奖状作为奖品具有以下优点：

(1) 奖状能给学生带来荣誉感。奖状不会像其他奖品那样随着时间的推移而失去意义，它对于记录、反馈学生的成长、发展意义重大。

(2) 奖状能长期起到对学生的鞭策作用。许多家庭都喜欢把学生获得的奖状长期贴在墙上，这不仅是荣誉感的满足，也是对学生一种长期的鞭策，帮助他们建立良好的情感态度与价值观，激励他们去争取更多的荣誉。

(3) 奖状是人们喜闻乐见的奖品形式。奖状使用的历史悠久，有广泛的群众基础，在社会上被广泛采用，它所象征的荣誉性被人们普遍认同。在物质日益丰富的时代，奖状所具有的精神奖励作用更加为人们所接受。

(4) 通过一些奖状的颁发可以扩大学生的受奖面。能在班级甚至学校里得到奖状的机会毕竟很少，这对大部分学生而言是望尘莫及，一些后进的学生甚至会产生自暴自弃的想法。而通过增设一些课程学习的奖项并扩大获奖比例，则让更多的学生有机会得到奖状，可以激发他们每个人的学习积极性，并对数学学科产生浓厚的学习兴趣。

（三）奖状的设置

1. 向学生们说明奖状的不同类别

奖项分为两种类别：XX 班级优秀之星奖和 XX 班级进步之星奖，其中，优秀之星奖是留给那些学业成果、学习习惯等各方面表现中等偏上的人，而进步之星奖是为一些后进生能得到奖状而专门设置的。通过“抓两头带中间”的办法，来调动不同等第之间的学生的学习积极性。

2. 制定奖励升级规则

如果学生得到奖状满 5 张后，可以到老师处开一个证明。有了此证明，回家后可要求家长奖励一次。如果得到奖状满 10 张，可以到老师这里换取荣誉证书并再次要求家长奖励。通过这种学生熟悉的升级模式，既能激发学生求胜欲望，又能感受到奖状得到的越多越好，避免了学生在获得一张奖状之后出现骄傲的心态，或者没有再争取获奖的动力。

3. 设置适当的获奖比例

经过笔者实践研究发现，要让奖状具有一定含金量，又能激发全体学生的学习兴趣，应该把获奖的比例设置在全班学生总数的 30%左右。这样做，既能扩大了学生的获奖比例，激发了他们的学习兴趣，又能响应教育体制改革中突出评价激励功能的要求。

（四）奖状的颁发时间

考虑到小学生的活泼好动、专注度较低等特点，笔者设置的是每个星期发一次奖状。其中，通过笔者近几年的实践发现，在每周三颁发奖状效果最佳，这样使学生在前半周因尚未获得奖状而学有动力，在下半周因刚获得的奖状的鞭策而不松懈。

（五）奖状的颁发仪式

1. **设置短暂且隆重的颁奖仪式**

这样的颁奖仪式，能够满足小学生喜爱表现、希望被人关注的心理需求，同时能让获奖学生感受到周围环境的约束，使他们继续保持努力学习的状态。对于未获奖的学生也能起到一定的激励作用，让他们在下一个评价周期内更加努力地学习。

2. **学生发表获奖感言**

通过此环节可以使获得奖状的同学能及时分享自己的学习心得，介绍自己的学习方法，并给其他同学提供一个可以学习的榜样。

3. **教师盖章签名**

在学生发表获奖感言后，教师立即盖上印章并签名，宣告奖状正式生效。以此体现奖状的正规和价值，激发学生的学习兴趣和学习积极性。

五、结语

以上所述的"激发小学生数学学习兴趣"的方案，是在笔者近六年时间的教学实践、运用基础上，不断地完善而形成的。通过此方案的实施，笔者亲身体会到：学习兴趣是学生整个学习过程中的前提条件，是影响学生学业的重要因素。随着学生学习兴趣的逐渐浓厚，笔者的日常教学、管理工作变得更为高效，可以腾出一定的时间来进行教学研究。从该方案的实施效果来看，笔者所在班级的数学成绩一直排在学校同年级中的前列，班级学生无论是在课堂纪律还是在家庭作业的完成和订正方面都有了明显的进步，尤其是一些后进生的进步更是有目共睹。努力激发小学生的学习兴趣，这个课题值得更多的教师去研究、去实践。

参考文献

[1] 张伟，杨庭.根据小学生心理特点在课堂中渗透数学文化[J].重庆第二师范学院学报，2017(6)：81-84.
[2] 刘新南.论小学数学课堂中如何激发学生的学习兴趣[J].中国校外教育，2019(4)：141-142.
[3] 于茂林.浅谈小学数学教学中如何激发学生的学习兴趣[J].学周刊，2019(5)：52-53.

多方合作共建普通高中综合实践活动课程

◎ 刘芳敏

摘 要 综合实践活动课程在学生核心素养培育的过程中起到了重要的推动作用，对于课程开展的重视程度也在不断提升。高中综合实践活动课程具有多样性、综合性、实践性等特点，但在课程的实施过程中，还存在场地、师资等问题，需要家庭、社会和学校协作，丰富普通高中综合实践活动课程的内涵与实现途径。

关键词 高中 综合实践活动课程 课程建设

伴随着技术发展带来的巨大变革，未来社会对于人才的需求也会有极大的变化。2018年全国教育大会上，习近平总书记指出，要“培养德智体美劳全面发展的社会主义建设者和接班人”，进一步强调了人的整体发展和全面发展。继2001年教育部将“综合实践活动课程”作为中小学必修课程之后，2018年教育部又颁布了《中小学综合实践活动课程指导纲要》(简称《指导纲要》)作为基础教育阶段贯彻党的教育方针、践行实践育人、发挥立德树人重要作用、发展学生核心素养的重要举措。

在近十年的实践中，综合实践活动课程在课程理念、课程目标、课程内容与方法等方面都日趋成熟。同时，高考改革中综合素质评价体系的引入也提升了各界对综合实践活动课程的重视程度，但学校开设、实施相关课程时还是面临着诸如教育资源不足的困难。如何让综合实践活动课程的实施卓有成效，需要学校、家庭、社会三方面协同建设。

一、高中综合实践活动课程的实践特点

（一）多样性

与其他课程相比，高中综合实践活动课程虽然是普通高中课程方案规定的必修课程，由地方统筹管理和指导，但具体内容需要学校结合自身特色与实际情况自主开发。除已发

作者简介 刘芳敏，上海市曹杨第二中学，教师；同济大学职业技术教育学院，教育硕士(教育管理方向)。

布的《指导纲要》外，综合实践活动课程并没有统一的课程标准，因此学校对于课程内容的选择与开发有着较强的自主性。在实施过程中，《指导纲要》虽然对小学、初中每周课时有着明确的要求，但高中执行课程方案相关要求，完成规定学分即可，活动时间也可以依据学校设计的活动灵活安排、自主开展相关活动。因此，各个学校开设的综合实践活动课程各有千秋、丰富多样。

另一方面，学生参与课程的自主性也较强，可以在学校的课程主题下自主选择研究的课题。如上海某高中C校的综合实践活动课程中包含了“南京生存训练”这一内容，学生需要在南京实地走访，开展课题调查与研究。学生以小组为单位，从自身感兴趣的角度来观察、感受社会。仅在一次考察活动中，学生就提出了涉及环境规划、交通便利、城市记忆、遗迹保护、方言运用、水质监测、垃圾处理、健康状况等方面的60多个课题，小组中的每一位同学还需要在小组课题中找到自己的研究方向，全年级将近500名同学，也就意味着一次活动就产生了500多个小课题。

（二）综合性

综合实践活动课程的关键词是“综合”，特别是跨学科的综合。C校的经验是将本课程与一些主题活动的综合，其中也体现了跨学科综合的特点，例如在水质检测这一主题中，学生需要综合运用学习过的化学、生物等学科知识对水样进行科学检测，并根据分析的结果针对性地制定水污染防治的简单装置，或是防治建议。

另一所高中F校则是在校内建立了跨界、跨科的研究性学习课程。利用学校的创新实验室，组建包含校内、外专家在内的研究性学习工作团队，借鉴STEAM课程的模式，形成了基于创新实验室的学校特色创新实验室课程体系。学生同样依据自己的兴趣选择研究方向，在专家指导的基础上，利用学校实验室开展相应实验研究，结合校内教师的常规辅导与校外专家的定期指导，最终完成课题并进一步优化。

（三）实践性

实践育人是综合实践活动课程的核心。《指导纲要》中强调学生需要全身心参与活动，发现、分析和解决问题，体验和感受生活，发展实践创新能力。知识结构的两个部分包括直接经验以及间接经验，学科知识大多属于间接经验的获取，但从实践中获得的直接经验也同样重要，通过综合实践活动课程，学生将各学科课堂中获得间接经验，在问题解决的过程中转化为直接经验，不仅是知识的积累，同时也是学生能力的提升。在水质检验这一课题的实践中，学生在测量水样pH值时使用的是实验室中的广范pH试纸，在使用时却发现精度无法达标，便无法进行有效的测量，这一直接经验的获取对学生带来的感受远大于教师在课堂中的反复强调。

二、高中综合实践活动课程的实施现状

（一）综合实践活动课程的内容设计

综合实践活动课程的多样化设置对于学生的全面发展起到了巨大的推动作用和影响。上文中提到的C校和F校在综合实践活动课程的设置与实施中都积累了相当宝贵的经验，不论是“走出去”还是“引进来”，两校在课程内容的设置上都从学生身边出发，引导学生观察、体验、感悟身边的社会。同时，在课程内容的设计上，两校都充分利用了社会资源，F校积极与高校衔接，与高校共建创新实验室，引入高校的专家资源，C校则是与南京、绍兴等多地建立了长期的社会活动机制，为学生的自主活动提供了充分的资源。

但由于课程内容的设计由学校开发，而学校课程的开发又依靠学校的社会资源，因此，对于一些资源不够丰富的学校，课程开发就成了一件难事。《指导纲要》中虽然为1～9年级活动的开展提供了可供参考的内容，但高中阶段还是有所欠缺，从一方面来看是给予了高中更大的自主权，但另一方面对于课程内容设计的指导也相对有所不足。

因此，除了学校自主设置综合实践活动课程外，地方教育行政部门也可以进行区域指导。如广东省就根据地域特点编制综合实践活动课程的教材，除此以外，广州市也有相应的自编课程，这为大部分学校课程的开展提供了有效的参考。除C校和F校之外，还有许多高中学校在综合实践活动课程中做了许多有益的尝试，也希望能以这些学校为案例模板，为更多的学校提供参考。

（二）综合实践活动课程的管理机制

1. 课程管理模式

作为一项国家课程，综合实践活动课程的管理、评价等工作在校内应当和其他课程一样由教务处统一管理，但由于综合实践活动课程的内容与主题教育可以有机结合，因此在许多学校，综合实践活动课程的管理经常是由政教处来进行的。因此，主题实践活动课程的管理方式也有多种模式。如F校的创新实验室课程体系就是由教务处管理，而C校的社会实践系列课程则主要由政教处来负责，另外也有一些学校重新整合本门资源设立“课程办公室”进行统一管理。但不论是哪一种方式，作为一门极具“综合性”的课程，在管理的过程中，还是需要多个部门有机结合，才能够让课程真正落实到位，起到应有的教育功能。

2. 课程教师资源配制

在综合实践活动课程中，反映出矛盾最大的一点，应当是课程的教师资源。综合实践活动课程涉及面广、学生研究的自主性强，涉及多学科融合，很难进行教师资源的配置。综合实践活动课程的专职教师比例极低，通常是由学科教师兼任。但学科教师在本专业有较

强的指导能力，但面对跨学科的问题指导能力相对比较薄弱，特别是一些专业领域问题研究的指导，需要向F校一样寻求校外专家资源的帮助。同时，对于担任综合实践活动课程的教师相应的专业指导机会也比较少，评价机制也不健全，因此，任课教师的专业发展也受到了一定的限制。

3. 课程评价管理

作为一项国家课程，课程的评价对于课程的实施非常重要。作为一项实践类课程，综合实践活动课程的评价更多关注的是学生参与活动的过程。《指导纲要》中提出在活动过程建立档案袋，做好写实记录，进行科学评价。但在课程实施时，由于教师数量的限制，目前还很难做到对每一位学生进行过程性的记录，大部分的活动过程都是由学生在活动之后记录，而学校和教师通常还是以学生活动成果的汇报、论文等对学生进行评价，从形式上来看更注重的是结果而非过程。

三、整合多方资源合力构建高中综合实践活动课程

（一）特色鲜明，实施综合实践活动课程

在综合实践活动课程中，需要多方协助共同建设，但学校还是课堂的主阵地。课程的设计、落实都需要学校、教师发挥主导的作用。学校特色、区域特点、丰富的主题活动，都是综合实践活动课程丰富的教学资源，需要通过相关教师深入挖掘其中的实践契合点。同时，发挥学校教育的优势，精心选择并设计活动的内容和形式，发挥学生的才能，在为学生提供更多实践与展示自我的机会的同时，引导学生感悟生活、感知社会，进而发现新问题，积极参与新一轮的实践。

（二）家校共育，支持综合实践活动课程

在综合实践活动课程中，鼓励家长作为志愿者参与课程，支持学校开展相关实践活动。例如，在综合实践活动中，由于学生人数较多，教师很难通过随队的方式观察记录每一个小组的活动过程，但如果引入家长资源，则可以邀请家长志愿者作为课题指导，记录小组的活动，并对小组成员进行过程性的评价。同时，在一些专业问题的研究过程中，也能够邀请家长志愿者作为指导教师，指导学生小组课题的开展，提供更加专业的指导。

（三）社会参与，丰富综合实践活动课程

综合实践活动课程的主要活动场所在校外，同时课程的开发也需要依托许多校外的资源。有效整合发挥区域活动资源提供优质、丰富的实践活动资源，是综合实践活动课程良好发展的保障。为了解决实践活动开展过程中过程性记录难的问题，也可以邀请第三方机

构开发相应的软件,以技术解决实践中的难题。

推进家庭、学校、社区开展合作共建,组织起综合实践活动管理的“大网络”,为学生构建多元、阳光的活动环境,让更多的学生愿意参与到综合实践活动课程中,为学生的全面发展起到促进作用。

参考文献

[1] 教育部.中小学综合实践活动指导纲要[EB/OL]. www.moe.gov.cn/srcsite/A26/s8001/201710/t20171017_316616.html.

[2] 黄琼.综合实践活动课程的核心立意与实施策略[J].中国教育学刊,2018(2):68-72.

[3] 谢婕,洪思琪,曾碧健,等.高中综合实践活动课程现状分析及对策探究——以广州市为例[J].科教导刊,2018(1):121-123.

[4] 李慈.普通高中开设综合实践活动课程的思考与实践[J].成才之路,2018(5):55-56.

中职艺术设计类课程评价方式刍议

◎ 张静怡

摘　要　建立并逐步完善以促进课程不断发展为目的的评价体系，是中职教育改革的一大方向。本文着眼于中职艺术设计类课程评价的现状及评价主体单一化、评价方式形式化，通过学科之间的教学评价比较分析，以及中外评价机制的比较分析，关注完整的学习过程、完善多元的评价主体、强化质性评价等方面提出了改进艺术设计类课程评价的对策措施，使课程评价在艺术设计类课程改革中发挥促进作用，从而更好地促进艺术设计类专业人才的培养。

关键词　中职　艺术设计类课程　评价方式　评价比较

课程评价是当前教育领域普遍关注的重要课题。在中职艺术设计类课程中，科学的、系统的、合理的、有效的课程评价是评估教学质量及检验教育教学目标完成情况的重要依据，能让学生喜爱上艺术设计课程，由此更好地实现教师制定的课程任务，达到课程标准的要求。艺术设计类课程的评价方式和其他课程的评价方式有较大的不同，这是由艺术设计类课程本身的性质所决定的。艺术设计类课程中既有刚性的条规，又包含有创意性的设计内容，很难用完全刚性的条规来测评，很多都是由教师的主观意识来决定作品的好坏，这就对艺术设计类课程的评价方式提出了挑战。[1]

一、艺术设计类课程评价现状及不足

课程评价是指教学实施者对教学过程和结果进行价值判断，并为教学决策服务的活动，具有诊断、导向、激励和甄选作用[1]。英国课程专家凯利认为，课程评价是评估任何一种特定的教育活动的价值和效果的过程[2]。在艺术设计类课程中，衡量教学质量和效果时

作者简介　张静怡，上海市浦东外事服务学校，中教一级教师；同济大学职业技术教育学院硕士在读，研究方向为教育管理。

需要遵循一定的美学原则，如比例与尺度、节奏与韵律、对比与调和等，很多内容的评价标准是以教师为主的非客观性评价。以比例与尺度为例，在美学中，最经典的比例分配莫过于“黄金分割”了；尺度是物与人(或其他易识别的不变要素)之间相比，不需涉及具体尺寸，完全凭感觉上的印象来把握。比例是理性的、具体的，而尺度是感性的、抽象的。学生将这一美学原则或多种不同的美学原则结合不同主体的设计元素融合在设计中，没有固定的搭配模式或统一答案，每个人的设计都是不一样的，要肯定学生设计的设计创意以及作品的独特性。因此，教师对每个作品的评价不能同一而论，需根据学生设计的内容以及教师自身对美的认识来进行评价。不同的教师对同一作品的评价也没有完全一致的。由此可见，与其他一般学科的课程评价相比较，艺术设计类课程的评价形式要更灵活一些[3]，教育内容也涉及更多的跨学科知识，同时艺术设计类课程评价的标准具有多重性。

近年来，中职艺术设计类课程一直努力针对教学理念、教学模式、教学方法等进行逐步的革新与完善，然而受现有政策要求，学校、学科发展评估规定以及长时间以来形成习惯的评价思维模式等因素的制约及影响，导致课程评价这一重要环节却始终没有得到充分的重视。在评价过程中，不但没有发挥出其应用的作用，反而抑制了教学质量的提升。具体表现为以下三个方面。

(1) 评价主体唯一化。任课教师是学生作品的唯一评价者，学生作为教学接受者却没有参与评价过程，只能通过教师得知评价结果，这样就难以保证评价的准确性和客观性。[1]

(2) 评价理念模式化。有些教师认为所谓的课程评价就是为学生在该课程中的学习成果打出一个分数并进行成绩评定，这就把评价的作用单一化，而摈弃了评价所具有导向性、激励性等作用。

(3) 评价方式单一化。由于长期的教学习惯，一些学校和教师，仍旧采用单一化的量化评价方式，平时成绩和期中期末的考试成绩分别为30%及70%，然而对学习艺术设计课程的学生来说，这样的分数比重往往不能反映学生的真实水平，期中和期末考试时间有限，分数比重又大，发挥不好就会影响学生的成绩，而平时的练习，学生能花更多的时间在上面进行反复推敲、设计，但分数比重却很少，不能体现学生的学习状态，从而在一定程度上导致学生的心理落差，易造成学生学习积极性下降，甚至出现厌学情绪等。

二、学科比较视野下的艺术设计类课程评价特点分析

艺术设计类课程评价与其他一般学科相比，最大的不同在于评价标准的主观性很强，客观性较弱。首先，艺术设计类课程的内容较其他学科来说更具灵活性。一道题目并非只有一个答案，设计作品更是如此，给出一个命题，可能收到多种不同形式的答案。其次，艺术设计类课程评价的标准具有多重性。其他学科的评价方式大多都可以标准化，但艺术设计作品的评价则不尽然，它没有统一的标准答案。[4]它的评价标准可能是现代的，也可能是

传统的;可能是国际的,也可能是民族的。因此,针对作品,其评价可能注重过程,可能注重结果,更可能注重潜力和发展的因素。再次,艺术是人类文化的精粹,它无法用客观的、标准化的答案来评价。最后,传承古典、发扬现代、融合多元并发展创新是现在的中外艺术教育的共同点,发展的趋势也是大同小异的,和欧美国家相比,他们的艺术教育发展得更成熟些,评价的理念和模式和我们存在较大的差异,有很多值得借鉴的地方。

三、中外比较视域下的艺术设计类课程评价特点分析

以澳大利亚为例,其职业院校在客观评价的基础上,以创意思维为主导来开展教育教学活动。每学期老师都会布置一个期末需完成的大项目作业,老师会依据学生的平时作业、项目课程报告和期末的考核作品这三方面的内容进行综合评价。每学期有两次考核,期末根据学生的创意及大项目完成情况给出该课程的最终评价。每门设计类课都有一个评价小组,一般由 2～3 位老师组成,同一课程的学生作品都在指定的时间内评价小组内的老师一起评分。创造性是艺术设计类课程的灵魂,有的艺术设计类课程,学生要把练习作业和大作业的设计草图一起上交,老师看重的是学生在设计中的创造性而不是生搬硬套的理论知识。[5]

以美国为例,其考核方案不是由教育局或者是学校制定,而是由任课教师自主制定,因此,考核方式非常个性化。课程的成绩由平时成绩和阶段项目考核组成,各项的具体分值、比例会向学生明确公布,信息公开透明。一般来说,平时成绩占比较高,占总成绩的 75%左右,由出勤、课堂测验、个人作品介绍、课后作业、团体作业等内容组成。总而言之,美国的课程重视过程性评价和学生整体能力的评价,对于最终完成的结果和全理论知识的评测则并不作为评价重点。部分设计类课程在评价标准中强调学生设计作业的独创性和课堂上针对作品进行自述的创新性,学生的作业和报告不仅有教师会进行评分并给出建议,还有学生之间互相评分与建议等其他方式。[6]

就以上两者来看我国现在的艺术设计类课程评价形式,主要有以下三个方面的差异。

(1) 评价主体不同。国外设计类课程的评价主体更加多元化,教师也是组成 2～3 人的小组进行评价,避免了授课教师可能会带有的个人情感因素,也让评价更具有说服力。除了教师之外,学生自己也是评价主体之一,对同学的设计作品同样具有发言权。我国的设计类课程评价还是以授课教师为主体,学生虽有课堂中的相互评价过程,但不作为课程评价的主体之一。

(2) 评价理念不同。我国艺术设计类课程的评价并没有很好地起到对学生学习的导向性和激励性等作用,仅是作为一个证明学生完成课程学习的结果,对学生的学习积极性没有起到提升功能,反而是抑制、打击了学习兴趣。而国外则是更加注重评价所起到的积极作用,针对学生的不同方面的能力进行评价,让学生不仅在设计方面有所得,还在口才、临

机应变等现场应变能力方面有所提升。

(3) 评价方式不同。国外艺术设计类课程的考核方式更为自由和个性化，注重创意思维的培养，所以平时成绩成为评价的主要内容且分值明细都公开化，关注学生在整个学习过程中的状态，如创意设计的创新性以及学生现场口述作品介绍等。我国的设计类课程评价大多使用“结果式评价”，即把考试成绩等同于评价结果，没有很好地关注学习的整个过程。教师虽会告知学生平时成绩是由出勤、平时作业、课堂练习等内容组成，但所占总成绩里的比例偏低，具体各个内容所占的比例往往不甚明确，学生也不了解教师评分的具体细则。这样的评价形式非常容易导致学生只关注考试要考的知识点，而忽视平时的学习过程。

四、改进艺术设计类课程评价的对策措施

1. 关注完整的学习过程——总结性评价和过程性评价相结合

总结性评价虽然是可量化评价，但是仍有其便捷性的优势。通过量化评价，能直观反映出当前阶段学生学习的真实情况，一方面帮助学生对学习的内容进行巩固、加深认识，一方面能帮助教师根据结果了解学生对知识的理解度，对之后的教学内容、教学形式、教学设计等进行调整。在教学过程的不同阶段使用总结性评价，以此获得对教学情况的了解，并做出积极而有针对性的调整，及时巩固教学成果，使整个教学始终处于一个动态的发展过程。在此基础上结合运用过程性评价，才能根据学生的学习情况更好地帮助其发展艺术设计能力[7]，并以此来提升学生的学习兴趣，提高整体的教学效果。

2. 完善多元的评价主体——教师评价、企业专家评价与学生评价相结合

长期以来，教师一直是教学活动的引导者，自然也就成为了评价活动中当之无愧的主体。这种教师主导的评价形式对于一般学科来说，较为适用，而对于艺术设计类课程这一独具个性化与创造化的艺术创作课程来说却不是那么合适。学生们在每一次的练习任务、作业中都投入了极大的热情和大量的精力，每个人都想获得一个准确和客观的评价，且因为艺术创作本身就是主观性相对更强一些的，每个人对同一个题目看法不同、想法不同，所做的设计也是完全不一样的，所以没有所谓的标准答案。学生在设计的过程中，可能会产生推翻之前的设计，再次重新开始的情况，最终可能导致任务的完成度不是很高，针对这种情况，如果教师的评价仅仅只是看完成效果，那么对个别产生重新设计这种情况的学生来说是不公平的，因为忽视了他在整个过程中对创意的追求和努力的过程，评价情况与他的心理预期相差较大，对学生的心理及学习积极性都有很大影响。所以无论是现实需要还是艺术类课程学科的特有属性，都要求尽快引入新的评价主体。

中等职业学校本就是以职业为导向，帮助学生学习专业技能，以便就业。在此过程中，企业的评价标准也应是中职设计类课程评价的标准之一，企业专家的评价对学生的帮助也

是非常大的。能让学生在了解评价内容的同时,熟悉企业的用人标准,为以后的就业做好相应的心理上和技能上的准备。

除了教师评价和企业专家的评价,还可以让学生成为评价主体,进行自评、互评的形式。运用学生自评,就是给学生一个表达的机会,让学生能够详细阐明他在整个艺术设计过程中的设计理念、构思和风格等,让教师对学生作品有更为全面的了解,继而予以有针对性的指导。有些学生的表达能力不是很好,可以运用生生互评的形式,从学生的视角看作品,加强师生间的互动交流,更能使学生用客观的眼光看待问题,进行分析、评价。这样,让学生作为主体参与评价,有利于促进学生反思,并改进创意,使评价的结果更能让学生接受,并不断提高。

3. 强化质性评价——定性评价与定量评价相结合

量化评价主要代表人物是被称为"现代评价理论之父"的泰勒及其学生布卢姆等人,他们认为课程评价是将课程计划和预定课程目标相对照的过程。在这里,预定目标是评价的唯一标准,它追求评价的科学性与客观性,因而,这种取向的评价的基本方法论就是量化研究方法,并常常将预定目标以行为目标的方式来陈述。

而质性评价则是起源于建构主义时期对于量化评价的批判。质性评价是指通过自然的调查,全面地提示和描述评价对象的各种特质,以彰显其中的意义,达成理解。质性评价又被称为自然主义评价,它与量化评价相反,不赞成把复杂的教育现象简化为数字,认为这种评价方式可能会遗漏掉一些重要的信息,同时教学效果的反馈往往落后于教学活动,时间过长,不能及时收集相应的信息。艺术设计类课程是一个技术和艺术相结合的创造性活动,评价的角度应是多元化的。而如今的中职艺术设计类课程大多采用的量化评价方式却使原本复杂的评价方式单一化,一定程度上不利于提升学生的学习兴趣、个性的发展以及创造力的培养。在艺术设计类课程中,运用质性评价方式能更为全面、深入、真实地反映学生的学习状态和发展趋势[8]。一个设计作品从设计到完稿,是一个长时间的过程。学生在学习、探索、创新的过程中,可能由于时间或教师关注度等多方面原因,不能及时完成,但如果只以简单的量化评价进行作品的评估,在一定程度上就会使学生没有信心继续探索接下去的课程内容了。反之,如果教师能够用心观察学生在整个设计过程中的每一个亮点,并给予及时的鼓励和支持,那么则会给学生以极大的信心,沿着当前的方向继续探索下去,最终实现创新。

五、结语

我国艺术设计类课程评价在评价主体、评价理念及评价方式上还存在一定的缺陷,需要我们在教学实践中深入探索研究,针对艺术设计类课程的特性设计科学合理、简便易行的评价体系,使课程评价在艺术设计类课程改革中发挥促进作用,从而更好地促进艺术设计类专业人才的培养。

参考文献

[1] 张海燕.对完善平面设计教学评价环节的思考和建议[J].现代装饰(理论),2015(7):250-251.
[2] 段亚男.基于后现代主义教育观视角下的课程评价研究[J].湖北函授大学学报,2015(11):20-21+35.
[3] 封永辉.谈艺术教育的教学质量与教学评价[J].艺术教育,2011(8):251-216.
[4] 赵伟军.高等艺术教育的教学评价研究[J].学术论坛,2008(4):34-35.
[5] 李世萍.中澳艺术教育的比较[J].武汉科技学院学报,2007(11):84-86.
[6] 汤美玲.中美课程教学和评价机制比较研究[J].教学实践研究,2015(27):146-148.
[7] 仇惠娟.浅谈中职艺术设计评价体系[J].学周刊,2014(11):216.
[8] 李玉华.中职艺术设计教学评价方式探索与研究[J].教学心得,2011(12):139-140.

“双高计划”背景下中高职贯通专业建设的现状、问题与对策研究

◎ 陈立娜　谢莉花

摘　要　中高等职业教育横跨了普通教育和职业教育两大领域，具有中国特色的独特的价值和作用。中高职贯通培养作为国家构建职业教育“中职—高职—应用型本科—专业学位研究生”这一“立交桥”的重要一环，多年的实践过程积累了丰富的经验，以上海 gs 职业技术学院的中高职贯通专业为例，重点分析“双高计划”建设背景下，中高职贯通专业建设的现状。本研究根据三螺旋理论即政府、企业、学校在知识经济社会境下的三大要素针对中高职贯通现状与问题给出相应建议与对策。建设符合“双高计划”的职业学校和专业群是未来职业院校教育的核心工作和努力方向，对标职业教育“双高计划”的要求，有必要在中高职贯通专业建设原有内涵与特点的基础上，加大贯通特色专业建设力度，形成符合市场经济的专业群，从而推动国家实施“双高计划”的步伐。

关键词　双高计划　中高职贯通　三螺旋理论

一、引言

日前，教育部、财政部印发《关于实施中国特色高水平高职学校和专业建设计划的意见》，就实施中国特色高水平高职学校和专业建设计划(简称“双高计划”)作出部署。在“双一流”已成国内普通高校标杆的背景下，高职学校也迎来自己的“双高计划”。“双高计划”提出，要集中力量建设 50 所左右高水平高职学校和 150 个左右高水平专业群，旨在打造技术技能人才培养高地和技术技能创新服务平台[1]。对标职业教育“双高计划”的要求，建设符合“双高计划”的职业学校和专业是未来职业院校教育的核心工作和努力方向。《中国制

作者简介　陈立娜，同济大学职业技术教育学院硕士研究生，研究方向为教育管理。
谢莉花，同济大学职业技术教育学院副教授，博士，研究方向为职教教师教育、职业教育课程与教学。

造2025》提出，要集中优势力量，实现新一代信息技术产业、高档数控机床和机器人、节能与新能源汽车等十大领域的重点突破，这些领域都是“双高计划”学校要重点紧跟和布点的专业群方向[2]。“双高计划”学校应主动聚焦高端产业和产业高端，服务国家战略，融入区域发展和促进产业升级，对传统专业关停并转和升级改造，淘汰服务产业效能低、就业前景差的专业，做优做强特色优势专业群[3]。中高职贯通培养作为国家构建职业教育“中职—高职—应用型本科—专业学位研究生”这一“立交桥”的重要一环，面对高水平专业群建设的形势要求，由于其专业培养的周期长度决定其专业建设需具有较长期的科学规划，较高的前瞻性以及适用性，本文通过调查上海 gs 职业技术学院中高职贯通建设具体实施状况，系统分析我国中高职贯通建设实施现状及问题，并提出相应对策。

二、目前中高职贯通建设的内涵与特点

近些年，我国相继出台关于职业教育衔接培养的相关文件。2011 年，教育部印发《关于推进中等和高等职业教育协调发展的指导意见》(教职成〔2011〕9 号)明确指出“实施衔接，系统培养高素质技能型人才”的要求[4]。到 2015 年，《教育部关于深化职业教育教学改革全面提高人才培养质量的若干意见》指出，以专业课程衔接为核心，以人才培养模式创新为关键，推进中等和高等职业教育紧密衔接，拓宽技术技能人才成长通道，为学生多样化选择、多路径成长搭建“立交桥”[5]。2019 年，《国务院关于印发国家职业教育改革实施方案的通知》(国发〔2019〕4 号)中指出完善学历教育与培训并重的现代职业教育体系，畅通技术技能人才成长渠道。发展以职业需求为导向、以实践能力培养为重点、以产学研结合为途径的专业学位研究生培养模式，加强专业学位硕士研究生培养[6]。职业教育为适应发展需求，产教深度融合，中职高职衔接，职业教育与普通教育相互沟通，体现终身教育理念。经过不断的探索与实践，贯通培养是目前学校职业教育联合培养的最有效实施方式。《国家职业教育改革实施方案》又称“职教 20 条”指出：扩大对初中毕业生实行中高职贯通培养的招生规模；促进产教融合校企“双元”育人，校企共同研究制定人才培养方案，及时将新技术、新工艺、新规范纳入教学标准和教学内容[7]。

郑春华、叶志琼和高状峰在《中高职贯通教育培养模式的思考与实践》中指出中高职贯通培养模式对职业教育发展有着一定的现实意义。一方面是中职教育的突破，是实用型技术人才培养的新模式，也是中职教育突破新瓶颈的新途径；另一方面是高职教育的一个完善，确定了明确的学习和就业目标，实现“理论＋实践”的双重衡量。在一定程度上减少两层次学校衔接中的教学消耗，提高教育资源的利用效率[8]。李钰在《对中高职教育贯通培养模式的几点思考》中提到从中高职贯通培养模式的内涵来看，影响这一模式实施有效性的核心因素主要有四个方面：第一，贯通培养的专业选择与确定；第二，贯通培养的中高职院校之间协调机制的建立；第三，贯通培养的培养方案和课程的一体化设计；第四，贯通培

养的教师团队及其要素[9]。韩天学在《中高职贯通:五年制高职一体化人才培养模式的比较优势》中指出,当前五年制中高职一体化培养模式实现统一教育理念下的一体化人才培养;避免了生源不同造成的教学两难的弊端;有计划地实施阶梯式的能力提升训练;有利于提高招收优质生源的吸引力;为构建现代职业教育体系奠定基础[10]。兰小云在《现代职教体系内部有机衔接的现实思考——以上海中高职贯通为例》中谈到,上海中高职贯通现状是政府重视,政策予以保障;社会认可,招生规模扩大;规范管理,持续推进试点[11]。

综合政策方针、文献与实践情况来看,政府与社会对在中、高职职业教育方向上重视力度持续增加,越来越多的学者视线对准中、高职教育。中高等职业教育横跨了普通教育和职业教育两大领域,具有中国特色的独特的价值和作用。中高职贯通培养区别于普通教育的地方在于专业构建过程中,中职阶段重视对学生知识、能力、素养培养,高职阶段更着眼产业、职业以及学生职业生涯发展,是培养高素质技术技能人才的一体化培养模式,这就意味着为培养出色的高素质技术技能型人才,社会对中、高职院校在联合培养过程中的专业建设提出了较高的要求。

三、中高职贯通专业建设实施现状及问题分析——以上海 gs 职业技术学院为例

上海 gs 职业技术学院作为截至 2019 年上海市成功开展中高职贯通专业最多的职业学校,在上海市教委 085 工程的实施和推进下,学校围绕上海现代职业教育体系建设总体要求和自身发展的定位规划,努力把握中高职贯通试点专业的办学定位和专业布局,对接企业和人才市场需求,积极探索和实践高技能人才培养路径,并在专业建设以及人才培养方面积累了很多成功的经验。但同时在专业建设过程中也发现存在一些问题与不足。

本研究主要采取访谈调查法对上海 gs 职业技术学院教务处副处长和汽车工程系专业主任进行访谈,通过访谈收集资料,了解相关信息。通过访谈较为全面地了解到上海 gs 职业技术学院中高职贯通专业建设的实施情况、问题及其不断改善的措施。

(一)中高职贯通专业建设实施现状

中高职贯通相关学校共同面临的问题是"一对多"(一所高职面对多所中职;一所中职面对多所高职),办学涉及面广、沟通协调不便、管理难度较大。

第一,加强组织与制度建设,初步形成良好工作机制。随着贯通专业招生规模和在校学生增加,对原有的组织机构提出了更高的管理要求。为此,学院调整和加强了中高职贯通的管理组织机构,成立了由学院院长牵头的中高职贯通领导小组和教学副院长牵头的中高职贯通联合工作小组。下设四个工作小组:教学管理建设联合工作小组、学生管理联合管理小组、招生管理联合工作小组、教学质量监控(督导)联合工作小组,并拟定了相关的工

作职责，定期召开工作例会，交流工作情况。分别负责协调与管理中高职贯通专业办学各方面的整个进程。由于目前中高职贯通的办学管理模式是“一对多”，很难实行统一的管理，基本上采取中职阶段和高职阶段各自按本校的制度管理教学和学生，这样很难适应人才贯通培养的管理新要求。学校从2013年首届中高职贯通专业开始，制定和逐步完善中高职贯通培养的一系列教学管理制度及其他相关制度，如《中高职贯通培养甄别与转段制度》《中高职贯通培养教学管理制度》《中高职贯通培养学生学籍管理制度》等。以dz工业学校、上海jx工业学校为试点，学院正在逐步形成较完善的中高职贯通培养与管理的各项制度。

第二，努力做好人才培养方案优化，做好专业建设顶层设计。专业培养方案是实现专业培养目标、安排教学内容、组织教学活动的总体设计和实施计划，是高校培养专门人才的主要依据，是引领专业建设与课程教学改革的指导性文件。中高职贯通专业认真学习和积极贯彻上海市教委2018年6月颁发的《关于上海市职业院校制订中高职教育贯通专业人才培养方案的指导意见(试行)》[12]，同时结合学院实际，特提出《制订中高职教育贯通专业人才培养方案的若干补充意见》，具体落实教委关于人才培养方案指导意见，贯彻人才培养方案的主要指导思想“坚持立德树人、德技并修、服务学生全面发展”。

多次召开中高职贯通合作双方的研讨会议，中高职贯通各专业在认真总结试点专业办学经验的基础上，做好课程体系的融合与人才培养方案的优化。在专业建设、课程体系设计与教学实施过程中努力实现“五个对接”(“专业与产业、企业、岗位对接”“专业课程内容与职业标准对接”“教学过程与生产过程对接”“学历证书与职业资格对接”“职业教育与终身教育对接”)，形成适应发展需求、中高职优势互补、衔接贯通的一体化人才培养体系。按照教委和学校关于课程设置的有关规定，建立了中高职贯通培养方案的课程体系结构(表1)。

表1　中高职贯通培养方案的课程体系结构

1. 公共基础课	
2. 专业必修课(含专业基础课、专业核心课和专业拓展课)	(1) 专业基础课由两部分构成:一、专业的支撑性课程。二、基本职业技能训练课程
	(2) 专业核心课指面向从业主要岗位或岗位群典型工作任务需要的核心技术与关键技能的专业课程
	(3) 专业拓展课指针对拓宽专业广度、提升专业深度所需的相关知识、技术技能而设置的课程
3. 选修课	(4) 选修课由以素质修养拓展为目标的通识教育课(公共选修课)和以职业能力拓展为目标的专业选修课组成

第三，努力做好教学质量保障体系建设与师资队伍建设。根据教育部《关于全面推进职业院校教学工作诊断与改进制度建设的通知》(教职成司函〔2017〕56号)[13]等一系列关于建立职业院校教学工作诊断与保障体系建设的文件，结合学院实际，制定了《上海gs职业

技术学院内部质量保障体系建立与运行实施方案》,并正在有步骤有重点地推进建设。同时,为使中高职贯通专业进一步规范教育教学管理,全面提高中高职贯通专业的办学水平和人才培养质量,与贯通各中职校成立了中高职贯通联合教学督导组,并重新修订了督导工作条例。联合教学督导组依据上海市教委关于中高职贯通培养模式试点工作的各项文件精神,对中高职贯通院校相关专业的人才培养过程和教学运行、教学管理进行检查、监督、指导、咨询,行使"督教、督学、督管、督研"的工作职能。

中高职贯通各专业都按要求组建了联合教研室,定期组织中职和高职的专业教师,以及部分合作企业的兼职教师共同开展教学教改活动和师资培训,有的专业在两校教师间开展"一对一"结对带教,互相听课,以提升教师的业务水平和因材施教能力,并按教学要求顺利完成了各项教学任务。以该校汽车工程系汽车电子技术专业为例,该专业对承担中高职贯通教学的骨干教师进行共同培训,以实操技能为引领,打造高素质"双师型"教师队伍,通过实施"校企合作、多元化培养"模式,建立一支高技能、高水平、高素质的教学团队。

(二)中高职贯通在实施中存在的问题

上海 gs 职业技术学研中高职贯通培养始于 2013 年,从总体上来看,自实施以来,各专业教学与就业比较稳定,为适应经济社会发展需要培养了一批技术技能人才。但是,其在人才培养过程中存在的一些问题也不容忽视。2017 年市教委中高职贯通试点情况跟踪检查专家组对该校中高职贯通会计专业进行了督查,也对该校中高职贯通专业的实施提出了十分中肯的评价和改进建议,如存在的主要问题:高校对中职的介入不够深入;制度文件需要进一步完善;人才培养实施方案需要进一步优化和完善;高校在联合教研中的引领作用不明显等。基于该校的中高职贯通专业建设情况的分析,为了职业教育的健康发展,一些问题值得我们剖析思考并加以重视。通过访谈总结得出以下几方面问题。

1. 培养方案中贯通专业的特殊性与差异性体现得不够明显

人才培养目标是各级、各类教育对人才培养的总体要求。专业设置、课程开发、标准制定、教材选用等都必须根据培养目标来制定,因此人才培养目标是构建人才培养模式所需关注的重要因素。目前中高职贯通工作中,多数专业在人才培养目标与培养规格上,中、高职院校根据贯通需要以及专业自身需要,做了应有的规划和改进;还有一部分贯通学校和专业沿袭了高职原有的人才培养目标。与传统专业相比,目前中高职贯通人才培养的途径和学制是比较特殊的。但总的来讲多数院校对于学生长学制的培养目标还较中规中矩,并没有明显表现出贯通培养的特殊性与差异性。

2. 专业教学管理有待加强,教改科研互动不足,教学资源难以共享

由于目前中高职贯通办学采用"一对多"的模式,由于贯通中职校地域分散,平时难以有效及时地开展教学监管、教改科研和学生管理工作的交流,往往是中职与高职各管各的。高职和中职教师的教学任务重、时间紧,联合教研专业小组活动往往受到冲击,关于专业建

设的教改科研项目往往有计划、难落实。同样由于贯通中职校地域分散,中职和高职的优良教学资源(专业实习实训基地、优质专业师资、教学软件等)难以真正做到专业资源共享,有些还造成不必要的浪费。

3. 专业师资队伍不稳定

由于职业院校教师待遇相对较低、身份认同感较差等原因,长期以来教师队伍一直不稳定,资深教师流失现象严重,这给学校办学和专业建设带来很大困扰,尤其对教师队伍合理结构带来很大冲击,因此也会影响贯通专业的教学质量。在此情况下,由于贯通专业"一对多"、贯通中、高职学校比较分散等问题,贯通专业的老师需要在专业建设上还需要投入更多的精力和汗水,尽管学院也推出了骨干教师津贴等制度等优惠措施,但仍效果不佳。

4. 企业在专业一体化建设中参与度还不够

教育是为社会培养人才,职业教育更倾向于为企业培养人才,而多数情况下企业只会在招聘时对所需人才提出录取标准。随着社会经济体制的发展,产教融合不再是一句口号,再也不仅仅是单一的专业教师走入企业,顶岗在企业学习一段时间,再把知识带入课堂,往往会出现师资的流失、企业的不对口等诸多问题。近几年部分企业家带领团队把行业标准和要求带入到校园,走进教育,努力把行业知识和教育相融合,有一定的成效。但政策导向、利润回报等因素还在大多数企业家考虑的首要问题,所以目前企业在专业建设中参与力度还远远不够,学校需要深刻了解企业的实际人力资源情况和未来发展需求才能更好培养一批又一批的精英,就目前来看企业在专业建设中的途径、方式方法还有待创新。

5. 缺乏开放式的中高职贯通专业大数据平台

目前,中职院校与所衔接的高职院校办学场所大多有一些距离。以上海 gs 职业技术学院为例,2019 年对口 8 所中职院校,有 2 所在同一个区,其余 6 所中职院校均分布在上海不同的区,距离较远。大多数中职和高职院校的沟通渠道主要是通过网络、电话、邮件、洽谈会等方式,尚未构建起一种开放式的贯通平台。在专业建设中不利于及时有效采集数据,实时监控监管,信息数据共享,不利于推进专业建设中大数据的分析,需要加强研究和改进。

三、中高职贯通专业建设实施对策及建议

中高职贯通培养的顺利实现,得益于政府、企业、学校三大主体的共同合力,但任何专业建设都要不断地改进和创新,中高职贯通建设中也存在一定的不足与缺陷,就目前提到的专业建设上的诸多问题,笔者试着基于三螺旋理论分析问题提出相应对策及建议。

美国遗传学家理查德·列万廷最先使用三螺旋来模式化基因、组织和环境之间的关系,在《三螺旋:基因、生物体和环境》中,总结了他的生物哲学思想。通过引入生物学中的三螺旋概念,亨瑞·埃茨科瓦茨(Henry Etzkowitz) (1995)首次提出使用三螺旋模型来分

析政府、产业和大学之间关系的动力学，并用以解释政府、企业和大学三者间在知识经济时代的新关系。三螺旋理论认为，在知识经济背景下，“高校—产业界—政府”三方应当相互协调，以推动知识的生产、转化、应用、产业化以及升级，促进系统在三者相互作用的动态过程中不断提升。它强调产业、学术界和政府的合作关系，强调这些群体的共同利益是给他们所处在其中的社会创造价值[14]。政府、产业和大学三方都可以成为动态体系中的领导者、组织者和参与者，三者相互作用、互惠互利，彼此重叠[15]。尽管职业院校少有带学生从事科研研究的操作，但是就为社会培养技能型人才这一功能上来看，三螺旋理论同样适用于职业院校建设。

（一）从全局宏观角度即政府的角度来分析

“双高计划”背景下，政府作为资源的分配者和扶持政策的制定者，对中高职贯通培养起到宏观性的指导作用。主要体现在以下几个方面：一是作为管理者，通过制度建设，吸引社会目光、鼓励职业教育的更深层次发展，为中高职贯通专业建设指明方向；二是对中高职贯通专业建设给予政策支持，做好保障工作。随着中高职贯通学生群体的扩大，针对中高职贯通及时出台相应的指导性文件，例如根据社会经济形势及时调整贯通的整体培养框架等专业建设工作，保障贯通专业的良性发展；中高职贯通式专业建设需要各级机构对中高职两个教育主体的有效衔接做好保障，同时需要对在开展中高职贯通工作的学校中，给予经费支持，保障中高职贯通的顺利进行。

（二）企业在中高职贯通培养中发挥的重要作用

产教融合要落地。在人才培养中，学校和企业是学生培养的双主体。中高职贯通的目的是通过长学制把学生培养成既有深厚理论，又有熟练技能的符合企业需求的人才，学生的培养与企业有着千丝万缕的关系。只有充分结合企业的需求，才能培养出合格的技术技能型人才，更好地实现服务于地方经济的目的。然而当今企业参与中高职贯通培养的现状并不容乐观。一方面，目前中高职贯通大多仍为中职学校和高职学校各自主导的治理模式，学校并未认识到企业在人才培养中的重要性，企业尚未参与到中高职贯通的全过程，尚未在学校专业结构调整、人才培养方案修订等方面发挥主体参与作用。另一方面，从企业的逐利性质来看，企业比较注重既得利益，希望在短期内看到成绩，不倾向做长期教育投资，因此企业参与中高职贯通培养的热情和积极性并不高[16]。人才是活资源，通过很多例子会发现一流企业都有充足的人才储备力量，所以把企业未来需要的人才要求提早融入学校的培养是既具有前瞻性又有魄力的举措，人才储备力量越雄厚，企业会越做越强，而优秀的企业又能减少人才的流失，这样会形成一个良心的闭环。举个例子，中国华为公司，在面美国对5G技术的垄断的市场形势下，优秀的人才储备起到了关键作用。同理，不论是世界500强还是中小企业都希望自己的企业能蓬勃发展、后劲勃发，同样需要把眼光放长。

（三）学校要重视中高职贯通专业建设

第一，塑造理念维度，职业院校需明确并把握好中国特色职业教育的发展方向。“双高计划”勾勒了总体目标，到2022年，列入计划的高职学校和专业群办学水平、服务能力、国际影响显著提升，为职业教育改革发展和培养千万计的高素质技术技能人才发挥示范引领作用，使职业教育成为支撑国家战略和地方经济社会发展的重要力量，形成一批有效支撑职业教育高质量发展的政策、制度、标准。到2035年，一批高职学校和专业群达到国际先进水平，引领职业教育实现现代化，为促进经济社会发展和提高国家竞争力提供优质人才资源支撑。职业教育高质量发展的政策、制度、标准体系更加成熟完善，形成中国特色职业教育发展模式[1]。“双高计划”学校应主动聚焦高端产业和产业高端，服务国家战略，融入区域发展和促进产业升级，做优做强特色优势专业群。

第二，重视中高职贯通师资力量培养。通过实地调研以及大量的文献可以看出，师资力量不足是普遍现状。有学者也指出，师资力量不足、师资队伍不稳定是大部分中、高职院校的现状。锻造出吻合度高的专业师资队伍刻不容缓，除了每年招聘录取符合要求的专业教师、吸收高学历企业精英外，更要对已有师资进行全方位的滚动式培养，做到专业化、职业化、企业化，将职业教育“双师型”师资队伍建设上升到前所未有的高度。相关人大代表在两会期间也提出，教育部门应当创新出台职业教育特点的教师聘用具体办法指导文件，破解中等职业教育教师编制问题，向社会企业招聘具有丰富实践经验的优秀高级技师或工程师，并且出台制定工作激励制度的政府指导文件，切实提升教师地位，改善待遇。

第三，打破空间维度。王琴就提出对于在中职与高职属于同一校区的学校而言，贯通培养的实习实训资源及其他教学资源的共享不成问题。但对于不在同一校区的两所学校，造成两校之间的沟通和资源共享的不便[17]。目前上海市开展中高职贯通专业的中职对应的高职大多数都不是同一教育集团下的高职与中职。在贯通专业建设过程中实训资源与教学资源的建设存在不可避免的浪费，但随着对专业一体化设计与互联网的蓬勃发展的基础上，中职和高职在贯通专业联合培养中校领导和专业建设者应努力打破空间限制，有效合理地就实训资源和教学资源的整合强化，避免教育资源的浪费，形成1+1大于2的效果才是中高职贯通专业更合理存在的意义。

第四，注重效果维度。在“双高计划“背景下，从顶层对中高职贯通的专业进行一体化教学设计具有非常重要的意义。随着社会与经济的不断发展和产业转型升级，职业教育正在从“以就业为导向”向“以职业发展为导向”方向转变。所以在中高职贯通专业建设的顶层设计与实施过程中，基于新的职业教育理念，创建新的人才培养模式，打破原中职、高职各自的培养体系，建立新的课程教学标准和教学要求，有效合理地整合政府、企业以及社会的各项教育教学资源，把人才培养规格和培养目标“全进阶、贯通式”地融入整个培养实施过程，以培养更多高素质高技能人才。国家和地方着力打造人工智能、集成电路、云计算和工业互联网等区域支柱产业和战略新兴产业，各院校就应该发挥自身专业特色优势，按照“产业链”“技术核”“职业域”升级重构以“人工智能与大数据、电子与物联网、信息通信技术、电商物流”等为骨干的专业集群，让学校专业更加聚焦国家和区域产业发展需求，进一步增强新专业群的资源聚集力和发展合力[3]。以上海 gs 职业技术学院汽车工程系贯通专业汽车电子技术为例，为适应社会经济产业链，打造一体化有力专业群，汽车工程系现开设汽车运用与维修技术专业汽车电子技术专业(中高职贯通)、新能源汽车技术专业、新能源汽车运用与维修专业(中高职贯通)、新能源汽车运用与维修专业、新能源汽车运用与维修专业(高本贯通)、汽车营销与服务专业。七个面对不同层次同一专业领域的专业紧紧凝聚为一体，打造汽车产业链的知识与技术技能，根据专业培养周期，形成强有力的专业群，以专业群合理形成院(系)。

当前，在“双高计划”的指引下，各职业类院校紧跟时代的步伐，结合各地区经济现状，建设有中国特色的职业教育。学校领导需要着眼顶层设计，建设紧跟社会步伐，符合区域经济发展要求，有自己学校特色的职业教育，抓好专业群建设，把贯通专业建设融合到“双高计划”的高标准高要求中，整合政府、企业和自身院校力量，不断改进已有问题，并不断努力探索更利于专业发展的途径。

参考文献

[1] 关于实施中国特色高水平高职学校和专业建设计划的意见(教职成〔2019〕5 号)[EB/OL]. [2019-04-01].http://www.moe.gov.cn/srcsite/A07/moe_737/s3876_qt/201904/t20190402_376471.html.

[2] 中国制造 2025(国发[2015]28 号)[EB/OL]. [2015-05-19]. https://baike.baidu.com/item/中国制造 2025/16432644? fr=aladdin.

[3] 聂强.专业群引领下的“双高计划”学校建设策略[J].教育与职业，2019，(13)：16-20.

[4] 教育部关于推进中等和高等职业教育协调发展的指导意见(教职成〔2011〕9 号)[EB/OL].[2011-12-30].http://old.moe.gov.cn/publicfiles/business/htmlfiles/moe/s7055/201407/xxgk_171564.html.

[5] 教育部关于深化职业教育教学改革全面提高人才培养质量的若干意见[EB/OL].[2015-07-29]. http://www.moe.gov.cn/srcsite/A07/moe_953/201508/t20150817_200583.html.

[6] 国务院关于印发国家职业教育改革实施方案的通知(国发〔2019〕4 号)[EB/OL].[2019-01-24]. http://www.gov.cn/zhengce/content/2019-02/13/content_5365341.htm?from=singlemessage&isappinstalled=0.

[7] 国务院关于印发国家职业教育改革实施方案的通知[EB/OL].[2019-01-24].http://www.gov.cn/zhengce/content/2019-02/13/content_5365341.htm? from=singlemessage&isappinstalled=0.

[8] 郑春华，叶志琼，高壮峰.中高职贯通教育培养模式的思考与实践[J].领导科学论坛，2013(1)：57-58.

[9] 李钰.对中高职教育贯通培养模式的几点思考[J].职教论坛，2012(22)：54-56.

[10] 韩天学.中高职贯通：五年制高职一体化培养模式的比较优势[J].职业教育(中旬刊)，2016，116(03)：

8-11.

[11] 兰小云.现代职教体系内部有机衔接的现实思考——以上海中高职贯通为例[J].职教通讯,2015(7):30-33.

[12] 关于上海市职业院校制订中高职教育贯通专业人才培养方案的指导意见(试行)[EB/OL].[2018-07-03]. http://edu.sh.gov.cn/html/xxgk/201806/403152018002.html.

[13] 关于全面推进职业院校教学工作诊断与改进制度建设的通知(教职成司函〔2017〕56 号[EB/OL].[2017-06-13]. http://www.moe.gov.cn/s78/A07/A07_gggs/A07_sjhj/201706/t20170614_306892.html.

[14] 武汉市机械工业促进办公室课题组.三螺旋理论视角下武汉先进制造业产学研结合调查[J].长江论坛,2009(1):19-24.

[15] 吴文洋.群体视角下官产学研协同创新的动力机制分析[J].现代商业(24):92-94.

[16] 王颖颖,朱志坚,谢继延,等.三螺旋视角下中高职衔接贯通培养机制的研究[J].广东轻工职业技术学院学报,2018,第 17 卷(4):40-43.

[17] 王琴.中高等职业教育贯通培养模式的制度与实践——以上海为例[J].职业技术教育,2013(13):50-54.

TPACK视角下技术与教育的耦合：回归教育本质

◎ 黄颖晓

摘　要　本文从TPACK视角阐述技术与教育的耦合，从目标、主体、方式、培养对象四个维度综合发力，通过积极的方式探求教师TPACK知识和能力的提升，同时做到在技术运用中不忘教育育人的根本。

关键词　TPACK　教育本质　融合

一、引言

智能化时代的到来，对人类社会的冲击是前所未有。根据研究，未来我国710万工作岗位将消失，47%的工作都可能被人工智能或机器人取代。信息化、自动化、数字化渗入我们生活工作的各个领域，互联网、云计算、大数据、物联网、人工智能等信息技术应用越来越广泛，MOOC、混合式学习、翻转课堂等各种形式层出不穷。技术革命蕴育机遇和挑战，如何避免技术泛化，关注教育育人的根本，是教育界必须面对和思考的问题。

教育技术的创新，需要通过教师的作用才能真正服务于教学。纵然，教育技术信息化手段使用得再娴熟，倘若没有教师那颗弥足珍贵教书育人的初心，技术就沦落为空洞的形式和花哨的摆设，教学也就失去它的温度。快节奏、信息化和互联网颠覆了传统的教学方式。然而，不管时代如何变化，我们都同样需要心灵的碰撞，教与学的过程也正是如此。好的教育，不仅在于知识技能的传递，更在于师与生之间真挚情感和价值理念等交流和共鸣。这一点，即使在崇尚技术的时代，也不会有所不同。现代教育技术应用的一切手段都是为"育人"服务，技术应用应树立"育人为本"的根本观念。

"耦合"是物理学概念，近年来开始应用于人文社会科学领域，本意是指两个事物之间

作者简介　黄颖晓，上海民航职业技术学院，中级会计师，经济学学士，同济教育专业硕士在读。

必须存在相互作用、相互影响的关系。这与技术与教育可以彼此促进的情况相似。TPACK 理论 2005 年由科勒(Koehler)和米什拉(Mishra)[1]提出，包括技术知识(Technological Knowledge)、教学知识(Pedagogical Knowledge)、学科知识(Content Knowledge)、技术教学知识(TPK)、学科教学知识(PCK)、整合技术的学科内容知识(TCK)、整合技术的学科教学知识(TPACK)和境脉(Contexts)等方面内容。本文以TPACK 为视角，沿着技术与教育如何耦合的脉络展开阐述。

二、TPACK 理论研究阐释

纵观 TPACK 的国外研究，按时间线进行梳理如下：2005 年，学者 Koehler 和 Mishra[1]在“通过设计进行学习”的项目中设计了 14 个简要问题，但该研究理论不能推广到其他专业发展领域。2009 年，学者施密特(Schmidt)等人[2]提出的五点式李克特量表为后来的TPACK 定量测量奠定了理论依据，但该量表的调查对象是幼儿教育和小学教育的职前教师，与 CK 相关的维度中也只涉及数学、科学、社会学以及文学四门学科。同年，阿尚波特(Archambault)等人[3]对 596 名美国 K-12 在线教师设计了一份量表对其 TPACK 的七个元素进行划分，而我国目前授课方式主要以面对面教学为主。2011 年，学者尼斯(Niess)通过观察法和访谈法来测量数学教师培训前 TPACK 水平，提出了 TPACK 的核心要素即整合目的、教学策略、适用主题和课程教材，使静态的 TPACK 框架变为一种应用技术为教学服务的创造性思维[4]。

通过中国知网梳理 TPACK 的国内研究，以“TPACK”主题，得到与其相关的国内核心期刊论文共 212 篇(图 1)。总体来说，我国的 TPACK 研究起步较晚。从时间分布上来看，我国的 TPACK 研究起步于 2008 年，2010—2011 年为缓慢增长期，2012 年开始进入迅速发展阶段。研究内容主要集中在以下两方面：一是 TPACK 内涵和框架研究；二是基于TPACK 的教师教育发展模式和培养研究。

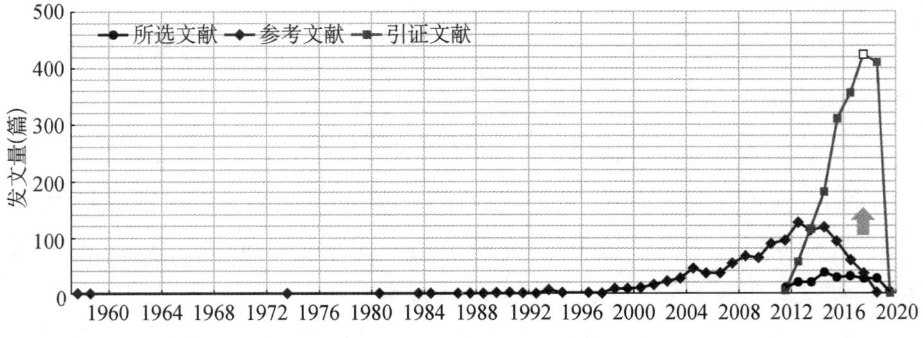

图 1　以“TPACK”为主题所选文献总体趋势(数据来源：中国知网 https://www.cnki.net)

TPACK 内涵和框架研究主要代表有 TCPNet 理论框架与 TSACK。闫志明和李美凤[5]针对 TPACK 理论模型概念界定不明确、概念关系不清晰的问题,通过长时记忆信息存储模式研究和专家新手对比研究,运行系统论的观点,提出了具有网状拓扑结构的 TCPNet。该研究既保持了 TPACK 理论框架的解释力,又避免了概念之间区分困难和关系模糊等缺点。

阮全友[6]认为 TPACK 仅关注教师的技术知识、学科知识和教学法知识,未关注学生知识框架的整合,为此提出了 TSACK(整合技术的学科和学习策略知识),应注重教学过程中学生思辨能力的培养。

三、TPACK 视角下技术与教育的耦合

本文从目标、主体、方式、培养对象四个维度综合发力,通过如下几个方面切入,积极探求教师 TPACK 知识提升。

(一) 目标路径:学科教学向深处变革新范式

教学目标在学科教学中落实,才能真正落地,否则只是空中楼阁。在 TPACK 的学科研究成果中,目前的研究成果中只涉及少数的数学、信息技术、英语学科领域的研究,而对不同地域、教学阶段、不同类型教师的 TPACK 水平的比较研究较少,学科研究不均衡化情况严重。

在地理学科方面,白婕等学者[7]以武汉高中地理教师为研究对象,提升地理教师理论修养和实践能力,挖掘 TPACK 在各学科环节的融合点。

王鹋[8]提出音乐学科化强调学生的主体作用,注重鼓励学生充分发挥利用先进的技术支持来理解和思考音乐的自主性。发挥学生利用技术理解音乐的自主性,促进音乐教师的专业发展。

段元美等[9]调查研究烟台市 276 名初中数学教师 TPACK 现状,发现初中数学教师 TPACK 整体水平中等偏上,并进一步提出有效促进教师 TPACK 发展,从高到低建构理念维度、课程维度、学生维度、教学维度、评价维度五个水平维度。

(二) 主体路径:教师主体彰显专业性

教师专业性在 TPACK 理论中指技术知识、教学知识、学科知识以及把这些知识相互融合应用的知识。技术知识(TK)是指教师在教学活动中应用技术的能力和对技术应用于教学的思想。教学知识(PK)是指一般教学法知识,包括对学情的判断,课堂中教学方法和技术的使用,评价学生的方法以及学生学习方法的培养等,学科知识(CK)是指该学科具体需要学习的各种知识。舒尔曼[10]认为,学科知识不仅包括基本的概念原理等该学科的陈述

性知识，还包括学习和探索这些知识所需要的方法和思维。李玉顺[11]曾提出教师支持有助于提升混合式场景中在线学习者交互水平，特别是教师的专业支持可以有效深化在线学习交互程度。

而笔者认为，TPACK视角下教师的专业性不仅包括教师应用技术的能动性，更应关注教师育人的本质，即把学生放在教学的第一位。伯特兰·罗素曾指出教师理应内心热爱学生，把学生的成长视作目的，而不是攫取成功的手段，教师爱学生甚于爱金钱与名利。

“教育即生长”，一位专业的教师不仅要专业背景知识过硬，更要会应用心理学等跨学科知识，学生的天性不被扼制，能力得以引导和发展。胡正平学者[12]提出基于注意力机制的时间分组捕捉分类兴趣点。陈雯等[13]的高校思政课教学效果研究，通过应用图像识别跟踪技术，对学生的注意力进行测量时发现：传授课外知识时，“口头教学”比“视频播放”的效果更好(使用后者会降低12.75%)。爱学生、关注学生，不忘育人本质，唯有如此，教师才能真正地做到技术与教育的耦合。

（三）方式路径：精准、个性化地有效学习

教师是连接世界的策划师，要把最好的教育资源引向学生。教育信息化时代，培养公民、发展公民成为未来社会发展的重要支柱。间隔学习、翻转课堂、跨界学习、社区学习等教学法，结合学习者本身特征，设置探究式、正式与非正式结合等教学方式，培养有效的学习者。

林晓凡[14]基于TPACK构建STEM教育优化设计模式，通过设计学习方式刺激学生兴趣，根据学生的认知风格和呈现方式制定不同的教学策略，注重创新能力的培养。

梁云真[15]提出，在基于SPOC的混合学习中，尝试引入基于量规的在线同伴互评。设计基于量规的在线同伴互评学习活动，并采用准实验研究法探究其对学习者在线认知、情感投入度及学习成效的影响。

（四）培养对象路径：从追求效果转向关注效益

周国平认为，智育发展理性思考，德育培养精神追求，美育培育丰富的灵魂，反对用狭隘的功利尺度来衡量教育。

当前，技术与教育的整合主要指技术缩小了教育输出与教育预设目标之间的距离，试图用量化的指标丈量教育的成果，强调技术融入教育的“效果”。这往往会使教育者从关注人的成长转向片面关注教学的效果，同时容易忽视个体差异，违背技术融入教育的出发点和归宿。教师对学生的教育不是为了适应世界，而是为了丰富学生的心灵，关注的是教育的“效益”问题。

毋庸置疑，只有牢固树立教育育人的价值观，才能更好地去追寻被工具理性文化所遮蔽的事实，才能使技术真正地服务于教学。事实上，技术与教育的融合，除了要考虑用技术

来"正确地做事"之外,还要尽可能地用技术来"做正确的事",时时刻刻将学生个体的需求和成长置于技术与教育融合的中心,在技术运用中不忘教育育人的根。

四、结论

钱学森发问"为什么学校总是培养不出杰出的人才",此问句短意深,答不易,行更难。技术与教育的耦合需要教育者在"教"与"育"两个层面下回归教育本质,在守望"传统教育教育与现代教育"之间不忘教育的初心。

参考文献

[1] MATTHEW J KOEHLER , PUNYA MISHRA. Technological Pedagogical Content Knowledge: A Framework for Teacher Knowledge[J]. Teachers College Record, 2006,108(6):1017-1054.

[2] DENISE A SCHMIDT, EVRIM BARAN, ANN D. Thompson, Punya Mishra, Matthew J. Koehler, Tae S. Shin. Technological Pedagogical Content Knowledge (TPACK)[J]. Journal of Research on Technology in Education, 2009,42(2):123-149.

[3] LEANNA M ARCHAMBAULT, JOSHUA H BARNETT. Revisiting technological pedagogical content knowledge: Exploring the TPACK framework[J] . Computers & Education, 2010, 55: 1656-1662.

[4] MARGARET L NIESS. Central Component Descriptors for Levels of Technological Pedagogical Content Knowledge[J] . Journal of Educational Computing Research, 2013, 48(2):173-198.

[5] 闫志明,李美凤.整合技术的学科教学知识网络——信息时代教师知识新框架[J].中国电化教育,2012(04):58-63.

[6] 阮全友.翻转课堂里的TPACK和TSACK——基于一项英语教学研究的讨论[J].远程教育杂志,2014,32(05):58-66.

[7] 白婕,陈实,曾秀梅,胡秋云.中学地理教师TPACK现状分析与发展策略——以"电子白板"在地理教学中的应用为例[J].中学地理教学参考,2015(20):4-6.

[8] 王鹔.信息技术与音乐课程整合——基于TPACK音乐学科化的视角[J].教育研究与实验,2016(05):77-81.

[9] 段元美,闫志明,张克俊,郑丽红.初中数学教师TPACK现状的调查与分析——以烟台市为例[J].现代教育技术,2015,25(04):52-58.

[10] SHULMAN L. Thoses Who Understand: Knowledge Growth in Teaching [J]. Educational Researcher, 1986, 15(2):4-14.

[11] 李玉顺,邹佳君,王屏萍.教师支持对在线学习者交互程度影响的研究——以高中语文学科"双课堂"教学为例[J].中国电化教育,2019(05):114-119.

[12] 胡正平,刁鹏成,张瑞雪,等.基于注意力机制的时间分组深度网络行为识别算法[J].模式识别与人工

智能,2019,32(10):892-900.
[13] 陈雯,许鸿文,江立华.高校思想政治理论课堂注意力与教学模式改革的有效性研究——基于图像识别跟踪技术的 Cox 回归生存分析[J].思想理论教育导刊,2018(9):84-89.
[14] 林晓凡,胡钦太,梁中梅.基于 TPACK 的 STEM 教育优化研究[J].中国电化教育,2018(9):24-30.
[15] 梁云真.基于量规的同伴互评对在线学习认知、情感投入度及学习成效的影响研究[J].电化教育研究,2018,39(9):66-74.

研究生教育

同济大学在“双一流”建设中研究生教育改革的几点举措

◎ 杨洪念

摘　要　我国研究生教育进入了新的发展阶段，实现研究生内涵式发展目标，提高研究生教育质量，需要进行研究生教学体制的综合改革。近年来，同济大学紧紧围绕“双一流”大学建设目标，牢固坚持立德树人的教育理念，深耕研究生教育发展的规律，结合同济特色，在课程设计、培养过程质量把控、分流退出机制体系构建和校园信息化建设等方面进行探索创新，初步形成了全员、全过程、全方位的三全育人体系，逐步建立了同济特色的研究生教育培养模式。

关键词　研究生教育　内涵式发展　双一流大学　分流退出

一、前言

“自 1981 年《中华人民共和国学位条例》正式实施，我国研究生教育历经 30 年的发展，成为了仅次于美国的研究生大国，呈现出扩大规模转向提高质量；由外延扩张转向内涵发展；以知识为本转向以能力为重的战略转型特征。”[1] 同济大学作为首批“双一流”大学重点建设高校，担负着为国家现代化建设输送一流人才的重任。高校人才的培养关键在于研究生教育。围绕“为谁培养研究生，培养什么样的研究生，怎样培养研究生”这一关键问题，同济大学积极思考和探索，实施了一系列的改革举措。

二、以培养目标为导向设计研究生课程

2018 年 11 月份，同济大学启动了培养方案的修订工作。根据研究生教学培养的新要求，从满足研究生需求，充分调动学习热情，提高研究和应用能力等出发，对研究生课程进

作者简介　杨洪念，同济大学研究生院培养处，科员。

行了重新设计。

1. 公共英语课程体系改革

公共英语课是研究生的公共学位课，每位研究生必须修读。改革前，硕士研究生的公共英语课程规定了四个模块，每个模块下又开设两门小课，每位研究生从8门小课中选择2门修读且选择的两门小课需来自不同的模块。这样的设计存在着许多问题，比如课程内容重复，课程过多造成师资紧张，选课操作复杂，成绩的获得不合理等。通过这次培养方案的修订，在充分调研的基础上，对公共英语课程进行了改革。

（1）将英语课程模块取消，打通了人为设定的界限。结合实际需求，从研究生英语能力培养的角度，设计了4门课程。

（2）整合教师资源，建设优秀教师队伍，并对开设课程质量进行跟踪考核。

（3）取消统一的英语水平考试，完善成绩评价体系，实现还教与课堂，还教与师生。

2. 重视跨院系课程建设

同济大学对于跨院系课程的界定是跨一级学科同时非本学院开设的课程。同济大学鼓励学科交叉融合，支持交叉学科的建设，主要通过建立部分交叉学科创新试点项目和跨院系课程建设来实现。各学科培养方案中明确要设置跨院系的课程，每位研究生在制定个人培养计划时必须要选择一门跨院系的课程。该举措目的是希望研究生能够真正地“走出去”，课程学习不局限于本学科的专业知识，通过多学科的交叉，培养高素质复合型人才，推动交叉学科的建设。

3. 逐步推进本研课程互选

同济大学致力于实现本硕博贯通培养的目标，很早就启动了本研课程互选操作。但是之前的本研互选的学生范围仅限定于两类：成功推免研究生并需提前修读研究生课程的本科生和外校考入同济需补修本科知识的研究生。这样的本研互选目的性强，功能性弱，在课程选择的深度和广度上都十分有限，实际效果大打折扣。以实现真正的本研贯通培养为目标，经过本科生院和研究生院积极沟通协调，依托于正在开发的“教学管理信息系统”，将打破本科课程和研究生课程的壁垒，有步骤、分阶段实现本研的贯通培养。

三、开设同济高等讲堂

为落实立德树人总体目标、拓展研究生国际视野、提升研究生职业素养，培育创新型学术与人才培养氛围，2018年起同济大学研究生院联合各学院为研究生开设高水平、创新性、成系列的“同济高等讲堂”系列讲座。同济高等讲堂邀请的是党政教育领域精英、企业家、包括诺贝尔奖得主和院士在内的学术巨擘给研究生现场授课，分享治学经验，提升在校研究生科研学术能力与综合素养。

截至2019年4月，同济高等讲堂已经成功举办了82场，现场参加讲堂的研究生近4万人次。已经开设的讲堂围绕立德树人的根本任务,从思想品德与时政教育、身心健康、创新创业、学术前沿、文化美育等各方面提高研究生人格、能力和知识,主要包括思想政治、学术和职业素养三个模块。思想政治素养模块涉及政治制度、理想信念、时政解读、法制道德等内容;学术素养模块涉及论文写作、学术规范与伦理、科学思维与科研逻辑、学术前沿等内容;职业素养模块涉及创新创业、领导力与管理能力、职业精神、国际视野、心理素养和人文艺术等内容。

“在学术活动中提倡和鼓励研究生提问,形成一种交互式的开放环境,是提高学生从事科学研究的兴趣,萌发和完善创新思想的重要途径。”[2] 同济高等讲堂为同济大学研究生提供了更加广阔的平台,学生有机会亲身感受学术大家们的人格魅力、学术素养,专业智慧,提供了与某一领域内的专业精英进行面对面交流和学习的机会,开阔了视野,提升了境界。从学生的反响来看,对同济大学开设的同济高等讲堂这门“人生大课”给予了充分肯定。

四、培养过程的质量把控

研究生的培养过程包含了许多环节,其中论文选题和中期(综合)考核(同济大学对该环节的名称)是论文工作环节中重要组成部分,其质量水平直接影响到论文工作的进展,研究生论文的质量。提高研究生教育质量,需要对论文选题和中期(综合)考核环节进行严格把控。

1. 论文选题鼓励集中进行

论文选题是研究生论文学术工作的起点,一个经过深入研究,准备充分的开题,对后面论文工作的顺利开展具有重要的影响。改革前的论文选题工作由各学院自己组织,对选题时间、地点和过程没有要求,监管的缺失导致研究生、导师再到学院层面对选题报告不重视,出现选题质量下降的问题。2018 年新修订的培养方案中,鼓励各学科集中选题,论文选题和预答辩必须至少选一项进行二级学科以上的排序,鼓励规定不通过的比例,明确不通过的处理办法。通过集中进行论文选题,明确时间和地点,同济大学研究生院可以和质量管理办公室相互配合,委派督导员进行选题报告会的旁听、检查,及时指出问题,规范选题过程。利用质量评价的杠杆,使学院、导师和学生重视选题内容,从而提高论文选题的质量。

2. 中期(综合)考核

根据国务院学位委员会《学位与研究生教育发展“十三五”规划》的通知要求及同济大学校长办公会精神,围绕同济大学深化综合改革方案和建设世界一流大学的总体需要,广泛调研和征求各方意见的基础上,在修订 2018 级研究生培养方案的过程中,启动了博士研究生中期考核的试点改革,主要包括以下几个方面。

(1) 调整名称,硕士研究生使用原有的“中期考核”名称不变,博士研究生启用“中期综合考核",突出对博士研究生综合评价的更高要求。

(2) 形式上集中,要求各学院集中进行,进行二级学科以上的排序,鼓励规定不通过的比例,明确不通过的处理办法。

(3) 丰富考核内容,改革后的中期(综合)考核的内容更加全面,包括了四部分:思想品德与学术诚信(一票否决)、课程学习成绩、学术素养和学位论文中期进展情况。采取笔试形式的综合考试或专家组形式的面试集中进行。

(4) 健全结果评价体系,考核结果细化为四个等级:优秀、良好、合格和不通过。并且严格按照参加考试人数,对全体参加中期(综合)考核的博士研究生进行二级学科以上的排序,其中成绩为优的比例≤40%,成绩为良的比例≤40%,成绩为合格或不通过的比例不低于20%。

中期(综合)考核的结果与奖学金相关联,通过上面的举措提高研究生、导师和学院的重视程度,提高研究生博士研究生的培养质量,做到知识学习和能力培养并举,并塑造科学评价的良好氛围。

五、分流退出机制体系的构建

同济大学已经初步建立了研究生的分流退出机制体系,该体系由以下几个环节组成。

1. 课程学习环节的退出规定

根据《同济大学研究生课程学习管理规定》的要求,研究生课程考核不合格的门数达到相关规定,按照退学处理。

2. 论文选题环节的分流淘汰机制

根据新修订的研究生培养工作规定,研究生论文选题两次不通过的要进入分流淘汰:选题报告及论文工作计划未通过者,可进行补选题,仍未通过的,普通博士研究生、硕士研究生视为自动终止学业,予以退学处理;硕博连读(博士阶段)研究生和直博生一般予以退学,但符合硕士培养条件的,可以分流进入硕士阶段培养。

3. 中期(综合)考核的分流淘汰机制

中期(综合)考核环节制定了完善的分流淘汰机制:

(1) 在学制内未通过中期(综合)考核的,视为自动终止学业,予以退学处理;

(2) 中期(综合)考核第一次不通过的,可以进行补考核,仍未通过的,普通博士研究生、硕士研究生视为自动终止学业,予以退学处理;硕博连读(博士阶段)研究生和直博生一般予以退学,但符合硕士培养条件的,可以分流进入硕士阶段培养。

4. 博转硕规定中的分流机制

同济大学认真落实国家要求建立博士生分流渠道的倡议,积极构建全过程、分层次的分流淘汰机制。针对博士研究生制定了《同济大学"硕博连读研究生""直接攻博研究生"转为硕士研究生培养的管理办法》相关文件，该文件详细规定了硕博连读生和直博生申请转硕的条件、申请过程和审批流程，为博士生分流渠道的畅通提供了制度保障。

六、智慧教室和教学管理系统建设

当今时代是信息化、智能化的时代，互联网技术已经应用到社会生活的各个方面。信息一体化建设发展迅速，智能化得到了广泛的应用。如何提高研究生教育质量，不仅要从制度、管理上下功夫，还需要合理运用科技进步带来的红利，为研究生教育发展提供技术支持。同济大学已经开始建设智慧教室，运用信息技术为研究生课程学习、教学管理、质量评估等提供服务。另外，同济大学正在建设新的研究生教学管理信息系统，在充分汲取现有系统合理功能的基础上，结合研究生教育发展的新趋势，将研究生教育发展的新理念融入新系统的开发建设。通过新系统实现本研课程、过程管理、考试等环节的一体化，并为后续计划建设的预警系统奠定基础，逐步建立全面、科学、可持续的研究生教学管理信息系统。

研究生培养质量是研究生教育的生命线。[3]衡量研究生教育发展水平，最直观的标准就是培养的研究生的质量和能力。"与祖国同行，以科教济世，建设成为中国特色世界一流大学"是同济大学新时代的发展愿景。要实现中国特色世界一流大学的目标，我们要铸就大国工匠的精神，着眼全局，注重细节，对研究生教育事业孜孜不倦，精益求精。同济大学已经开启新的征程，通过凝聚共识，团结各方力量，深化教学体制的综合改革，实施提高研究生培养质量的举措，推动研究生教育质量保障体系的建设。

参考文献

[1] 王战军.建立健全新时期研究生教育质量保障体系[J].中国高等教育,2012(6):30-33.
[2] 顾马林,刁承湘.开展研究生学术报告活动端正研究生学术态度[J].中国高等教育,2001(20):22-23.
[3] 张万红.构建研究生教育质量保障体系切实提高研究生培养质量[J].中国高教研究,2004(8):25-28.

测绘工程专业学位硕士研究生校外导师制度探索与实践

——以同济大学为例*

◎ 吴杭彬　程效军　金雁敏　乔　刚　倪卫蓉　楼立志

摘　要　面向新时代国家未来建设需要、适应未来科技进步，同济大学测绘与地理信息学院探索并实践了专业学位硕士研究生培养的校外导师制度。本文对校外导师制度的详细内容，包括校外导师的职责与要求、选择与选聘、校外专业实践的过程跟踪和记录、校外专业实践与成果考核、学位论文指导与答辩等进行了详细介绍，形成了具有特色的培养模式。实践表明，校外导师制度提高了测绘工程专业学位硕士研究生的培养质量，增强了学生在企业中的适应能力。

关键词　测绘工程　专业学位硕士研究生　校外导师　专业实践

一、引言

随着国家重大基础设施工程建设的开展，国家对测绘工程高层次专业人才需求的持续增加，测绘工程硕士研究生的培养规模也在不断扩大。2008年以前，我国培养的测绘工程硕士研究生包括以脱产人员为生源的全日制硕士研究生和以在职人员为生源的工程硕士专业学位研究生。随着经济的快速发展，工程硕士专业学位研究生的培养模式、质量和规模远不能达到国家经济社会发展和重大工程建设对工程人才的需求。因此，2009年开始，

---

* 同济大学研究生教学改革项目（测绘学院专业学位研究生双导师与企业实践平台建设研究）资助。

作者简介　吴杭彬，同济大学测绘与地理信息学院副教授。
程效军，同济大学测绘与地理信息学院教师，副院长。
金雁敏，同济大学测绘与地理信息学院助理教授。
乔刚，同济大学测绘与地理信息学院副教授。
倪卫蓉，同济大学测绘与地理信息学院助理研究员。
楼立志，同济大学测绘与地理信息学院副教授，党委书记。

国家开始实施全日制专业学位硕士研究生教育，招收以应届本科生为生源的全日制专业学位硕士研究生。

2013年，教育部、国家发展改革委员会、财政部联合下发了《关于深化研究生教育改革的意见》，意见强调“建立培养单位与行业企业相结合的专业化教师团队和联合培养基地”“建设专兼结合的导师队伍，完善校所、校企双导师制度”。与学术型硕士研究生相比，专业型硕士研究生培养的特点在于培养具有明显职业背景的高级人才。因此，测绘工程专业学位硕士研究生教育和人才培养模式[1-4]、分类培养改革[5]、课程体系与内容[6-10]、校企联合[4,11,12]等方面，成为测绘工程专业学位硕士研究生教学研究和教学改革的重要内容。在这一方面，武汉大学[2,6,7,12]、中国矿业大学[1]、中南大学[11]、山东科技大学[3]、黑龙江工程学院[8-10]、江苏海洋大学[4]等招收测绘工程专业学位硕士研究生的单位进行了探索，并积累了一定的经验。

校外导师制、研究生实践基地或企业研究生工作站成为专业型硕士研究生培养的重要手段。立足一流学科，面向新时代国家未来建设需要，培养一流专业人才，同济大学测绘与地理信息学院提出了测绘工程专业学位硕士研究生双导师培养制度。除校内导师外，对校外导师以及校外实践平台等方面进行了实践，形成了具有特色的专业硕士学位培养模式。

二、同济大学测绘工程专业学位硕士研究生的双导师培养模式

同济大学测绘与地理信息学院面向新时代国家未来建设需要、适应未来科技进步，培养掌握测绘工程专业技术领域坚实的基础知识、具有承担工程技术或工程管理工作的能力、了解测绘工程专业技术前沿的技术现状与发展趋势、能够熟练运用先进测绘方法和现代测绘技术手段解决工程问题的高级研究生人才。学院目前每年招收的硕士生为55人左右，其中专业学位为25人左右。为了保证同济大学测绘工程专业学位的双导师，尤其是校外导师能真正发挥在专业学位硕士研究生培养过程中的作用，依据《同济大学全日制硕士专业学位研究生专业实践环节管理规定》，同济大学测绘与地理信息学院制定了《同济大学测绘与地理信息学院全日制专业学位研究生专业实践考核安排》《同济大学测绘与地理信息学院全日制专业学位研究生双导师制度暂行办法》等系列规章制度，设计了测绘工程专业学位硕士研究生的培养模式(图1)。

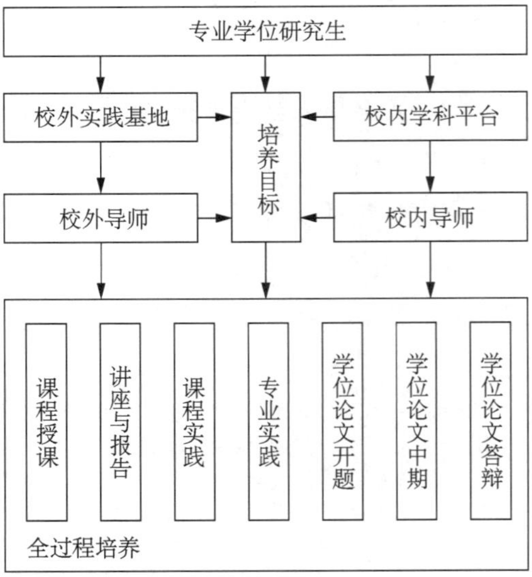

图1　同济大学测绘工程专业学位硕士生培养模式

平台方面，从校内学科平台和校外实践基地平台两方面，开展专业学位研究生的培养。在校外实践基地筛选若干名校外导师，与校内导师一起完成对学生总体培养目标的制定，包括课程内容、实践环节内容等。校内平台方面，立足同济大学测绘一流学科的师资和科研优势，以及上海特大城市对现代测绘技术的市场需求，制定专业学位研究生的人才培养方案，形成"一流学科师资、面向未来国家建设和技术发展需求、校内外导师全面协同"的培养特色。

培养过程方面，校内导师与校外导师共同完成专业学位硕士研究生的培养过程，包括授课、实践、开题、中期、答辩等(图 2)。其中，校外导师全面参与专业学位硕士研究生的授课、专业实践、论文开题、中期和答辩等重点培养环节。尤其是在实践性强的课程中，邀请校外导师或工程师进行方案设计、工程案例讲解、工程现场参观和实践等环节，加强学生对专业知识和工程实践的认知。

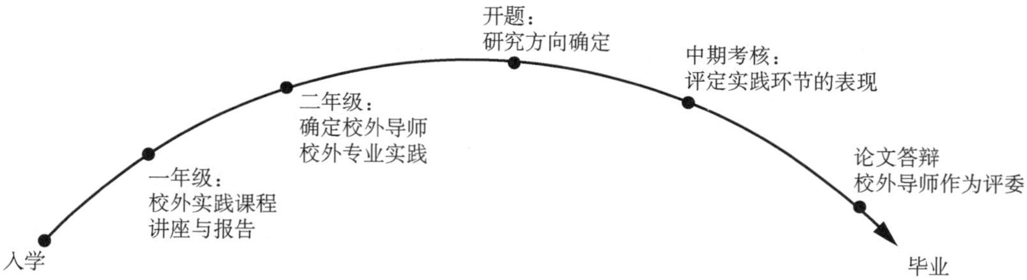

图 2　专业学位硕士生培养过程中的校外导师角色与任务

三、校外导师制度的实践与探索

为更好地完成专业学位硕士研究生的培养，学院建立了双导师制度。除校内导师外，专业学位硕士研究生还配备了一名校外导师。下面详细介绍同济大学测绘与地理信息学院在校外导师制度建设方面的内容与成果。

（一）校外导师的职责与要求

选聘的校外导师要求在测绘行业主管部门、企事业单位工作，具有丰富测绘、地理信息、导航、地图制图、软件等项目和工程背景的人才，并符合以下条件：

(1) 思想政治方面，要求遵守国家法律、法规和政策，立德树人，作风正派，无不良学术道德行为，具备高度事业心和责任心；

(2) 学历/学术和工程背景方面，一般要求硕士学位及副高级以上职称；或者虽然不具备硕士学位和副高级以上职称，但本人在所在单位连续工作五年以上，并完整负责若干个主要业务范围内的项目；或担任本单位内中层以上领导职务，并具备相应的专业知识和管理经验。

校外导师的职责包括：

(1) 参与测绘与地理信息学院专业学位研究生培养方案的制定与修改；

(2) 参与课程内容、授课形式、课程实验等课堂教学活动的设计，并参与部分实践性课程的授课或专题讲座；如智能测绘研究方法、精密工程测量、工业测量等课程，学院邀请了部分在相应领域内知名的校外导师进行授课、讲座；

(3) 为专业学位硕士研究生的专业实践活动提供相应的条件，包括但不限于提供实践场地、实践条件、协调实践内容，负责完成实践活动的成果考核并撰写实践评语；

(4) 参与专业学位硕士研究生的开题、中期考核、论文评阅和答辩工作。

（二）校外导师的选择与选聘

在校外导师的选聘方面，学院制定了相应的选聘程序和数量控制要求。

一方面，校外导师的选聘要求校内导师推荐、材料预审、学院教务委员会审议通过、公示等四个程序；校外导师按“增量申报原则”，在第二学期中进行推荐申报。上一年度已经是校外导师的，在新的年度无需再次申报。

另一方面，根据测绘学院历年硕士研究生毕业去向和就业单位分布，对不同类型单位的导师的数量、行业方向进行控制。每年的校外导师总数一般不超过 30 人，每个单位的校外导师不超过 2 人。表 1 为学院 2016—2018 年的校外导师来源及指导学生数量。

表 1　2016—2018 年校外导师来源及指导学生数量

所在单位类型	数量	2016—2018 年指导人数
科研院所	4	5
事业单位	3	12
企业	15	23

（三）校外专业实践的过程跟踪与记录

专业学位硕士研究生培养过程中，二年级阶段的校外专业实践是重要的培养环节，也是校外导师参与学生培养的重要过程。为此，学院制定了一定的工作流程来规范专业实践过程跟踪和记录。表 2 给出了校外专业实践的主要工作流程和时间节点。

校外专业实践分为七个环节，从第二学期末到第四学期末，持续一年。首先面向校外实践基地进行需求对接，然后面向专业学位硕士研究生召开实践动员大会，将校外实践平台的需求与学生兴趣、初步研究方向进行对比，形成校外实践环节的初步计划。在第三学期初，选派学生至校外实践基地，并完成工作内容计划表。在实践过程中，学生需要在实践记录本中记录每周的工作内容和进度，进行过程化的管理监督。实践结束时，提交专业实践考核表，并由校外导师签署实习意见。最后在第四学期末，由专家组对校外实践环节进行考核。

表 2　校外专业实践的工作流程和关键时间节点

工作环节	时间节点	工作环节	时间节点
与实践基地的需求对接	第二学期末	过程管理监督	实践全过程
校外专业实践动员大会	第二学期末	提交专业实践考核表	第四学期第 16 周
学生选派	第三学期第 1 周	专家组考核	第四学期第 16 周
提交专业实践工作内容计划表	第三学期第 3 周		

（四）校外专业实践的成果考核

研究生专业实践的成果考核由学院和校外导师共同负责。在第四学期期末，学院成立该年度专业实践工作考核小组（含校外导师），负责专业实践考核工作的细则制定、管理与实施。专业实践考核主要从以下三个方面进行：

（1）在思想方面，培养的研究生品行良好，通过校外专业实践增强了学术规范、团队协作精神，以及人际交往等综合能力；

（2）在知识方面，了解了测绘工程专业技术领域的技术现状和发展趋势，通过联系实际，加深了对所学知识的理解，提高了所在岗位的技术运用能力；

（3）在能力方面，加强了承担工程技术或工程管理工作的能力，提高了运用先进测绘方法和现代测绘技术手段解决工程问题的能力，增强了创新创业能力。

根据考核结果以及实践过程形成的技术成果，学院每年开展优秀专业实践成果展。将该年度专业学位研究生在校外基地参与完成的项目以及个人完成的工作成果进行梳理、展示和介绍，图 3 为 2016 级专业学位硕士研究生的专业实践成果。

（五）学位论文指导与答辩

在研究生学位论文开题、中期和答辩过程，校内导师和校外导师协同完成方案制定、论文实施条件落实、进展汇报等环节，达到校内外导师协同参与、共同指导的目的。

开题环节，专业学位研究生一般在第三学期中完成毕业选题、文献和工程案例查阅和开题报告会。校内外导师共同确定研究方向、研究目标、论文形式，然后以开题报告会的形式向校内外的专家组进行介绍。开题报告会一般在同济大学内举行，邀请校外导师参与。也可以到校外基地举行，校内导师前往校外基地完成开题。

中期考核环节，一般在第三学期末完成。学院制定中期考核的各项内容和权重，在个人汇报基础上，由校内专家组和校外导师完成对专业学位研究生的评分。

毕业答辩环节，一般在第六学期初完成。在校内外导师一致同意并给出具体修改意见

图 3　2016 级专业学位硕士研究生专业实践成果展

后，论文才允许进入后续的评审、答辩环节。答辩时，校内外专家作为专业学位研究生的正、副导师，全面介绍学生在研究生培养过程中的表现，供答辩委员会参考。

四、结论与展望

同济大学测绘与地理信息学院在测绘工程专业学位硕士研究生校外导师制度建设方面进行了探索与实践，形成“一流学科师资、面向未来国家建设和技术发展需求、校内外导师全面协同”的培养特色。

同济大学测绘与地理信息学院探索并实践了校外导师的职责与要求、选择与选聘程序、校外专业实践的过程跟踪与记录、成果考核、学位论文的指导与答辩等专业学位硕士研究生的培养环节，结果表明，校外基地已经成为专业学位硕士研究生培养的重要平台，校外导师制度也已经成为传统研究生培养制度的重要补充。

参考文献

[1] 张书毕,高井祥,张文渊.面向企业需求的测绘工程专业学位研究生培养模式探究[J].教育教学论坛,2018,385(43):35-36.

[2] 汪志明,朱德友,徐亚明.面向信息化测绘的测绘工程专业学位创新教育培养模式探讨[J].测绘通报,2011(10):91-93.

[3] 张红日,于胜文,阳凡林,等.全日制专业学位研究生校企联合培养模式的探索——以山东科技大学测绘学院为例[J].煤炭高等教育,2013(5):19-20.

[4] 焦明连,卢霞,周立,等.校企协同全流程创新创业测绘工程专硕培养模式的实践[J].现代测绘,2018,41(04):65-69.

[5] 吴风华,杨久东,王越.测绘专业学术学位与专业学位研究生分类培养的教学改革探讨[J].华北理工大学学报(社会科学版),2018(1):94-97.

[6] 许才军.测绘工程专业课程创新体系初探[J].测绘通报,2007(11):74-77.

[7] 汪志明,郭际明,花向红,等.优化课程体系培养测绘工程专业创新人才[J].测绘通报,2009(6):74-77.

[8] 马俊海,曲建光,李秀海,等.测绘工程领域专业学位硕士研究生实践能力培养[J].测绘与空间地理信息,2014(8).

[9] 马俊海,刘丹丹,曹先革,等.测绘工程领域专业学位硕士研究生课程体系研究[J].黑龙江工程学院学报,2014,28(4):72-74.

[10] 马俊海,曲建光,李秀海,等.高校战略转型下测绘专业硕士研究生课程体系的构建[J].测绘工程,2014,23(9):77-80.

[11] 马慧云,邹峥嵘,陶超,等.测绘工程专业硕士卓越工程师校企联合培养模式现状分析[J].测绘与空间地理信息,2016,39(2):1-2.

[12] 花向红,许才军,邹进贵,等.测绘工程专业硕士产学研实践基地建设模式[J].测绘地理信息,2017(06):121-123.

基于规章制度文本分析的高校研究生导师退出机制研究

——以 15 所“一流大学”建设高校为例*

◎ 许　洋　李玲玲

摘　要　研究生教育是我国高等教育最高层次教育阶段，研究生导师承担着主要责任。高校有关的规章制度是反映高校内部治理的有效表征，能够反映高校研究生导师管理的基本情况。研究生导师退出机制是高校学术及人力资源有效利用的关键措施，通过分析 15 所“一流大学”建设高校有关制度，发现制约导师退出的问题有：学生主体意识待提高、相关规定制度待完善、学校内部治理体系待健全。因此，需要进一步保障学生主体地位、进一步规范导师退出程序、进一步完善高校内部治理，从而提升高校研究生培养质量。

关键词　文本分析　导师队伍　研究生教育　“一流大学”建设高校

研究生教育是培养高层次人才的主要途径，是国家创新体系的重要组成部分。近年来，研究生报考人数日趋增长，社会越来越关注研究生教育的方方面面，但是频发的研究生导师与学生之间的负面事件必定会对我国研究生教育带来消极影响。当前，我国进入深化发展攻关期，高等教育事业进入内涵式发展新阶段，需要高质量的研究生教育为我国培养出一大批符合国家经济社会发展需要的人才，因此，必须加强对研究生导师队伍的管理以提升我国研究生教育的国际竞争力。

---

* 本文系 2019 年同济大学研究生教育研究与改革重点建设项目《立德树人、追求卓越：新时代研究生导师队伍建设研究》子项目“研究生导师退出机制研究”（项目编号：ZD19010205）的研究成果。

作者简介　许洋，同济大学高等教育研究所硕士研究生，研究方向为高等教育管理。
李玲玲，同济大学高等教育研究所副教授，教育学博士，研究方向为高等教育管理。

一、退出机制：研究生导师队伍可持续发展的有效途径

在东方传统文化中，流传着“一日为师，终身为父”等话语，将教师与学生的关系比喻成紧密相连的共同体。然而，现实的研究生导学关系并没有传统观念那样紧密。一方面，研究生阶段的学生一般都经历了二十多年的学业生活，具备了一定的知识基础与道德观基础。作为成年人的研究生思维发展接近成熟，对自己的未来发展有一定的初步规划，更加渴望对自身(无论是生活还是科学研究方面)具有一定的话语权；另一方面，导师本身除了教书育人的基本工作外，还承担着必需的科研项目，有些导师还担任一定的行政职务或社会兼职，自然无法长期维持与学生的亲密关系。研究生指导教师，关键在于“指导”二字，意味着在研究生教育阶段应充分发挥学生与导师双方的自觉能动性，并非导师处处包揽学生的方方面面。

研究生导师退出机制是高校内部人力及学术资源战略的重要组成部分，是指在国家法律法规及高校规章制度的框架内，根据研究生导师科研水平、学术道德、社会道德、师生关系及人才培养质量等方面的定期考核为依据，对那些触犯道德、法律及其他方面不达标的导师采取限招、调岗、离职培训以及解聘等措施的人才管理方式。

社会中经常看到将研究生导师称为“老板”，从侧面反映出“研究生导师”作为一种身份广泛在社会流传，然而《关于深化研究生教育改革的意见》[1]中明确指出，“改变单独评定研究生导师资格的做法，强化与招生培养密切衔接的岗位意识，防止形成导师终身制。”研究生导师作为一个岗位，是导师队伍动态管理的关键核心，这种动态管理具体涉及研究生培养资源流动，主要包括人力资源、物力资源和财力资源[2]。正是因为将导师作为一种岗位，所以才要构建“选、取、用、育、留”的人才管理制度，激发导师队伍活力、创造力。此外，导师队伍作为教育的群体生态(Synecology)的重要表征之一，需要关注群体内各个成员相互的影响，行为生态(Behavior Ecology)作为重要的影响因子，对教育群体的生态状况有着直接影响，例如，群体中的领袖，以及组织层次的健全、严密，对于教育生态群体的巩固发展有重要意义[3]。

1. 退出并不意味着一定是对教师的惩罚

退出机制本身起到的是激励与警示的作用，以激发导师队伍的活力与创造性。退出包含两方面的含义，一是教师通过自我评估，发现自己由于精力、能力或其他方面不适应导师岗位，自主选择的退出。此时的退出机制起到导师自我保护的作用，使导师能够保障科研质量，并对所培养的学生负责；二是经过学校考核发现在某方面不达标或者触犯了校规、法律，对此类教师要坚决清除出导师队伍，以保障导师队伍的整体水平与纯洁性。

2. 退出并不意味着剥夺导师资格

近年来国家一直强调要将“导师”作为岗位来建设，而不是一种身份或者称号。教师想

要成为导师，需要经过“遴选”与“上岗”两个关键步骤。普通教师通过遴选环节，满足学术机构对导师的标准，即可获得成为导师的机会，此时教师处在“准导师”的身份，当院系根据自身发展需求设置岗位时，获得导师资质的教师才有可能正式成为导师。如果将“遴选”与“上岗”混为一谈，那么依旧没有打破导师“终身制”的桎梏。同理，导师退出岗位后是否仍具备导师资质，应由各级学术机构评定。

3. 退出机制是师生双方共同选择

导师是研究生教育的首要负责人，导师的科研方向、道德品质、学术水平等方面会深刻影响学生的发展。然而在当前的研究生入学程序过程中，师生双方并不熟悉从而“盲选”的现象还普遍存在。基于此，导师有权利放弃不适合自己研究方向、性格的学生，学生也有权利更换导师，师生之间的这种双向选择，也是导师退出机制的重要组成部分。

二、建设研究生导师退出机制的必然性

（一）新时代教育管理政策变迁

2010 年 11 月《教育部关于进一步加强和改进研究生思想政治教育的若干意见》指出，“充分发挥导师在研究生思想政治教育中首要责任人的作用。教书和育人是导师的两大基本职责。导师负有对研究生进行思想政治教育的首要责任”。[4]将导师与专门的党政干部、共青团干部、辅导员队伍相联系，明确研究生导师在思想品德方面的重要地位。2013 年 3 月的《教育部、国家发改委、财政部关于深化研究生教育改革的意见》规定“导师是研究生培养的第一责任人，负有对研究生进行学科前沿引导、科研方法指导和学术规范教导的责任……研究生发生学术不端行为的，导师应承担相应责任”。[5]该项规定确定了研究生导师在育人方面的地位，提出要大力健全导师权责机制，严格管理导师队伍。2018 年 1 月的《教育部关于全面落实研究生导师立德树人职责的意见》[6]是提升研究生导师整体水平的关键文件之一。该文件明确规定了导师“政治素质过硬、师德师风高尚、业务素质精湛”三条基本素质要求；提出了“提升研究生思想政治素质、培养研究生学术创新能力、培养研究生实践创新能力、增强研究生社会责任感、指导研究生恪守学术道德规范、优化研究生培养条件、注重对研究生人文关怀”七项立德树人职责，从根本上回答了“建设什么样的导师队伍”的问题。2019 年 2 月，教育部发文要求进一步规范和加强研究生考试招生及培养管理工作，强调“导师是培养质量第一责任人，要把培养人放到第一位，既要做学术训导人，指导和激发研究生的科学精神和原始创新能力，更要做人生领路人，言传身教引导研究生树立正确的世界观人生观价值观，恪守学术道德规范，增强社会责任感”[7]，更加丰富了研究生导师的职责内容。

（二）不同类型的导生关系对学生产生不同的影响

导生关系是指研究生在导师的指导下，完成课程学习、课题研究、论文撰写、实习实践，

不断提升科学精神与创新能力，不断树立正确世界观人生观价值观，不断增强社会责任感，从而形成的一种教学与指导关系。笔者根据勒温的领导风格理论，将导生关系划分为民主型导生关系、专制型导生关系和放任型导生关系三类。民主型导生关系是指，导师充分考虑到学生的学科背景、研究能力与研究兴趣，循序渐进、系统的、连贯地指导学生进行学术练习，帮助学生掌握科学研究方法、树立在科学研究的自信心，并指导学生产出科研成果；在生活上也充分给予人文关怀，对学生的心理状况、职业发展路径等给予建议；师生关系融洽。专制型导生关系与民主型导生关系相反，导师不顾及学生的真实情况让学生完成超出能力的科学研究、在学生科研方向的确定上不顾及学生的建议与兴趣，甚至粗暴干涉学生私生活或经常强迫学生处理导师私生活事件；个别导师还会侮辱学生并侵犯学生的其他正当权益。放任型导生关系是指，一方面由于导师精力有限或者导师责任心不足，不能有效地承担指导学生发展的责任；另一方面也由于学生因为知识不扎实、对所研究方向不感兴趣或者攻读研究生只是单纯为了学位等情况，学生逃避、害怕与导师接触，从而导致导生关系恶化。

不同的导生关系对学生日后的发展起到不同的影响，研究表明在导师管理模式中，导师对论文指导频率、对学生实习的看法正向显著影响学生工作满意度；在学生综合能力中，学生与导师的沟通频率增加会增加其沟通主导权，从而正向显著影响学生就业薪资水平[3]。因此我们应加强对导师的管理，从而保障对学生发展的积极作用。

（三）导师与学生之间存在教育性、经济性、社会性客观属性

教育性关系是导师与学生之间的基本关系，导师与学生因为教育教学从而结合为学术共同体。导师将自己多年来的知识积累和研究方法积累传授给学生，学生在总结导师经验的基础上不断创新从而促使自身进一步发展。教育性属性是任何教育阶段普遍存在的属性，正是因为教育性这一属性，才促使学术文化与学风的传承与发展。经济性属性是指，研究生与导师之间的双向利益互动，广义上的经济泛指各种各样的无形收益、有形收益、金钱资本、文化资本等，双方的利益互动即可能产生利益互惠也可能造成利益损减。经济性是对师生关系的客观论述，不含褒贬意，功利性是对经济性的迷失与异化，是经济型展现的负面效应[9]。我们生活在社会之中，无法避免人与人之间的相互作用，这种相互作用即社会性。导师的社交脉络及研究生同门之间必然会建立起社会关系，这种关系会随着进一步升学或就业进一步深化发展，这种社会性关系既会对师生人生发展起到积极作用也会造成消极影响。

因此，总结这三种客观的、基本的师生间属性，导师对学生的影响是无处不在的，甚至超越了校园的边界。如果三种基本属性发挥出正向的影响，将促进学生的全面发展，若三种基本属性释出负面的影响，将有可能使学生误入歧途。因此必须从源头上加大把关力度，建设“有理想信念、道德情操、扎实学识、仁爱之心”的研究生导师队伍。

三、高校研究生导师退出机制的主要制约因素

高校出台的相应管理规章制度是有效体现研究生导师队伍管理的重要载体，通过制度化的文本将明确规定导师退出的相应条款，在实际操作过程中可以做到按规章办事。2012年教育部印发《全面推进依法治校实施纲要》[10]，提出“学校要牢固树立依法办事、尊重章程、法律规则面前人人平等的理念，建立公正合法、系统完善的制度与程序，保证学校的办学宗旨、教育活动与制度规范符合民主法治、自由平等、公平正义的社会主义法治理念要求”，为了探究当前关于研究生导师管理方面的制度建设，笔者查阅了42所世界一流高校研究生院的规章制度，其中可以公开找到的、详细规定了对导师惩戒措施的有15所高校。在这15所高校的研究生学籍管理规定中，明确规定了转导师的要求与流程的有9所高校。通过整理、统计、分析相关数据，观测研究生导师管理现状，能够有效反映大学内部治理过程中存在的问题。

（一）以学生为本的观念有待提高

学生是教育活动中不可缺少的主体之一，高等教育的任务就包括培养具有社会责任感、创新精神和实践能力的高级专门人才，同时《高等教育法》也明确规定高等学校学生的合法权益，受法律保护。通过梳理15所院校有关导师管理的规章制度文本，尽管高校对导师惩戒条款表述各有不同，但其内容大致是依据“遵守国家法律法规与学校规章制度”“工作能力与态度”“德才表现”“科研支撑水平”“师生关系”“研究生培养质量”“其他特殊规定”七大部分对导师的工作进行考核。对于违反上述内容的导师，依据情节的严重程度，采取限招、停招及终止导师资格等措施。各个部分的细则及学校占比情况如表1所列。

表1　院校研究生队伍管理惩戒的规定情况

项目	具体内容	高校数量	占比
遵守国家法律法规与学校规章制度	袒护、包庇研究生违纪、违法行为	1	6.67%
	违反国家法律法规、诋毁党、在教育教学中违背党和国家方针政策、教唆暗示学生参与国家禁止的政治活动	9	60.00%
	有损国家利益、学生及学校合法权益的行为	5	33.33%
工作态度与能力	出现重大教育教学、实验安全等事故	5	33.33%
	因时间精力或其他原因不严格履行研究生导师职责、不严格管理学生	7	46.67%
	参与未经学校批准的影响教育教学工作的校外兼职	3	20.00%
德才表现	导师本人或培养的学生出现学术不端的行为	15	100.00%
	在招生、考试、学生推优等环节中徇私舞弊	7	46.67%
	违规使用科研经费、浪费科研资源	3	20.00%

（续表）

项目	具体内容	高校数量	占比
德才表现	利用职责玩忽职守、接受家长或学生的贿赂	4	26.67%
	签署虚假意见、违规委托他人填写培养各环节鉴定意见或评审意见	1	6.67%
科研支撑水平	非特殊原因导师在相应时间内未承担科研项目或招生	2	13.33%
	未按照规定定时向学生发放津贴等费用	3	20.00%
	违规使学生承担科研费用、答辩费用等	1	6.67%
	科研经费不足以支持研究生培养	1	6.67%
师生关系	师生间存在重大矛盾	1	6.67%
	安排研究生处理与导师私生活相关事务或将研究生安排至与导师关系密切的公司承担额外工作	1	6.67%
	对学生实施性骚扰、猥亵或与学生发生不正当关系	4	26.67%
	导师本人或指导学生过程中行为不当，受到投诉、举报或行政处分	1	6.77%
	因对学生疏于关怀或导师责任导致师生矛盾，致使学生出现严重心理疾病或突发事件	1	6.67%
研究生培养质量	学位论文被学校或上级主管部门抽检评议不合格、论文答辩不合格	11	73.33%
	所指导的研究生超长延期或者退学比例高	2	13.33%
	指导的研究生进入重点审核学位名单比例较高	1	6.77%

资料来源：根据15所世界一流高校研究生院的官方网站公布的各校关于研究生导师管理规章制度整理而成。

根据对表1的分析，各高校对于研究生导师的要求集中在遵守国家法律法规、导师或所指导的学生出现学术不端的行为以及研究生学位论文被各级抽检或者答辩不通过三方面。遵守国家法律法规是每一个公民应尽的责任与义务，查处学术不端以及严格要求学生培养质量是高校学术本质的集中体现。然而，根据教育部多个相关文件的规定，导师的职责不仅仅只包括学生的学术能力与质量，还包括学生的道德品质及心理健康问题，在这一部分仅仅只有少数学校在自己规章中体现出来。近年来，由于导师与学生之间关系恶劣而造成的悲剧事件时有发生，此类情况多体现在导师侮辱学生、让学生承担额外的社会工作等，这些社会关注的热点问题，各大高校似乎都没有集中的体现。在15所学校的样本中，只有厦门大学1所高校明晰了因导师造成师生矛盾并引发突发事件与严重心理疾病的责任划分；山东大学1所高校明晰了导师迫使学生参与自己私生活与承担额外社会工作的责任划分；山东大学、西安交通大学及云南大学3所高校明晰了导师对学生施加猥亵、性侵等违反法律及道德行为的责任划分。

从整个文本分析的结果看，高校仍然是将导师的行为及其后果视为评价的首要标准，虽然针对导师工作的评价需要围绕导师工作的特点来开展，但考虑到导师工作的首要产出结果是学生的质量，并且由于学生是以独立的个体形式存在的，因此在导师的评价体系里必须考虑学生的重要性，也必须的以学生作为评价的衡量标准之一。

（二）研究生转导师相关规定仍存在不足

如果说各类研究生指导教师管理条例是从学校的角度实施对导师的权责制约，那么转导师的相关规定就是导师与学生双向的补偿机制。转导师是指导师或学生就学生的研究方向、研究兴趣以及双方性格等方面产生不同的、不可调和的意见，从而重新选择导师或学生的一种机制。《关于深化研究生教育改革的意见》中明确提出“完善研究生与导师互选机制，尊重导师和学生的选择权”[11]，这也为转导师的顺利实施提供了政策基础，但是在 15 所院校的学籍管理规章中，仅有 9 所高校提供了转导师的相关规定，从侧面反映出当前研究生在转导师的过程中仍然存在着壁垒与屏障，学生选择导师的权力仍然没有得到真正的保障。

基于对 9 所院校转导师相关规定的分析，仅有西安交通大学大学 1 所院校明确规定："研究生学满一年后，对其他学科(专业)有兴趣和专长的，有权根据自身学习、科研状况或创业需求，申请转导师、转专业一次。"除此之外，清华大学、郑州大学、湖南大学、浙江大学与东南大学 5 所高校规定转导师只能在本专业内实施。这些措施虽然体现了高校在尝试为学生拓展转导师的路径，但是其模糊性还依旧存在。如表 2 所列，高校规定研究生转导师的情形中，“因故或其他情形或有必要情形”的描述出现频率最高(46.67%)，“导师工作调动、退休等”占比 40%，导师出国占比 20%，直观地显示转导师的情形依旧还是以高校导师作为主导，学生只能根据导师行为展现的情形来选择自己是否要更换导师，学生的主动权受到了损害。除此之外，与表 1 相比，触动转导师机制仅仅只有 6 项条款，触动惩戒导师机制有 23 项条款，同样是对于导师的相关规定，但评定的标准完全不对等。虽然并不能完整地列出每一项惩戒导师的条款，但各高校还是努力地进一步细化标准，但转导师的描述大多数都是模糊性质的，增加了界定违规的难度，任何程序、标准都必须明确化，才能增强其执行力。

表 2　研究生转导师相关规定分析

内容	高校数	占比
因故或其他情形或有必要情形	7	46.67%
导师工作调动、退休等	6	40%
导师出国	3	20%
导师身心健康	2	13.33%

（续表）

内容	高校数	占比
师生矛盾难以调和	1	6.67%
导师或院系认为有必要	1	6.67%
学生在读期间有转导师的权力	1	6.67%
规定必须在本专业内转导师	5	33.33%

资料来源：根据 15 所世界一流高校研究生院的官方网站公布的各校学籍管理中关于转导师的规定整理而成。

通过分析文本，湖南大学、厦门大学、东南大学及上海交通大学 4 所大学建立了转导师配套机制。湖南大学、东南大学规定“研究生在转导师过程中如遇到争议，可向所在学院学术委员会提出书面申诉，学术委员会会根据实际情况决定是否更换导师（导师组）”；厦门大学规定“因特殊原因导师不同意转导师，应由研究生所在学院进行调解。调解无效的情况下，由研究生本人或导师组提请学院党政联席会议讨论后提出处理意见，交学院学位评定分委员会审议后，报研究生院备案”；上海交通大学规定“原导师若未在合理期限内给予答复，所在培养单位认为必要时，可以进行催告。经催告仍然不予答复的，由培养单位学位评定分委员会给出意见”。这些配套的制度措施，有效地保护了学生转导师的权益，但从总体上看只占 26.67%，表明我国大多数高校在制度建设上仍然存在缺陷。

（三）高校内部治理体系需要进一步明晰

《高等学校学术委员会规程》（以下简称“规程”）[12]明确指出，高等学校应当依法设立学术委员会，健全以学术委员会为核心的学术管理体系与组织架构；并以学术委员会作为校内最高学术机构，统筹行使学术事务的决策、审议、评定和咨询等职权。学校应提交学术委员会审议的内容就包括“教学科研成果、人才培养质量等评价标准及考核办法；学校教师职务聘任的学术标准与办法；学术评价、争议处理规则，学术道德规范”等内容。从规程上看，无论是导师退出研究生队伍还是转导师，都涉及对导师的评价、聘任、培养质量评估以及师生争议处理，都必须由学术委员会或其授权的学术组织负责。但是根据表 3 所列，9 所院校中，4 所院校转导师流程由院系负责评定；4 所院校由学位分评定委员会负责；西安交通大学根据学生是否在同一学科（院系）内转专业分为不同情况。

处理好行政权力与学术权力是我国高校改革的重要领域之一。学术权力，即高校内部学术事务管理权，高等院校作为高级知识生产、创新以及传播的重要高地，拥有自主性与专业性的特点。自主性是指，我国高校依法自主办学，《中华人民共和国高等教育法》中明确指出，我国高等院校自批准设立之日取得法人资格，也鼓励高校根据经济社会发展需要增设调整学科布局，这些都表明高校拥有依法实施学术管理的相关权力。专业性是指，高等教育特别是研究生教育，是培养高级专门人才的阶段，高校的学科设置、学位设置以及专业人才的引进、评定等方面都需要专业的人士做出相应的规定、提出专业的建议。高校内部的行政权力是指出学术事务之外高校内部管理的权力，包括人事管理、财务管理、对外交流以及后勤保障等，新中国成立之初，受苏联模式与教育管理体制的影响，一直采用高度的行政管理高校模式，改革开放以后虽然政府强调给予高校更多的办学自主权，但行政化依旧影响着高校内部的管理模式。2002 年教育部《关于加强学术道德建设的若干意见》要求：“认真履行职责，维护学术评价的客观公正。认真负责地参与学术评价，正确运用学术权力，公正地发表评审意见是评审专家的职责。在参与各种推荐、评审、鉴定、答辩和评奖等活动中，要坚持客观公正地评价标准，坚持按章办事，不徇私情，自觉抵制不良社会风气的影响和干扰。”[13]这是我国首次在官方文件中提及“学术权力”一词。处理好学术与行政的关系，将二者有效地结合是促进高校发展的重要路径。一方面发挥学术权利的专业性与自主性，减少高校内部学术发展的壁垒，促进学科之间交叉、融合，不断提升高校的创新力；另一方面发挥行政权力，将松散的高校内部之间各群体联系起来，提高高校凝聚力。

表 3　学生转导师相关流程图

	学生申请	学生申请	备注
评定流程	原导师与接收导师签署意见	原导师与接收导师签署意见	特殊情形下由院系党政会议或学位评定分委员会确定换导师的不需要原导师签署意见
	学院审核	培养单位学位评定分委员会讨论	
	报备研究生院	报备研究生院	

资料来源：根据 15 所世界一流高校研究生院的官方网站公布的各校学籍管理中关于转导师的规定整理而成。

四、完善研究生导师退出机制的建设路径

（一）进一步保障研究生主体地位

学生是教育活动的主要参与者之一，学生天然地就具备反馈导师育人能力的作用，学生的科研产出成果以及其所表现出来的道德行为，都会潜移默化地受到导师的影响，因此需要在导师退出机制事前、事中、事后增强学生主体的存在。

首先，有关部门在制定导师管理条例、导师遴选规定、导师惩戒规定等规章制度时，必须听取学生代表的意见，并在规章制度中充分体现出学生的重要地位和对学生正当权益的关怀，要敢于对社会的热点、痛点问题重点处理，防患于未然。其次，高校应在开学教育或定期举办讲座强化对学生权利意识的培训，向学生介绍学校执行的有关导师管理方面的文件、学生申诉通道以及学生权利的边界。鼓励学生敢于利用学校的举报、信访等内部机制合理的维护自身权益。《全面推进依法治校实施纲要》中就明确提出“建立并综合运用信访、调

节、申诉、仲裁等各种争议解决机制,依法妥善、便捷的处理学校内部各种利益纠纷”[14]。

(二)进一步规范导师退出机制的程序

只有高校将各种规范要求文本化、程序化,才能提升校园治理的效率与质量。

首先,高校要坚持依照大学章程治校的路径,妥善处理好内部治理中学术权力与行政权力的纠纷。一方面,高校需要切实发挥学术委员会及其授权的机构行使学术权力,积极发挥学术委员会在处理学术纠纷、导师评定、导师遴选、导师惩戒的核心作用,进一步完善各项议事、执行程序,做好针对应急事件的程序原则,巩固与发挥学术委员会的权威地位;另一方面,高校内部也要做到简政放权,高校各级党委会与行政会议要充分发挥自身制度优势,做好引领者的角色,导师既是高校聘请的员工,又是学术方面聘请的培养者,天然地将行政权力与学术权力结合在一起,因此需要各部门划清职责权限,建立有效地沟通机制,提高治理效率。其次,高校要建立与退出机制相符合相关制度,高校还应建立权利救济制度,比如建立学生申诉或者调解委员会,就学生在与导师出现矛盾、学生受到导师侮辱、学生遭到导师侵犯等情况下发生纠纷,及时作出调解。申诉委员会或者调解委员会应当具有广泛的代表性与权威性,其委员应当经过学生代表大会的认可;另外学校还应规定,当院系内部或者学位分评定委员会启动处理程序时,应建立并积极应用听证制度,以保障处理程序的公正、公开、公平。

(三)进一步完善导师退出机制

首先,进一步完善导师岗位建设。导师退出机制不仅是惩戒措施,还是一种激励措施,鼓励具有育人能力的科研学者,促进学术的传承与发展。导师的工作职责包括教学、科研、学生思想品德与心理健康教育等方面,无疑会透支导师的学术研究及育人热情,长此以往也会降低导师科研水平。我们需要明确的是,导师不仅仅是作为一种称呼、一种身份,更是一个岗位。因此学校要加大导师准入机制建设,除了遴选导师之外,还要加强岗位培训,建立观察期以确保教师可以适应导师这份岗位。其次,导师与学生之间存在着经济性的关系,各高校也规定导师需要按规定向学生支付津贴等,这种资金往来关系往往会造成师生之间“半雇佣”模式的出现。导师可能会安排学生处理一些非学术的工作,学生碍于导生关系或者传统的师生观念,不好意思拒绝导师。在这种情形下,现行的《中华人民共和国劳动法》并未做出相应的规定,相关部门也未做出相应的政策指引,因此高校需要根据自身情况做出改革,比如依照企业雇佣合同的方式,在研究生入学时主导师生签订双方权利与义务的相关文件,以保障师生双方合法权益。

参考文献

[1] 教育部、国家发展改革、财政部关于深化研究生教育改革的意见[EB/OL].(2013-3-29)[2019-10-

14].http://old.moe.gov.cn/publicfiles/business/htmlfiles/moe/A22_zcwj/201307/154118.html.

[2] 田贤鹏.研究生导师的动态管理机制研究[J].学位与研究生教育,2016(5):33-37.

[3] 吴鼎福,朱文蔚.教育生态学[M].江苏:江苏教育出版社.1993.

[4] 教育部关于进一步加强和改进研究生思想政治教育的若干意见[EB/OL].(2010-11-17)[2019-10-14].http://www.moe.gov.cn/srcsite/A12/moe_1407/s6875/201011/t20101117_142974.html.

[6] 教育部关于全面落实研究生导师立德树人职责的意见[EB/OL].(2019-1-17)[2019-10-14].http://www.moe.gov.cn/srcsite/A22/s7065/201802/t20180209_327164.html.

[7] 教育部发文要求进一步规范和加强研究生考试招生及培养管理工作[EB/OL].(2019-2-27)[2019-10-14].http://www.moe.gov.cn/jyb_xwfb/gzdt_gzdt/s5987/201902/t20190227_371509.html.

[8] 张静.导师管理模式、学生学习能力与研究生就业绩效研究—基于学生综合能力的中介效应分析[J].中国农业教育,2018(6):20-26.

[9] 陈恒敏."老师"抑或"老板":论导师、研究生关系的经济性[J].学位与研究生教育,2018(4):73-77.

[10][14] 教育部关于印发《全面推进依治校实施纲要》的通知[EB/OL].(2012-11-22)[2019-10-14].http://old.moe.gov.cn/publicfiles/business/htmlfiles/moe/s5933/201301/146831.html.

[12] 高等学校学术委员会规程[EB/OL].(2014-1-29)[2019-10-14].http://www.moe.gov.cn/srcsite/A02/s5911/moe_621/201401/t20140129_163994.html.

[13] 教育部关于加强学术道德建设的若干意见[EB/OL].(2002-2-27)[2019-10-14]. http://www.moe.gov.cn/jyb_sjzl/moe_364/moe_258/moe_441/tnull_5512.html.

“同济教育研究”丛书征稿启事

“同济教育研究”丛书是由同济大学高等教育研究所主编、同济大学出版社出版的教育研究类学术性图书。

“同济教育研究”丛书宗旨是:为高等学校教育教学服务,为同济大学改革与发展服务。图书内容以教育理论和实践研究的论文为主,包括但不限于以下板块:高等教育论坛、比较教育研究、教育基本理论、课程与教学论、教育管理与政策、教育改革与发展、教育技术、思想政治教育、高等学校管理等。

“同济教育研究”丛书的特色是立足中国教育现实,着眼国际学术前沿,坚持理论联系实际,促进学科交叉融合。

欢迎同济大学各学科师生及校外专家学者踊跃投稿!

作者的来稿一般应包括以下几部分:

(1) 标题。一般不超过 20 个汉字,必要时可加副标题。若需补充与论文有关的信息,如课题来源的基金名称、课题名称、项目编号等可以在标题右上角加页下注的方式在页面下方给出,

(2) 作者姓名。列在标题下方,作者信息(如单位,职称,职务等)可以在作者姓名右上角加页下注的方式在页面下方给出,例如:①某某人,某大学某学院教授,副院长;②某某人,某单位某部门,科员;等等。

(3) 摘要。以 100～300 字为宜,对文章内容进行简要概括。

(4) 关键词。3～5 个。

(5) 正文。正文中标题层级依次编号为:

一、二、三、……

(一)(二)(三)……

1. 2. 3. ……

1)2)3)……

(1)(2)(3)……

①②③……

正文中需要特别加注的说明性文字,请用脚注(页下注),序号用圆括号加注于被引用文字的右上角。

(6) 参考文献。采用尾注(文末注),正文中需要注释处,请标出注释序号,序号用方括号加注于被引用观点、数据、资料等文字的右上角。

参考文献按在正文中出现的顺序列于文末,其中包括作者、书名/文章名、出版社(需要加城市名)/刊名、出版年份/刊发卷期、起止页码等。参考文献的标注方法执行中华人民共和国国家标准《文后参考文献著录规则》(GB/T 7714—2015)。

投稿时请将稿件的电子文本(＊.doc)通过电子邮件发送至同济大学高等教育研究所“同济教育研究”丛书编辑部的专用邮箱:ter@tongji.edu.cn。请勿投送给个人。切勿一稿多投。作者如在三个月内未收到稿件采用通知,请自行处理;请作者自留底稿,本部恕不退还文稿。

编辑部地址:四平路1239号衷和楼805(同济大学高等教育研究所)。

同济大学高等教育研究所
“同济教育研究”丛书编辑部